·高等师范教师教育类示范教材·

赵晓梅　冒　键　总主编

写作教程

（第3版）

WRITING
TUTORIAL

主　编

梅云霞

编　委

赵晓梅　陈　玉　杨峰霞

南京师范大学出版社
NANJING NORMAL UNIVERSITY PRESS

本书收入的部分文字作品稿酬已委托本丛书的编著者来付，敬请相关著作权人联系。联系电话：0513－85120135，联系地址：江苏省南通市城山路24号(226006)，电子信箱：ntgsrwx@163.com。

图书在版编目(CIP)数据

写作教程 / 梅云霞主编. —3版. —南京：南京师范大学出版社，2020.1（2025.8重印）

ISBN 978－7－5651－2792－2

Ⅰ. ①写… Ⅱ. ①梅… Ⅲ. ①汉语—写作—师范大学—教材 Ⅳ. ①H15

中国版本图书馆CIP数据核字（2019）第224315号

书　　名	写作教程
主　　编	梅云霞
责任编辑	李思思
出版发行	南京师范大学出版社
地　　址	江苏省南京市玄武区后宰门西村9号(邮编:210016)
电　　话	(025)83598919(总编办)　83598412(营销部)　83373872(邮购部)
网　　址	http://press.njnu.edu.cn
电子信箱	nspzbb@njnu.edu.cn
印　　刷	启东市人民印刷有限公司
开　　本	787毫米×1092毫米　1/16
印　　张	13.75
字　　数	270千
版　　次	2020年1月第3版　2025年8月第3次印刷
书　　号	ISBN 978－7－5651－2792－2
定　　价	35.00元

出 版 人　张　鹏

绪 论

所谓写作就是写文章，就是运用书面语言符号反映生活实际、表达思想感情、实现人类思想交流的一种精神劳动。它的最终劳动成果是创制出来的文章。写作与我们的生活密切相关，从诗歌、小说、散文、戏剧到新闻、广告、产品说明书、天气预报、计划、总结、书信、日记、各种便条等，无一不关乎写作。

然而多年来，在社会对高水平作文的热切期待和急切要求面前，作文教学包括师范学校的作文教学在语文教学体系中基本处于边缘地位，作文似乎更多地被理解为一次特殊的语文作业，或是作为一个检测语文素养高低的工具。作文教学地位的尴尬和模糊，导致作文教学价值和课程意义实现的困难，作文教学也因此渐渐失去清晰明确的培养目标、系统规范的教学计划、切实有效的实施方案和科学规范的评价体系。不仅如此，目前的很多写作教材不能真正符合师范教学的实际，不是过于偏重理论就是过于偏重实践，不是缺乏必要而系统的写作理论就是理论过于艰深，往往不能起到很好的指导作用。在作文教学中，教师付出了艰辛却常常收获不到成功和喜悦；而学生在厌倦、畏惧、消极应付或不知所措之余，也因为缺乏写作理论知识的指导和有效的实践，写出的文章不仅文体感不强，而且思维僵化、语言苍白、真情实感缺乏，难以很好地起到表情达意的作用。

而师范生是未来的教师，将承担培养人才的使命，因此师范生不仅要具有写作实践能力，甚至还应该具备从事小学教育教学所必需的写作理论素养、写作指导能力和作文评改能力。

考虑到作文教学的种种现状，针对师范生的培养特点和要求，我们编写了这本《写作教程》。本书分为基础理论篇、文体写作篇两大部分。每部分既有简明扼要的“理论概说”，也有重在实践的“例文评析”和“写作训练”，有些篇章的后面还有帮助同学们深入理解教学内容、拓展知识视野的“资料链接”和“拓展阅读”。希望同学们通过学习，掌握写作的一般规律和主要文体的写作规范，能用掌握的写作理论指导写作实践，并把写作理论和写作实践的心得转化为写作教学能力。

当然，要学好写作，不是一朝一夕之事，但一分耕耘，一分收获。相信同学们通过努力，一定能学好写作，并把它灵活运用到以后的工作和生活中去，借助丰富的生活经历和情感体验，促进自己的终身发展。

目 录

基础理论篇

JI CHU LI LUN PIAN

写作是一门实践性很强的课程。学习一些基本的写作理论，可以掌握写作的一般原理、规范和技巧，为写作实践打下良好基础。

世界上的任何事物都是由内容和形式构成的，两者缺一不可。文章也是由一定的内容和相应的形式结合在一起而构成的有机整体。主题和材料是文章的内容；结构、语言和表达是文章内容赖以呈现的具体形态，即形式。文章的内容和形式相依共存，互相制约，但有主有从：内容决定形式，始终处于主导地位；形式服从并服务于内容，又给内容以一定的反作用。任何文章所追求的目标，都是内容和形式的统一，是深刻的思想内容和尽可能完美的表现形式的统一。所以，基础理论篇将从材料、主题、结构、语言、表达和修改这六方面进行讲述。

第一章　材　料

理论概说

所谓材料，就是作者为着某一写作目的，从生活中搜集、摄取、积累以及写入文章用以表现主题的一系列事实或论据。它提供文章的内容，既包括客观存在的人、事、物、景，也包括作者从文献资料中汲取到的知识、理论、数据、图表，还包括作者自身主观的思想意识。写入文章之内的种种“事实”或“论据”固然可称作材料，没有写入文章之内，但已进入作者视野，被作者所意识、搜集到的一切“事实”或“论据”，即全部素材，也可以称之为材料。所以，材料既可以是写入文章的内容，也可以是没有写入文章的内容。

人们常常提到“素材”和“题材”这两个名词。凡在写作前搜集、摄取、积累而未经综合整理的那些零碎、分散的，不成系统的原始材料，称为“素材”。简单地说，素材就是没有经过加工、提炼的材料。而从大量素材中，经过作者选择、集中、加工、提炼出来的写作材料称为“题材”。题材的广义概念指的是社会生活、社会现象的某一方面或某一具体的生活范围，如我们常说某作品是“工业题材”、“农村题材”、“历史题材”、“儿童题材”、“爱情题材”等。题材的狭义概念指的是构成一篇或一部叙事性文艺作品内容的一组完整生活现象，一般包括“人物”、“情节”、“环境”三个要素。一组完整的生活现象，就是说它具有不可分性。一篇或一部作品，即使是鸿篇巨制，也只能说它写了某一个或某一方面题材，而不能说它写了多个或多方面的众多题材。要想把它分开，说得细一点，就只能用事件、场面、细节等概念来加以表述。所以，“题材”就是作品的全部内容，不能再把它往小里划分。

一、选材的原则

根据写作的需要，对材料进行有目的的选择就是选材，选材要遵循以下原则。

（一）选择最能表现主题的材料

文章的主题是作者写作意图的反映，构思文章要善于从积累的材料中选择最能表现主题的材料。

写作中,凡和主题有关的并能有力地说明、烘托、突出主题的材料就留下;和主题无关,不能说明、烘托、突出主题的,哪怕再生动有趣,也要忍痛割爱。

(二)选择典型的材料

凡是能够深刻揭示事物本质,具有广泛代表性和强大说服力的材料,我们称为典型材料。一篇文章要选择典型的材料,这不仅是因为文章的篇幅有限,而且从读者的角度上来看,一个只需一两个例子就能说明的道理,如果堆砌了过多的例子,不仅不能更深一步地说明道理,还会造成读者在信息接受上的疲劳,效果适得其反。通过"个别"反映"一般",通过"个性"表现"共性",是所有文章的共同点。

(三)选择真实准确的材料

所谓真实,既是指材料不是假的、编的,而是立足于事实,来源于实际;也是指材料不是偶然的个别的表象,而是反映着客观事物的一定本质或规律的。它有两重含义。

第一,在新闻文体和应用文体(包括议论文)中,真实是指文章所使用的事实材料必须实有其事,无论有怎样冠冕堂皇的理由,都不能任意杜撰,即使是稍作修改都不行;所引用的理论材料必须有准确的出处,不能做随意的删改。

第二,文学文体中的真实是指艺术的真实。所谓艺术的真实,并不是真实的生活本身,而是生活的"逼真"。作者可以概括生活、提炼生活,从而使作品比现实生活更鲜明、更强烈、更集中。文艺作品可以虚构,但这种虚构应该以一定的生活真实为基础,特别在细节描写上更要注意真实。故事可以虚构,但在细节描写上随意的"创造",极有可能破坏整篇文章的艺术氛围,使文章失去真实感。

所谓准确,就是确凿无疑,可靠无误。最好不用间接转引的材料,而要力争用"第一手"材料。

(四)选择新颖、生动的材料

"文章最忌百家衣"(陆游《次韵和杨伯子主簿见赠》),一篇文章如果净是"陈芝麻、烂谷子"的老材料,就很难出新意。材料新颖、生动,才能表现出新鲜活泼的内容,才能吸引人、打动人。

所谓新颖生动,是指材料要有新鲜感,有生命力,最好是别人没有使用过的。即使是不得不用的旧材料也要推陈出新,至少使用时的角度是新的,要使旧材料变成有活力的、能感染人和打动人的"新"材料。如在《反对党八股》中,毛泽东用"对牛弹琴"这个典故来讽刺那些做宣传工作不看对象、乱弹一顿的同志。"对牛弹琴"不是新材料，但毛泽东赋予了它新意。“对牛弹琴”历来用以讥笑听者蠢笨如牛，而毛泽东却“反其意而用之”，用来嘲讽弹琴者，可谓别开生面，使整段文字显得生动形象。

二、材料的使用

丰富的材料是形成主题的基础，而精选的材料则是表现和深化主题的支柱。材料的使用，直接关乎主题的表现。而使用材料，重在一个“活”字。材料吃得透，运用就灵活；笔下功夫深，材料就活脱。

一般说来，材料的使用要注意以下三点：

（一）叙述的顺序

很多材料，不能杂然并陈，应考虑材料功用的大小、分量的轻重、时间的先后、内部的逻辑关系以及行文的方便等，将其安排在恰当的位子上。具体写作，也要视不同文体、文章特点和作者的技巧风格，做到贴切自然，合理有序，文势渐入佳境，不做“强弩之末”。

（二）叙述的详略

材料的使用要尽可能做到繁简适度，浓淡相宜。平均用力，不分详略疏密，不可能取得好的表达效果。一般重要的材料宜详，次要的材料宜略；具体的材料宜详，概括的材料宜略；新材料宜详，旧材料宜略；人所难言者宜详，人所易知者宜略。

（三）叙述的情调和感情色彩

灵活使用材料的文章往往都能体现出某种情调，显示出某种韵味，传达出特定的感情色彩和风格。同样的材料在不同作者的笔下，往往有不同的效用，比如它所显示的情调、它所表现的力度、它所展示的魅力都会截然不同。在写作实践中，好材料被写得很平淡，甚至被写糟的例子也屡见不鲜。

因此，习作者应加强自身的文字修养，不断锻炼自己转述事实的能力、根据材料重心来紧扣主题的能力、将一件事说得生动活脱、入耳动心的能力。

总之，材料是文章的基础。材料积累得越充分，文章就越容易写好。当然，在使用材料的过程中，写作者多注意叙述的顺序、详略、情调和感情色彩，才可以把材料用活用好，从而让材料真正为写作服务。

例文评析

1. 一篇署名丹赤的短文《“不幸大学”》中，作者为了说明俄国文学批评家别林斯基所说的“不幸是一所最好的大学”，因为它可以使不幸者在磨难中奋斗不已、事业有成的道理，着重举出了曾被列宁高度评价为“举起伟大的斗争旗帜来反对沙皇制度”的“第一人”——赫尔岑的例子。作者写道，法国尼斯有一尊赫尔岑的铜像，铜像基石上镌刻着这样一段文字：

> 他的母亲路易莎·哈格和他的幼子柯立亚乘船遇难淹死在海里；他的夫人娜塔里雅患结核症逝世；他的17岁女儿丽莎自杀死去；他的一对3岁的双生女儿患白喉死亡。他只活了58岁！但是苦难并不能把一个人白白毁掉。他留下30卷文集。他留下许多至今还是像火一样燃烧的文章。它们在今天还鼓舞人们前进。

【评析】赫尔岑不仅是反对沙皇制度的“第一人”，而且也是世界文坛上命运多舛甚至最不幸的“第一人”。面对赫尔岑，即使我们在生活中遭遇种种不幸，也能找到应当如何生活下去的榜样。这个材料不单具有较好的启迪效果，还能积极地引发阅读者丰富的联想和深入的思考，很好地论证了论点，所以这个材料的运用是成功的。

2. 区别不同材料所表达思想的细微差异性，这有点类似于汉语中同义词的辨析。同义词之间有词义轻重、表意侧重点等不同的情况，材料之间有时也会存在这样的问题，如果不加以仔细区分，就会影响主题的表达。例如下面三个材料：

材料一　爱国诗人陆游，生活在宋王朝遭受外族肢解的时代，他渴望祖国统一，直到临终，还念念不忘复兴中原。他在《示儿》诗中所说“王师北定中原日，家祭无忘告乃翁”突出地反映了这种爱国思想。

材料二　“人生自古谁无死，留取丹心照汗青。”这是文天祥《过零丁洋》中的名句。文天祥被俘后，已降元军的张弘范，一再逼迫他写信招降抗元将领张世杰，文天祥便毅然写下了这首诗作为回答，表现了坚定的民族气节和崇高的精神境界。

材料三　鲁迅先生为了国家的富强、民族的振兴，年轻时东渡日本寻找救国的真理，“寄意寒星荃不察，我以我血荐轩辕”，《自题小像》中的这两句诗，表达了诗人誓为中国人民献身的精神。

【评析】上述三例都引述了人物的诗作，都包含了“爱国”的内容，但是作为论据来说，这三个材料蕴含的主旨是有着细微差别的：材料一表明的是渴望光复失地的爱国思想；材料二反映的是为民族利益不惜牺牲生命的崇高民族气节；材料三揭示的是立志为国出力、报效祖国的献身精神。这种差别从所引的诗句和材料的语言表述中可辨析出来。

因此，同样是论述爱国的文章，如果提出的论点侧重于渴望收复被侵略者掠夺的国土，应用材料一；如果侧重于不怕牺牲、誓死捍卫祖国，应用材料二；如果侧重于拯救多难的祖国，将个人的前途同祖国的命运紧紧连在一起，则应用材料三。

经过筛选辨析，使之最切合论点的需要，才称得上是最恰当的论据。如果马马虎虎地选来敷衍充数，似乎也在论证"爱国"的论点，但实际上论据和论点之间的关系是不贴切、不严密的。

3. 下面有两则仅有细微差别的材料：

郑医生为难地说："李医生高烧三天了，上午还休克一次，我实在不忍心去请她。"

（《安徽日报》文章《白衣战士李月华》）

郑医生为难地说："看来要做胎盘剥离手术，我们医院也只有李医生能做，可是，她高烧三天了，上午还休克一次，我……"

（《人民日报》文章《人民的好医生李月华》）

【评析】这两段话，在两篇通讯中都是很微小的材料，内容基本相同，只是后一段话比前一段话少了"实在不忍心去请她"，多了"看来要做胎盘剥离手术，我们医院也只有李医生能做"。记者组在谈体会时对这两个材料的差别分析得很透彻：

> ……多了一句话，这是必要的，通过这句话交待出这个医院没有其他人会做胎盘剥离手术，不然读者就会问：其他医生干什么去了，为什么非让重病的李月华干这事？我们在写《白衣战士李月华》时忽略了这一点。更重要的是对郑医生的最后一句话"我实在不忍心去请她"的修改。稍微细心的读者，读到这句话都会引起一个疑问：李月华病重，你不忍心去请她，产妇流血昏迷，难道你忍心看着产妇死亡吗？当然反过来还是不忍……现在改为"我……"意思就比较含蓄，也比较准确地表现了郑海泉又想去请又不忍去请的两难心情。

这段话正说出了如何运用处理材料的问题。两者的差别，正反映了不同作者处理材料的好坏会影响到文章的质量。

4. 对一篇在校大学生习作的评析。

不要忘记真实的历史

1997年是香港回归祖国之时，是屈辱消除的日子。但是，请大家别忘了1997年也是日军侵华战争60周年，这是我们民族的耻辱，也是落后的耻辱。

…………

而日本某些人却否认战争，不承认自己对别国的侵略，只想把这历史抹去，而把"侵略"说成"进入"，用谎言掩盖事实，企图蒙骗后人。

历史就是历史，是不容许涂改、抹杀的。人们的眼是亮的，心是明的。人们永远也不会忘记这一历史，因为它就发生在我们脚下的土地上。

…………

我的家乡嘉兴平湖，在我居住的小镇全公亭的旧海塘上，有一个石碑，上面刻着："侵华日军登陆处"，历史就是如此。据碑上记载，日军登陆后，到处烧杀抢掠，把我的出生地——全公亭几公里长的街市烧得一无所剩。日军把幸存的人逼着往北逃(幸存者仅有十之一二)，那里头也有我的长辈们。他们至今回忆起来仍是心有余悸。

在平湖的另一个镇子前，还有一个"百人坑"，那是因侵华日军把枪杀的137名老百姓埋在一起而得名的。那个镇和我们镇一样经历了掳掠，镇镇如此，村村如此！经历这场战争洗劫后，曾是水乡的"金平湖"到处一片荒芜。江南水乡特有的古建筑除城关镇某氏庄园这几处外，其余都荡然无存了，许多繁华的小镇也因此凋敝。整个县在八年战争中被杀四五千人，这还不包括战争中的中国军人。

一个小县都如此，那整个嘉兴、整个中国又如何呢？中国的人数、财产损失价值巨大。战后，善良的中国人民还放弃了要求赔偿的权利。这一切都是真实的历史，是白纸黑字的真实记载，是日本的"某些人"所无法抵赖的。

…………

【评析】这是在校大学生的一篇习作。文章观点正确，感情真实，命题有现实意义。但在材料使用方面有以下不足：

(1)缺少最新的、具体的反面材料。本文虽有一定概括性的反面材料，如日方不承认侵华史实的一些言行，但缺少具体化的内容。其实有关日方的这种抵赖行为的材料是很多的，如"教科书事件"等。但作者没有意识到选材应全面的原则，缺少了具体化的反面材料，致使批评的靶子不清晰。文章的针对性、批判性受到了影响，同时，文章的说理也少了由头。

(2)披露历史的材料缺少新的视角。作者将家乡海塘上的"侵华日军登陆处"石碑和邻镇的"百人坑"作为事实论据是可取的。但将这些半个多世纪的事实再度利用则应该充分发掘其现实意义。本文没有很好地做到这一些，原因就在于上面已提及的材料缺少说理由头，缺少最新的、具体的反面材料。而这个反面材料，正是历史材料披露的背景，是其现实意义所在。

(3)正面事实材料还不够详细，其真切感人程度远远不足。该文用的是真实的历史材料，其可信度无可置疑。但是作者在选用材料时，仅满足于平面的叙述，来源单一，内容单薄。可以推知，作者没有为写作本文而专门去做实地调查、查阅档案的聚材、选材工作。而仅凭固有的一点积累是无法把内容写得具体详尽的，更无法使文章获得真切感人的效果。

此外，该文在材料删减上也有欠精当，存在段落重复、语言拖沓等毛病。

5.丹麦著名童话作家安徒生的《卖火柴的小女孩》几乎家喻户晓，它通过对一个小女孩冻死街头的悲惨遭遇的描述，揭露了黑暗的社会现实。有趣的是，西方还有人写了一篇题为《卖火柴的小男孩》的文章，两者在选择典型材料上各有特色。以下是《卖火柴的小男孩》的故事梗概：

> 爱丁堡最寒冷的一天上午，一位先生从旅馆里出来，一个冻得发抖的小男孩，央求他买盒火柴。可他没有零钱，只得把一张大票子交给小男孩。孩子飞快地边跑边叮嘱："先生，等着我，我马上给你去找零钱回来。"
>
> 等了很久，没有见孩子回来，他猜想自己受骗了。可是到了晚上，突然一个素不相识的小孩到旅馆找他，还给他白天应找的钱，这孩子是卖火柴的小男孩的弟弟。原来，这孩子的哥哥上午在路上被马车撞了，现在躺在医院里，哥哥让弟弟赶快把钱送来。

【评析】这两篇文章的题材十分相近，写的都是在寒冷冬天的大街上卖火柴的孩子，但它们在主题表达上却大不相同。《卖火柴的小女孩》通过对小女孩痛苦的内心世界的开掘，展示了她向往美好生活的心愿，揭露了社会现实的黑暗。而《卖火柴的小男孩》则通过小男孩恪守诺言、讲究道德的行为的叙述，歌颂了他美好的心灵。

这两篇文章选取的材料都很典型。前者主要描绘了小女孩挨冻挨饿的惨状，重点通过对小女孩看到死去的祖母的幻觉描写，深刻地揭示主题。后者则主要通过叙述小男孩诚实守信的美好行为，巧妙地把主题表现出来。可见，选择典型的材料要和主题的表达联系起来，如果把《卖火柴的小女孩》中称得上是典型的材料加进《卖火柴的小男孩》，或把《卖火柴的小男孩》中称得上是典型的材料加进《卖火柴的小女孩》，那就不单称不上典型，反而显得不伦不类了。

写作训练

1. 在下面的三个材料中，哪一个材料用来论证自学成才更合适？为什么？

(1)我们立志走自学之路，一定会成为有用之才。

(2)高士其刻苦地自学俄语，成为了我国著名的科普作家。

(3)华罗庚利用仅有的一本《代数》、一本《几何》和一本50页的《微积分》，刻苦自学，在19岁那年，便写出了一篇震惊数学界的论文，从而受到前辈们的赏识，进入了数学研究的领域。

2. 就下列论题范围，选择有说服力的材料展开课堂讨论或论辩。

(1)关于考试作弊

(2)关于追星

(3)关于教育的均衡发展

(4)关于平等

3.阅读下列材料，看看它们能否用在同一篇文章中，并说明理由。

(1)春秋时，楚庄王和群臣议论国事，结果群臣的见解都不如楚庄王，楚庄王“面现不愉之色”。人问其故，他慨然叹曰：“我能力如此薄弱，而群臣谋士还不如我，如此下去，楚国将危险了。”

(2)战国时，魏武侯在朝堂上“舌战群儒”，最后文臣武将们一个个败下阵来，大家由衷地承认自己的见解不如魏武侯。魏武侯很有点喜不自禁。

资料链接

选择与安排

朱光潜

在作文运思时，最重要而且最艰苦的工作不在搜寻材料，而在有了材料之后，将它们加以选择与安排，这就等于说，给它们一个完整有生命的形式。材料只是生糙的钢铁，选择与安排才显出艺术的锤炼刻划。就生糙的材料说，世间可想到可说出的话在大体上都已经从前人想过说过；然而后来人却不能因此就不去想不去说，因为每个人有他的特殊的生活情境与经验，所想所说的虽大体上仍是那样的话，而想与说的方式却各不相同。变迁了形式，就变迁了内容。所以他所想所说尽管在表面上是老生常谈，而实际上却可以是一种新鲜的作品，如果选择与安排给了它一个新的形式，新的生命。“袅袅兮秋风，洞庭波兮木叶下”，在大体上和“菡萏香销翠叶残，西风愁起绿波间”表现同样的情致，而各有各的佳妙处，所以我们不能说后者对于前者是重复或是抄袭。莎士比亚写过夏洛克以后，许多作家接着写过同样典型的守财奴(莫里哀的阿尔巴贡和巴尔扎克的葛朗台是著例)，也还是一样入情入理。材料尽管大致相同，每个作家有他的不同的选择与安排，这就是说，有他的独到的艺术手腕，所以仍可以有他的特殊的艺术成就。

最好的文章，像英国小说家斯威夫特所说的，须用“最好的字句在最好的层次”。找最好的字句要靠选择，找最好的层次要靠安排。其实这两桩工作在人生各方面都很重要，立身处世到处都用得着，一切成功和失败的枢纽都在此。在战争中我常注意用兵，觉得它和作文的诀窍完全相同。善将兵的人都知道兵在精不在多。精兵一人可以抵得许多人用，疲癃残疾的和没有训练、没有纪律的兵愈多愈不易调动，反而成为累赘或障碍。一篇文章中每一个意思或字句就是一个兵，你在调用之前，须加一番检阅，不能作战的，须一律淘汰，只留下精锐，让他们各站各的岗位，各发挥各的效能。排定岗位就是摆阵势，在文章上叫做“布局”。在调兵布阵时，步、骑、炮、工、辎须有联络照顾，将、校、尉、士、卒须按部就班，全战线的中坚与侧翼，前锋与后备，尤须有条不紊。虽是精锐，如果摆布不周密，纪律不严明，那也就成为乌合之众，打不来胜仗。文章的布局也就是一种阵势，每一段就是一个队伍，摆在最得力的地位才可以发生最大的效用。

文章的通病总不外两种，不知选择和不知安排。第一步是选择。斯蒂文森说：文学是“裁剪的艺术”。裁剪就是选择的消极方面。有选择就必有排弃，有割爱。在兴酣采烈时，我们往往觉得自己所想到的意思样样都好，尤其是费过苦心得来的，要把它一笔勾销，似未免可惜。所以割爱是大难事，它需要客观的冷静，尤其需要谨严的自我批评。不知选择大半由于思想的懒惰和虚荣心所生的错觉。遇到一个题目来，不肯朝深一层想，只浮光掠影地凑合一些实在是肤浅陈腐而自以为新奇的意思，就把它们和盘托出。我常看大学生的论文，把一个题目所有的话都一五一十地说出来，每一点都约略提及，可是没有一点说得透彻，甚至前后重复或自相矛盾。如果有几个人同做一个题目，说的话和那话说出来的形式都大半彼此相同，看起来只觉得“天下老鸦一般黑”。这种文章如何能说服读者或感动读者？这里我们可以再就用兵打比譬，用兵致胜的要诀在占领要塞，击破主力。要塞既下，主力既破，其余一切就望风披靡，不攻自下。古人所以有“射人先射马，擒贼先擒王”的说法。如果虚耗兵力于无战略性的地点，等到自己的实力消耗尽了，敌人的要塞和主力还屹然未动，那还能希望打什么胜仗？做文章不能切中要害，错误正与此相同。在艺术和在自然一样，最有效的方式常是最经济的方式，浪费不仅是亏损而且也是伤害。与其用有限的力量于十件事上而不能把任何一件事做得好，不如以同样的力量集中在一件事上，把它做得斩钉截铁。做文章也是如此。世间没有说得完的话，你想把它说完，只见得你愚蠢；你没有理由可说人人都说的话，除非你比旁人说得好，而这却不是把所有的话都说完所能办到的。每篇文章必有一个主旨，你须把着重点完全摆在这主旨上，在这上面鞭辟入里，烘染尽致，使你所写的事理情态成一个世界，突出于其他一切世界之上，像浮雕突出于石面一样。读者看到马上就可以得到一个强有力的印象，不由得他不受说服和感动。这就是选择，这就是攻坚破锐。

我们最好拿戏剧、小说来说明选择的道理。戏剧和小说都描写人和事。人和事的错综关系向来极繁复，一个人和许多人有因缘，一件事和许多事有联络，如果把这种关系辗转追溯下去，可以推演到无穷。一部戏剧或小说只在这无穷的人事关系中割出一个片段来，使它成为一个独立自足的世界，许多在其他方面虽有关系而在所写的一方面无大关系的事事物物，都须斩断撇开。我们在谈劫生辰纲的梁山泊好汉，生辰纲所要送到的那个豪贵场合也许值得描写，而我们却不能去管。谁不想知道哈姆雷特在威登堡的留学生活，但是我们现在只谈他的家庭悲剧，时间和空间的限制都不许我们搬到威登堡去看一看。再就划定的小范围来说，一部小说或戏剧须取一个主要角色或主要故事做中心，其余的人物故事穿插，须能烘托这主角的性格或理清这主要故事的线索。适可而止，多插一个人或一件事就显得臃肿繁芜。再就一个角色或一个故事的细节来说，那是数不尽的，你必须有选择，而选择某一个细节，必须有其典型性，选了它其余无数细节就都可不言而喻。悭吝人到处悭吝，吴敬梓在《儒林外史》里写严监生只挑选他临死时看见油灯里有两茎灯芯不闭眼一事。《红楼梦》对于妙玉着笔墨最少，而她那一副既冷僻而又不忘情的心理却令我们一见不忘。刘姥姥吃过的茶杯她叫人掷去，却将自己用的绿玉斗斟茶给宝玉；宝玉做寿，众姊妹闹得欢天喜地，她一人枯坐参禅，却暗地递一张粉红笺的贺帖。寥寥数笔，把一个性格，一种情境，写得活灵活现。在这些地方多加玩索，我们就可悟出选择道理。

选择之外，第二件要事就是安排，就是摆阵势。兵家有所谓"常山蛇阵"，它的特点是"击首则尾应，击尾则首应，击腹则首尾俱应"。亚里士多德在《诗学》里论戏剧结构说它要完整，于是替"完整"一词下了一个貌似平凡而实精深的定义："我所谓完整是指一件事物有头，有中段，有尾。头无须有任何事物在前面笼盖着，而后面却必须有事物承接着。中段要前面既有事物笼盖着，后面又有事物承接着。尾须有事物在前面笼盖着，却不须有事物在后面承接着。"这与"常山蛇阵"的定义其实是一样。用近代语言来说，一个艺术品必须为完整的有机体，必须是一件有生命的东西。有生命的东西第一须有头有尾有中段，第二是头尾和中段各在必然的地位，第三是有一股生气贯注于全体，某一部分受影响，其余各部分不能麻木不仁。一个好的阵形应如此，一篇好的文章布局也应如此。一段话如果丢去仍于全文无害，那段话就是赘疣；一段话如果搬动位置仍于全文无害，那篇文章的布局就欠斟酌。布局愈松懈，文章的活力就愈薄弱。

从前中国文人讲文章义法，常把布局当作呆板的形式来谈，例如全篇局势须有起承转合，脉络须有起伏呼应，声调须有抑扬顿挫，命意须有正反侧，如作字画，有阴阳向背。这些话固然也有它们的道理，不过它们是由分析作品得来的，离开作品而空谈义法，就不免等于纸上谈兵。我们想懂得布局的诀窍，最好是自己分析完美的作品；同时，自己在写作时，多费苦心衡量斟酌。最好的分析材料是西方戏剧杰作，因为它们的结构通常都极严密。习作戏剧也是学布局的最好方法，因为戏剧须把动作表现于有限时间与有限空间之中，如果起伏呼应不紧凑，就不能集中观众的兴趣，产生紧张的情绪。我国史部要籍如《左传》、《史记》之类在布局上大半也特别讲究，值得细心体会。一篇完美的作品，如果细细分析，在结构上必具备下面的两个要件：

第一是层次清楚。文学像德国学者莱辛所说的，因为用在时间上承续的语文为媒介，是沿着一条线绵延下去。如果同时有许多事态线索，我们不能把它们同时摆在一个平面上，如同图画上许多事物平列并存；我们必须把它们在时间上分先后，说完一点，再接着说另一点，如此生发下去。这许多要说的话，谁说在先，谁说在后，须有一个层次。层次清楚，才有上文所说的头尾和中段。文章起头最难，因为起头是选定出发点，以后层出不穷的意思都由这出发点顺次生发出来，如幼芽生发出根干枝叶。文章有生发才能成为完整的有机体。所谓“生发”是上文意思生发下文意思，上文有所生发，下文才有所承接。文章的“不通”有多种，最厉害的是上气不接下气，上段上句的意思没有交代清楚就搁起，下段下句的意思没有伏根就突然出现。顺着意思的自然生发脉络必有衔接，不致有脱节断气的毛病，而且意思可以融贯，不致有前后矛盾的毛病。打自己耳光，是文章最大的弱点。章实斋在韩退之《送孟东野序》里挑出过一个很好的例子。上文说“凡物不得其平则鸣”，下文接着说“伊尹鸣商，周公鸣周”，甲尹、周公并非不得其平。这是自相矛盾，下文意思不是从上文意思很逻辑地生发出来。意思互相生发，就能互相呼应，也就能以类相聚，不相杂乱，杂乱有两种：一是应该在前一段说的话遗漏着不说，到后来一段不很相称的地方勉强插进去；一是在上文已说过的话到下文再重复说一遍。这些毛病的根由都在思想疏懈。思想如果谨严，条理自然缜密。

第二是轻重分明。文章不仅要分层次，尤其要分轻重。轻重犹如图画的阴阳光影，一则可以避免单调，起抑扬顿挫之致；二则轻重相形，重者愈显得重，可以产生较强烈的效果。一部戏剧或小说的人物和故事如果不分宾主，群龙无首，必定显得零乱芜杂。一篇说理文如果有五六层意思都平铺并重，它一定平滑无力，不能说服读者。艺术的特征是完整，完与整是相因的，统一才能完美。在许多意思并存时，想产生整一的印象，它们必须轻重分明。文章无论长短，一篇须有一篇的主旨，一段须有一段的主旨。主旨是纲，由主旨生发出来的意思是目。纲必须能领目，目必须附丽于纲，尊卑就序，然后全体自能整一。“譬如北辰，居其所而众星拱之。”一篇文章的主旨应有这种气象，众星也要分大小远近。主旨是着重点，有如照相投影的焦点，其余所有意思都附在周围，渐远渐淡。在文章中显出轻重通常不外两种办法：第一是在层次上显出。同是一个意思，摆的地位不同，所生的效果也就不同，不过我们不能指定某一地位是天然的着重点。起头有时可以成为着重点，因为它笼盖全篇。对读者可以生“先入为主”的效果；收尾通常不能不着重，虎头蛇尾是文章的大忌讳，作家往往一层深一层地掘下去，不断地引起读者的好奇心，使他不能不谈到终了。到终了主旨才见分晓，故事才告结束，谜语才露谜底。中段承上启下，也可以成为着重点，戏剧的顶点大半落在中段，可以为证。一个地位能否成为着重点，全看作者渲染烘托的技巧如何，我们不能定出法则，但是可以从分析名著（尤其是叙事文）中探得几分消息。其次轻重可以在篇幅分量上显出。就普遍情形说，意思重要，篇幅应占多；意思不重要，篇幅应占少。这不仅是为着题旨醒豁，也是要在比例匀称上显出一点波澜节奏，如同图画上的阴阳。轻重倒置在任何艺术作品中都是毛病。不过这也不能一概而论，名手立论或叙事，往往在四面渲染烘托，到了主旨所在，有如画龙点睛反而轻描淡写地掠过去，不多着笔墨。

从上面的话看来，我们可以知道文章有一定的理，没有一定的法。所以我们只略谈原理，不像一般文法修辞书籍，在义法上多加剖析。“大匠能诲人以规矩，不能使人巧。”知道文章作法，不一定就做出好文章。艺术的基本原则是寓变化于整齐，整齐易说，变化则全靠心灵的妙运，这是所谓“神而明之，存乎其人”了。

（选自《朱光潜美学文学论文选集》，湖南人民出版社 1980 年版）

第二章　主　题

理论概说

主题，即作者在反映生活、说明问题、发表主张时，通过其全部内容所表现出来的中心思想或基本观点，也称“主旨”、“立意”、“主题思想”等。

主题是作者思想、情感、意志、态度和观点的集中反映，是文章的精髓，是文章的灵魂和生命，它决定着文章的质量和价值。一篇文章如果没有主题，犹如一个人没有灵魂一样，没有生命力。

主题也是文章的统帅，是贯穿文章始终的一条主线，处于统摄全局的关键地位。一篇文章的材料取舍、布局谋篇、技巧运用、遣词造句、拟定标题等，都要受到主题的制约，服从并服务于主题的需要。确定了主题，作者就能在丰富复杂的材料中抓住主要环节，抓住中心；没有主题，胡乱拼凑，堆砌在一起的材料构成不了文章，也就起不到表情达意、交流思想的作用。主题不好，选用的材料再典型精当，结构再天衣无缝，语言再清晰流畅，表达再新颖精彩，仍然不是好文章；而没有主题的文章，更是不可能处理好材料、结构、语言和表达方式的。

一、炼意的要求

提炼、确立作品的主题就是炼意。所谓“意”就是主题。炼意的要求包括以下几点：

（一）鲜明

主题鲜明，就是要十分明确地表达出作者的立场、态度和看法。无论是赞成什么、反对什么，还是提倡什么、批判什么，都要旗帜鲜明，毫不含糊。

主题鲜明，还要求文章能明确地提出问题，抓住要害，突出重点，纲举目张，而不是不分主次，平铺直叙，面面俱到，甚至喧宾夺主。在表达观点时，要立场坚定，爱憎分明，文笔干净利索，不拖泥带水。

（二）集中

主题集中就是全文紧紧围绕中心，单纯专一，不蔓不枝，不乱不散，“一而贯摄”。如果在一篇文章里什么都想说，可能会什么都说不清楚；对什么都不肯割爱，可能会什么都不能突出。因为都“重要”则都不重要，都是“中心”则无中心。实用文章的写作一般都是单一性的主题，即一篇文章只有一个主题，即使是比较长的文章，如调查报告、长篇通讯和专业学术论文，内容丰赡复杂，但也只能有一个中心论点（主题），其他分论点必须紧紧围绕着这个中心论点来展开，共同构成一个总的表达意向。而长篇小说、戏剧或学术专著等，往往从多层次、多方位、多角度去反映社会生活或学术观点，可以有复合性的主题。

（三）新颖

主题新颖，是指文章要有创新的观点、独特的见解、鲜明的个性。这常常表现为“唯陈言之务去”，少讲人人皆知的道理，少弹别人弹过的老调；表现为善于创新，不步人后尘，不落入窠臼，另辟蹊径，使老题材富于新的创意；还表现为作者提炼主题有新角度，从某一方面提出了新见解。文贵创新，要避免雷同和一般化，更不可因袭、陈套。但新颖也绝不是离开客观实际，为了所谓标新立异而胡编乱造。

二、文章的标题

（一）标题的概念及种类

标题是作者给文章起的名字，又叫题目、题名或文题。作者既可以在拟定标题后写文章，也可以在构思成熟的基础上拟题撰文，还可以在成文后因文拟题。标题是文章的重要组成部分，往往关系到一篇文章的精神、格调和感情色彩，所以人们常说“题好文一半”。

标题一般有正标题和小标题之分。前者指文章前面的题目，后者指行文中显示文章层次、揭示层次基本内容的标题。

标题还可分成主标题和副标题。前者概括文章的主要事实和中心思想；后者对主标题起说明、补充、烘托、强调的作用，或揭示文章意义和交待背景等。

（二）拟定标题的基本要求

标题要适应不同文体的特点。记叙、抒情类文章，杂文、科学小品等的标题比较形象、生动；议论、说明类文章和各种实用文章的标题一般比较平实、显豁。

一般说来，标题要做到以下几点：

(1)贴切。即文题相符，含义清楚，恰如其分，宽窄适度，分寸得当，避免大题小做或小题大做。

(2)鲜明。即观点明确，有鲜明的倾向性，感情色彩浓郁，豁达醒目，不隐晦曲折，不能令人不得要领。

(3)简洁。即标题有高度的概括性，努力做到以一概万，精练明快，言简意赅，画龙点睛。

(4)生动。即有特点，有新意，别开生面，醒人眼目，能激起读者阅读兴趣。

例文评析

1. 2001 年全国高考作文题是以“诚信”为话题写一篇文章。多数考生都是从“人无信不立”的角度，证明现代社会诚信的重要性：讲诚信的都是好人，不讲诚信的都是孬人。不讲诚信的人，或许在短期内能得到一点好处，但是，从长远看，他们无疑将害人又害己。然而，某省有一位考生另辟蹊径，他认为，正常情况下我们提倡“诚信”。然而在特殊情况下，不诚不信也不为过。《孙子兵法》中就有“兵者，诡道也”、“兵不厌诈”、“能而示之不能，用而示之不用”等说法。在硝烟弥漫的战场上，要想打败对手，必须抛开“诚信”，巧妙运用计谋，才能取得胜利。在古代，这样的战例举不胜举。时至当代，古人使诈的方法依然大行其道，当然是在一些特殊场合里。例如在行情瞬息万变的商场上，“诈而不欺”之道也是可取的。所谓“诈而不欺”，意思是在不违法、不违纪的情况下运用计谋，赢得先机，使企业之舟在竞争激烈的商海上乘风破浪。经过上述分析，这位考生在文章的最后提出主题：“总之，我们欢迎诚实守信的人，但社会是复杂的，在特殊情况下，‘不诚不信’也不为过!”最终，在众多简单提倡诚信的作文中，这篇作文以思考的独特和逻辑的缜密，充分显示了这位考生开掘主题的能力，获得了满分。

2. 对《论“第二个”》的评析。

论“第二个”

郜名芳

古今中外，世人大多崇尚第一。于是，第一个吃螃蟹的人，第一个发现新大陆的人，第一个环球航海的人，第一个世界冠军，第一个搞改革承包的人，便备受赞扬。他们的胆识、业绩、才华、毅力、事业心、创造性等等，成了人人津津乐道的话题。“第一个”一旦踏平险浪到达彼岸，他们的头上总不乏一个神秘的光环。这不足为奇，因为他们毕竟是英雄，而崇拜英雄则是造就更多英雄的土壤。

在“第一个”头上耀眼光环的映照下，继之而来的“第二个”便黯然失色。而岂止无光，有时还要遭受奚落和嘲弄。“第一个把少女比作花的人是天才，第二个把少女比作花的人是蠢材”便是典型的例证。

果真“第二个”就如此猥琐不堪么？我看未必。第一个固然伟大，第二个也有了不起的地方。虽然不需要更多的匠心，却需要更多的勇气。第一个人受到自己革新的麻醉，可能不知道危险，第二个却看见了深渊，还要往里跳。第一个提出日心说的哥白尼担惊受怕，第二个坚持日心说的布鲁诺面对火焚终无退缩。第一个的冒险，有成功后可能的名利的补偿，而第二个却是看到桂冠已被捧走，还要继续前行，这又需要精神上非有更高的境界不可。

第一个的成功，自然需要他卓立独行的努力，有时也要第二个的支持和辅助。一个人在荒野上走过，没有继来者，只能说留下了一行脚印；有了第二个，他走过的地方才成为路。第一个的成功，一般需要有第二个的验证才能确认，需要有第二个的扩张战果，才能显示出其重大意义。没有第二个人吃螃蟹，第一个吃螃蟹的不会受到崇敬；没有第二个人到美洲，哥伦布就没有那么伟大。第一个的真正成功，不在于他取得了什么，而在于他使身后的众人获得了什么；第一个的真正困境和悲哀，不在于他前面无路，而在于他后无来者。

然而自古以来，人们对第一个的讴歌并不少，对第二个的贬抑却太多。这就造成了一些人的畸形心理和反常行为。眼里只认第一，便拼命去争第一，即使是“天下无能第一”，也洋洋自得；“第一大盗”也觉颇有身价。鄙弃和不屑于做第二个，以致推广一项科研成果甚至比创造发明它还费力十倍；明明有了成功的捷径，还非要另搞一套，从头做起。这种心态和环境氛围造成的贻误和损失，比不崇尚和承认第一更大更烈。

有胆有识，敢为天下先的第一固然是英雄，而头脑清醒、明智豁达、自觉见贤思齐，择善而从之的第二个亦不失英雄本色。我们勇于做第一个，有的时候，也不妨做做第二个。

（摘自《杂文报》1988 年 9 月 9 日）

【评析】本文开篇写道：“古今中外，世人大都崇尚第一。于是，第一个吃螃蟹的人，第一个发现新大陆的人，第一个环球航海的人，第一个世界冠军，第一个搞改革承包的人……”但是“在‘第一个’头上耀眼光环的映照下，继之而来的‘第二个’便黯然失色”。文章提出了这个对“第二个”评价不公的问题后，从四个方面与习惯的思维定势唱起了“对台戏”。首先从“勇气”方面赞颂“第二个”：因为第二个看见了那第一个所跨越的坎坷、陷阱与深渊，而他偏偏还要往前闯。接着又从精神境界上为“第二个”鸣不平：“第一个提出日心说的哥白尼担惊受怕，第二个坚持日心说的布鲁诺面对火焚终无退缩。第一个的冒险，有成功后可能的名利的补偿，而第二个却是看到桂冠已被捧走，还要继续前行”。再从“第二个”对“第一个”成果的验证、扩大方面为“第二个”争功：“没有第二个人吃螃蟹，第一个吃螃蟹的不会受到崇敬；没有第二个人到美洲，哥伦布就没有那么伟大”，“第一个的真正困境和悲哀，不在于他前面无路，而在于他后无来者”。最后从对“第二个”的贬抑造成的恶果反证重视“第二个”的重要性：“眼里只认第一，便拼命去争第一，……即使……‘第一大盗’

也觉颇有身价。鄙弃和不屑于做第二个,以致推广一项新的科技成果甚至比创造发明还费力十倍”。“只认第一”的传统观念,在这种多角度、多种方法的论述中崩溃了,“第二个”的重要性以其不可抗拒的力量突现了出来。

写作训练

1. 给下面几个题目分别确定一个你最感到满意的有意义的立意,写出主题句。

(1)我看时尚

(2)关于网络游戏

(3)传统文化之我见

(4)谈挫折

2. 仔细阅读下列两组材料,然后对这两组材料分别进行炼意,并写出主题句。

(1)“嫉妒实在是纷扰的源泉。” (希腊格言)

“能遭天磨真铁汉,不遭人忌是庸才。” (韦 丘)

“有嫉妒心的人,自己不能完成事业,便尽量去低估他人的伟大,贬低他人的伟大性使之与他相齐。” (黑格尔)

“走自己的路,让别人说去吧。” (但 丁)

(2)当世界上第一辆火车问世之后,有人曾用马车同它进行比赛。结果,马车获胜。然而,几个世纪过去了,火车的速度越来越快,而马车却仍以原来的速度行驶着。

3. 请仔细阅读下面的寓言故事,试着提炼几种不同的主题。

一把坚实的大锁挂在大门上,一根铁棒费了九牛二虎之力,还是无法将它撬开。钥匙来了,它瘦小的身子钻进锁孔,只轻轻一转,大锁就“啪”的一声打开了。铁棒奇怪地问:“为什么我费了那么大力气也打不开,而你却轻而易举地就把它打开了呢?”钥匙说:“因为我最了解它的心。”

4. 下面是以礁石为吟咏对象的咏物诗,请分析其主题的差异,并谈谈自己对炼意的理解。

礁 石

艾 青

一个浪,一个浪,
无休止地扑过来,
每一个浪都在它的脚下,
被打成碎沫,散开……

它的脸上和身上，
像刀砍过的一样，
但它依然站在那里，
含着微笑，看着海洋……

（选自《艾青诗选》，人民文学出版社 1979 年版）

礁 石

曼 晴

任凭风吹雨打，
任凭波浪冲刷，
任凭骄阳暴晒，
任凭雷电交加，
你依然屹立在急流险滩，
不走样，摧不垮。
宁可越磨越尖，
决不越冲越滑。

（选自《曼晴诗选》，河北人民出版社 1981 年版）

暗 礁

梁谢成

暗礁呀！
我要由衷地
对你进行赞美！
因为你始终
默默地坚守着
自己的岗位，
并把那些
不循航道前进的船只
无情地击毁！

（选自《诗刊》1980 年第 6 期）

暗礁隐藏在水下

碣 石

暗礁隐藏在水下，
阴沉的脸上带着狞笑，
却捧出多情的浪花。
在它们身边，
有多少善良的船只失身了，
又因懦弱而默然长眠……
唯有那不屈的小舟——
即使在探索中撞翻了，
也要将罪恶揭露在海上……

（选自《诗刊》1980 年第 6 期）

资料链接

老师教我写作文

彭瑞高

在中学，我爱学习一切科目，尤爱学习语文。

我当过几届语文课代表。至今我还以感激和怀念的心情记着这些语文老师的名字：成佩芬、姚兆胜、严肃、余泽祥。

我的母校是一所新建的中学。虽然地处城郊，但它的师资却来自许多知名的学校。刚进校门，就听高年级同学以骄傲的口吻介绍：语文组的师资力量最强，某老先生过去是上海某报纸的编辑，某老师当过记者，某老师常在报刊上发表文章，等等。一旦在学校小径上遇到这些老师，往往肃然起敬，屏息仰视。他们是我这个少年文学爱好者最初的偶像。

然而，一到课堂上，他们就告诉我们，他们并不值得崇拜，该崇拜的是教科书上范文的作者，李白、杜甫、范仲淹，鲁迅、茅盾、郭沫若……

我是在很困难的条件下念完初中的。家境贫寒，加上国家正遭受三年特大自然灾害，人民的温饱成问题；对于知识的渴求，是和饥饿、寒冷交织在一起，伴随我度过少年时代的。

当时我的饭食极少极差，二两多生米放在铝饭盒里。没有菜，就在上学路上采几颗生蚕豆或绿豆、赤豆，和饭一道蒸熟当菜吃。衣服也是极旧极破。有一次，我穿了母亲的一件旧藏青两用衫去学校，因为是深色的，同学们看不出什么名堂（他们大都也穿得不好）；可班主任老师却看出了（这衣服两襟有折裥），他轻声问我："你穿的是姐姐的衣服吧?"我红着脸，无言以对……

饥饿的威胁，寒冷的折磨，处境的困顿，丝毫没有挫伤我的学习锐气，相反，我以十倍的努力汲取知识，武装自己，和人生的困难搏斗着。

记得有一次，语文老师出了一个题目，叫做"难忘的小事"，作为学习鲁迅先生范文《一件小事》后的作业。不少同学都写了他们如何拾金不昧、如何助人为乐、如何刻苦锻炼的事情。只有我写了这样一件小事——

开学之初，母亲在很紧的开销里给了我五角钱，嘱咐我去买《汉语成语小辞典》。走了好几里路才到镇上，但早已饥肠辘辘。而新华书店旁边，正好有一家点心店，那里有喷香的锅贴和鲜肉大包。我手里拿着五角钱，咽着口水，在书店和点心店门口徘徊，久久拿不定主意……回去的路上，我依旧腹中空空，但我已经忘记了饥饿。因为，我手里捧着一份我盼求已久的精神食粮。我贪婪地翻着、读着……

这是我亲身经历的"一件小事"。我觉得我写起来非常顺手、非常轻松。在这篇短文中，我尽一个中学生所能，极言饥饿刺激的强烈，一咬一口油的包子锅贴的鲜美，小辞典对我的吸引力，思想斗争的反复，直至手汗把五角钱攥得发热发湿……

没有想到，在同年级几百篇作文中，老师独独挑中了我这篇，给予很高的评价。不仅让我誊清贴在墙上让全校同学观摩，还作为"优秀作文"送到县城展出。这是学生作文难得的殊荣。

我第一次懂得：好文章必须来自生活，写文章必须要有真切的感受，与众不同的见解，要写别人没有写或不能写的东西。

我最初的"创作灵感"，就是和饥饿联系在一道的。我永远不会忘记那段艰苦岁月对我的磨炼。

此后，我的作文便常常在课堂上被老师朗读，被登上校刊，被评上优秀作文（记得第一次的奖品，是一本40页的练习簿），甚至由老师亲自刻印，作为阅读材料，分发到各个班级。

"福兮祸之所伏"，语文老师对我的奖掖，引起了一场不大不小的风波。

初中三年级，我们学了王愿坚写的《粮食的故事》。老师让我们以文中主人公洪七为第一人称，写一篇情节与范文相同的作文。洪七是个孩子，年龄与我们相当，用他的口吻写起来不是一件难事。写完后，我的文章又被印成阅读材料，分发到各班。

可老师也有眼错的时候。文章发下去以后，人手一份，大家都细细地研讨。在特设的一节讲评课上，我期待着老师和同学的夸奖。没有想到，刚开课不久，许多同学便都以确凿的论据、精当的见解、尖锐的语言，指出了我作文中矫揉造作乃至与原文对比“失实”的地方。发言一个接着一个，我的心一阵紧似一阵，课至一半，我已经听不清同学们在批评些什么了，只觉得脑袋胀得比栲栳大，两腋各有一注冷汗淌下来……

这堂课完全出乎老师的意料之外。他也不得不承认，“评论家”们的发言各有道理。事后，他嘱我按同学们的意见加以修改。修改后的“第二稿”果然大有提高。

这是我第一次尝到“评论”的滋味。当时的感觉确实不好受，但后来证明，这对我的创作是有很大益处的。它打掉了我的骄气，锻炼了我的胆量，并让我朦朦胧胧地意识到，每一次执笔作文时，都必须严肃地思考一个问题——作品的社会效果。

“祸兮福之所倚”，世界上的事情就是这样微妙。

（选自《作家回忆学语文》，中国少年儿童出版社 1985 年版）

第三章 结 构

理论概说

所谓结构就是文章内部的组织构造，是安排组织内容的具体方式。结构的问题，实质上就是根据主题的需要和文体的特点，妥帖、恰当地安排材料，使文章成为一个有机的整体。

结构的好坏直接关系到文章的成败优劣。写作者只有找到恰当完美的结构形式，才能使行文有序，张弛有度，有条有理，从而使文章不蔓不枝，呈现美感，并能说服和感染读者。

一、结构的内容

具体说来，结构一般要考虑以下四个方面的因素：

（一）开头和结尾

开头又称起笔，结尾又称落笔，位置特别，因而有着特殊的作用。

1. 开头

开头是要给写作找到一个较好的“切入点”和“突破口”，又是定下基调的所在，对全文起着领起的作用。好的开头给读者以美好的第一印象，紧紧抓住读者的心，使读者产生强烈的阅读兴趣。开头方法很多，归纳起来，最常见的就是两种：开门见山和曲径通幽。开门见山，就是不兜圈子，单刀直入，点明题意，一下子就让读者知道文章写的是什么，给读者留下深刻清晰的印象。而曲径通幽的开头方式，是一种“文似看山不喜平”的表现，就是不直接告诉读者写什么，而是写些引起读者好奇心的话语，增强对读者的吸引力。

2. 结尾

结尾是文章总的归结和收笔，较之开头要更强一些。一篇文章，纵令开头美妙至极，然而不能善终，收尾无力或成败笔，正如“为山九仞，功亏一篑”；相反，起句平平，而结尾精彩，则使读者难忘“临去秋波那一转也”。俗话说“头难起，尾难结”；

"编筐编篓，重在收口；描龙描凤，难在点睛"。归有光认为"一篇命脉归束在此，须要言有尽而意无穷"，谢榛要求"结句当如撞钟，清音有余"，白居易提出要"卒章显其志"，林纾说"为人重晚节，行文看结穴"，"不惟能发异光，而且长留余味"。结尾部分或归纳全文，或言尽意止，或画龙点睛，或余音绕梁。好的结尾是多种多样的，要根据不同文体和表达中心的需要而构思不同的结尾，以达到增强文章感染力的作用。

对于撰写开头和结尾的种种方法，写作者都应当从写作的实际出发，融会贯通，心领神会，才能运用自如。

（二）层次和段落

1. 层次

层次，指的是文章思想内容的表现次序，体现了作者思路开展的步骤。

记述类文章，一般以时间、空间、时间交错、作者的认识发展和材料归类等为序来安排层次；论说类文章的层次有纵贯式、并列式、递进式、正反对比式、总—分式、分—总式、总—分—总式等。

层次的安排要根据表现主题的需要和文体的特点，体现客观事物本身发展、变化和人们认识事物的规律性、条理性，各个层次之间要有内在联系，能体现出某种逻辑关系。

2. 段落

段落是文章中最小的、可以独立的基本结构单位，是文章内容在表达时由于转折、强调、间歇等情况所造成的文字停顿。它以换行、提头、空格为明显标志，人们通常称它为"自然段"或"语段"。段落的形成是由客观事物、事理内部联系中的基本成分决定的。它是构成层次的基础，层次着眼于内容的划分，段落则侧重于文字表达的需要。段落之间要有内在联系，上下段之间衔接要自然。

（三）过渡和照应

过渡和照应是文章前后贯通一致、转承衔接、形成有机整体的重要手段。写任何文章都要讲究上下承接，前后呼应，这样才能使结构严谨周密，文脉通顺畅达。

1. 过渡和照应的概念

过渡，指的是文章层次、段落之间的衔接、转换，在文中起承上启下、穿针引线的作用，使文章脉络清晰通畅，层次、段落紧凑自然。不过渡，文章就会上气不接下气，读起来会令人感到中间缺少了什么，影响到读者对文章内容的把握。

照应，指的是文章中前后之间的相互照看、呼应，也就是要瞻前顾后，首尾对应。前面提到的问题，后面要有着落；后面说到的内容，前面要有交待和暗示。照应不仅能帮助读者了解文章的脉络和层次之间的内在联系，而且可以使通篇浑然一体，结构严谨，有助于主题的表现。

2.常见的过渡和照应的方法

常用的过渡方法是用过渡词语、过渡句、过渡段来连接上下文。

常用的照应方法有正文与标题照应、前后内容照应、开头和结尾照应、伏笔照应、人物照应、情节照应、论点照应等。照应常用反复的手法，有时也运用比喻、双关等修辞手法，或选用意义相近或相反的词、句、段等。

（四）主次和详略

1.主次和详略的概念

主次和详略就是指文章的结构要繁简得当、疏密有致、协调配合、相得益彰。如果主次不分，平均用力，就会使得主题模糊，意义不明。只有主次分明，详略搭配，才能突出中心，显示主题，并形成文章鲜明的节奏感。

2.主次和详略的安排

安排主次详略，要从实际情况出发，做到有的放矢。

一是根据主题的需要。凡与主题关系密切的，就要写得具体、细致；凡与主题无关或关系不大的，可写得粗略些，甚至不写。

二是根据文章的体裁要求。体裁不同，处理主次详略的要求也不同。如记述类的文章对所记述的人、事必须详写，议论则可以从略，只要起到画龙点睛的作用就可以了；而议论类文章，重在说理，对道理的阐发、论题的证明必须详写，引证事例则可从略。

三是根据读者对内容的了解情况来处理。凡读者必须知道或必须加深认识而又不熟悉的内容，要详写；对众所周知或与读者无关的内容，要略写甚或不写。

二、安排结构的原则

“文无定法”。文体不同，主题不同，选用的材料不同，作者观察、分析事物的角度和方法不同，结构形式也就有所不同。写文章不应有固定不变的模式，应从实际出发，因文而异。一般说来，安排文章结构，应遵循以下原则：

第一，准确反映客观事物本身和人们认识客观事物的规律。

第二，服从并服务于主题的需要。

第三，适应不同文体的特点和要求。

第四，结构要注意变化。

三、列提纲

作文提纲，又叫作文计划。列作文提纲，就是制订作文计划。它是构思、谋篇的具体的外在表现形式，是提高作文效率和质量的一种重要方法。

(一)提纲的内容

作文提纲一般包含三部分内容。

一是题目。要把题目(或补充完整的题目)写在第一行正中间。

二是主要内容和中心。要在题目下面，简要地写出这篇作文的主要内容及要表达的中心思想。

三是结构安排。这是作文提纲最主要的部分，设计时需要注意做到以下五点：

(1)安排好材料的组织顺序。先写什么、后写什么，全文一共准备分为几大段，每段写什么，要以小标题的形式、按照一定的顺序把材料组织起来。

(2)确定好重点写的内容。要依据表达中心的需要，确定哪些内容是主要的，哪些内容是次要的，标明“详”、“次详”、“略”的字样；重点段打算分几层来写，先写哪层、后写哪层，具体列出重点段写作的步骤、次序。

(3)依据文章选用的材料及要表达的中心思想，确定好开头、结尾的方法，并在提纲中简单注明。

(4)设计好点题的时机及具体的方式、方法。

(5)考虑好层次之间、段落之间该如何衔接过渡，对哪些内容需要照应，如何照应，也需要作简单的标注。

(二)列提纲的要求

列作文提纲时，要注意如下两点。

第一，形式可以灵活多样。一般来说，作文提纲没有固定的格式和统一的要求，项目和详略的程度可依材料的特点、表达的需要和自己的水平而定。

第二，要认真推敲、修改。列出提纲后，要对整个构思做全面的推敲：选材是否切题；立意是否明确、深刻；对选择的材料还需要做哪些取舍；材料的组织安排是否严密、合理，能否突出中心。推敲后，做出必要的修改。自己满意了，才可以动笔行文。

作文时，有了提纲的约束，按“计划”行事，写起文章就容易做到一气呵成，写出的文章就容易达到“有中心、有条理、有重点”等要求；反之就容易层次不清，详略不当，丢三落四。

例文评析

1. 对《看戏》的评析。

看 戏

叶君健

时间是晚上八点，太阳虽然早已经下落，但暑气并没有收敛。没有风。公园里那些屹立着的古树是静静的。树叶子也是静静的。露天的“劳动剧场”也是静静的。

但剧场里并不是没有人。相反地，人挤得非常满。每个角落里都是人，连走路的石阶上都坐着人：工人、店员、手艺人、干部、学生，甚至还有近郊来的农民——一句话，我们首都的劳动人民。从前面一排向后面一望，这简直像一个人海。他们所发散出来的热力和空中的暑气凝结在一起，罩在这个人海上面像一层烟雾。烟雾不散，海在屏住呼吸。

舞台上的幕布分开了，音乐奏起来了，演员们踩着音乐的拍子，以庄重而有节奏的步法走到脚光前面来了。灯光射在他们五颜六色的丝绣和头饰上，激起一片金碧辉煌的彩霞。这个迷蒙的海上顿时出现了一座蜃楼。那里面有歌，也有舞；有悲欢，也有离合；有忠诚，也有奸诡；有决心，也有疑惧；有大公的牺牲精神，也有自私的个人打算，但主导这一切的却是一片忠心耿耿、为国为民的热情，这种热情集中地、具体地在穆桂英身上表现出来。

当这个女主角以轻盈而矫健的步子走出场来的时候，这个平静的海面陡然膨胀起来了，它上面卷起了一阵暴风雨；观众像触了电似的对这位女英雄报以雷鸣般的掌声。她开始唱了。她圆润的歌喉在夜空中颤动，听起来似乎辽远而又逼近，似乎柔和而又铿锵。歌词像珠子似地从她的一笑一颦中，从她的优雅的“水袖”中，从她的婀娜的身段中，一粒粒地滚下来，滴在地上，溅到空中，落进每一个人的心里，引起一片深远的回音。这回音听不见，但是它却淹没了刚才涌起的那一股狂暴的掌声。

观众像着了魔一样，忽然变得鸦雀无声。

他们看得入了神。他们的思想感情和舞台上女主角的思想感情交融在一起。随着剧情的发展，女主角的歌舞渐渐进入高潮。观众的情感也渐渐进入高潮。潮在涨。没有谁能控制住它。这个一度平静下来的人海又忽然膨胀起来了。戏就在这时候要到达顶点。我们的女主角也就在这时候像一朵盛开的鲜花，观众想要把这朵鲜花捧在手里，不让它消逝。他们都不约而同地从座位上立起来，真像潮水一样，涌到我们这位艺术家的面前。观众和他打成一片。舞台已经失去了界限，整个的剧场就是一个庞大的舞台。

我们的这位艺术家是谁呢？他就是梅兰芳同志。过了半个世纪的舞台生活以后，现在在六十六岁的高龄，他仍然创造出这样富有朝气的美丽形象，仍然能表现出这样充沛的青春活力，这不能不说是一个奇迹。这种奇迹只有在我们的国家里才能产生——因为我们拥有这样热情的观众和这样热情的艺术家。

（选自叶君健《天安门之夜》，上海文艺出版社 2009 年版）

【评析】把生动杂乱的现实生活变为有序有机的文章结构，这是谋篇布局要处理的难题。叶君健这篇叙事散文在这方面有些值得借鉴的地方。

这篇文章的主题是要赞美大艺术家梅兰芳精湛的技艺与人民对他的热爱。那么，怎样借结构来突出这个主题呢？应该说可写的东西很多，而作者却只从“看”与“戏”两方面去着眼——群众怎么看，戏又如何受群众欢迎，借“剧场效果”来突出主题，这种结构安排应该说是别出心裁、大巧若拙的。

文章的 2～5 段是叙述的主体段落，作者在布局时采用了“花开两朵、各表一枝”而又“相互照应，紧密交叉”的方式来安排段落，既写观众看戏的热情，又写台上演出的精彩，既有分叙，又有合叙，这样的布局不仅清晰生动，而且突出了主题。值得指出的是，作者在安排布局时照应的技巧安排得十分成功。作者把观众比作“海”，“海在屏住呼吸”，“海面陡然膨胀”，“卷起一阵暴风雨”……“海”的比喻多次出现，而且不断变化，很好地表现了内容，也使布局显得富于照应，浑然一体。

开头和结尾也是谋篇布局的重要内容。文章开头的好坏要看它能否有助于主题的表现与内容的深发。这篇文章开头看似平淡，但从布局的角度看却是很不错的，它简洁而且具有诱导作用，特别是三个“静静的”很自然地带出了下文。结尾是文章的画龙点睛之处，让艺术家梅兰芳先生最后“亮相”并点出其演出的意义，从叙事上看显得完整，从内容上看思想性也得到了升华。

2. 对学生习作《漫步鼓浪屿》的评析。

漫步鼓浪屿

踏上屹立在祖国东南海面的鼓浪屿，真不懂脚下这一片岛屿到底是海上的城市呢，还是海上的花园？

鼓浪屿的道路平坦中含着起伏，起伏中见出平坦，使人有意无意间感到山的凹凸与海的波动。它一会儿把游人引向开阔的海边，感受到无边海面的壮阔；一会儿把游人引进“龙洞”，感受山腹中漫漫的幽静；一会儿把游人导向居民区，领略充溢闽南风味的日常生活；一会儿又把游人带进不大而热闹的商业街，商店里不仅陈列着珠宝海鲜，还有上海时装、宜兴陶瓷、淮阴的酒……

漫步在鼓浪屿的街道上，不时可以看到风格各异的精巧别致的建筑，有法国式的，有英国式的，还有美国白宫的仿制品……鼓浪屿该是近代中国最先承受欧风美雨冲击的地点之一：这里的每一幢建筑都会有一个让人百感交集的故事，然而它们毕竟早已回到人民手里，历史的沧桑可以任人评说，劳动的创造却可走向永恒，这些精巧别致风格各异的建筑掩映在树丛中山腰间，非常迷人，难怪鼓浪屿有万国建筑博览会之称……

在鼓浪屿，我感受到亚热带的自然风光，虽然还不是万紫千红的季节，但鼓浪屿仍是一个葱绿的岛，大榕树、相思树、枇杷树……南国的树即使高大也与北方的不同而卷曲多姿，而路旁岩边一丛丛一簇簇龙舌兰青翠欲滴，不少居民的屋顶墙头五颜六色的花木正吐艳飘香……

岛东边的海边突兀着一块巨石，雄伟奇绝，那便是鼓浪石，逢巨浪打来，会发出如鼓般的巨响，鼓浪屿因此得名。在鼓浪屿的许多海滩中，鼓浪石边的似乎是最大最平坦的，夏季到来时，这沙滩该是一番怎样热闹的景象呢……

【评析】这篇游记在语言表达上还是不错的，但在谋篇布局上却有明显的缺点。

首先，首尾缺少照应，给人有头无尾或“蛇尾”之感。文章的第一段提出一个问题——“不懂脚下这一片岛屿到底是海上的城市呢，还是海上的花园?”应该说这开头提出的问题还是能够吸引人的。照理，开头伏下一个问题，到结尾应该对这个问题作一呼应，应该有个意料之外而又合乎情理的解答才能满足读者的阅读心理，也才能使结构显得完整，这也符合谋篇布局要有利于主题表现的原则。但这篇文章，在鼓浪石那里便打住了，似乎作者在构思时缺少通盘的考虑。不能用作者对鼓浪屿整体上的感受来把文章推向高潮，从而收到首尾照应的效果，这就使得文章的结构显出了明显的不足。

其次，文章谋篇布局上有不充分不合理的毛病。这篇游记写了鼓浪屿的道路、建筑、风光，但对鼓浪屿的一个重要特色——山石，只提到鼓浪石，而日光岩等都没有作描写。此外，郑成功等人留下的历史遗迹也只字没提。游记当然不可能见什么写什么，但这篇游记既然主要在介绍鼓浪屿的风貌，那日光岩等就是不该遗漏的内容，从谋篇布局上讲，有了这些内容，文章也可更充实更全面，能让读者对鼓浪屿的全貌了解得更清楚。结构安排要符合客观事物的规律。这篇文章谋篇布局的缺陷与它没有很好地揭示客观事物的规律有关，凡去过鼓浪屿的人都知道，如果少了日光岩等重要景点，鼓浪屿的魅力该减少多少呀！

写作训练

1. 从“谈毅力”、“谈理想”、“知易行难”中任选一个题目，调动并发挥想象力，进行取舍加工，从而列出较为详细的写作提纲。

2. 为灰姑娘的故事(或其他故事)写出另一个结尾,并评估与交流这个不同的结尾对文章主题的影响。

资料链接

文 脉

朱自清

多年批改学生作文,觉得他们的最大的毛病是思路不清。思路不清就是层次不清,也就是无条理。这似乎是初学作文的人不能免的毛病。无论今昔,无论文言和白话——不过作文言更容易如此罢了。这毛病在叙述文(包括描写文)和抒情文里比较不显著在说明文和议论文里就容易看出。实际生活中说明文和议论文比叙述文和抒情文用得多,高中与大一的学生应该多练习这两体文字;一面也可以训练他们的思想。本篇便着眼在这两体上;文言文的问题比较复杂,现在且只就白话文立论。因为注重"思路"怎样表现在文字里,所以别称它为"文脉"——表现在语言里的,称为"语脉"。

现在许多青年大概有一个误解,认为白话文是跟说话差不多一致的。他们以为照着心里说的话写下来就是白话文;而心里说的话等于独自言语。但这种"独自言语"跟平常说话不同。不但不出声音,并且因为没有听者,没有种种自觉的和不自觉的限制容易跑野马。在平常谈话或演说的时候,还免不了跑野马;独自思想时自然更会如此。再说思想也不一定全用语言,有时只用一些影像就过去了。因此作文便跟说话不能一致;思路不清正由于这些情形。说话也有没条理的;那也是思想训练不足,随心所向不加控制的原故。但说话的条理比作文的条理究竟容易训练些,而训练的机会也多些。这就是说从自然的思路变成文脉,比变成语脉要难。总之,从思想到语言,和从思想到文字,都需要一番努力,语言文字清楚的程度,便看努力的大小而定;若完全随心所向,必至于说的话人家听不懂,作的文人家看不懂。

照着心里说的话写下来,有时自己读着,教别人听,倒也还通顺似的;可是教别人看,就看出思路不清来了。这种情形似乎奇特,但我实地试验过,确有这种事。我并且想,许多的文脉不调正是因为这个原故。现在的青年练习说话——特别是演说——的机会很多,应该有相当的控制语言的能力,就是说语脉不调的应该比较前一代的青年少。他们练习作文的机会其实也比较前一代多;但如上文所论,控制文字确是难些。而因为作的是白话文,他们却容易将语脉混进文脉里,减少自己的困难,增加自己的满足;他们是将作文当作了说话的记录。但说话时至少有声调的帮助,有时候承转或连贯全靠声调;白话文也有声调,可是另一种,不及口语声调的活泼有弹性,承转或连贯处,便得另起炉灶。将作文当说话的记录,是想象口语声调的存在,因此就不肯多费气力在承转或连贯上;但那口语的声调其实是不存在的。这种作文由作者自己读;他会按照口语的声调加以调整,所以听起来也还通顺似的。可是教别人看时,只照白话文的声调默读着,只按着文脉,毛病便出来了。那种自己读时的调整,是不自觉的,是让语脉蒙蔽了自己;这蒙蔽自己是不容易发现的,因此作文就难改进了。

思想,谈话,演说,作文,这四步一步比一步难,一步比一步需要更多的条理;思想可以独自随心所向,谈话和演说就得顾到少数与多数的听者,作文更得顾到不见面的读者,所以越来越需要条理。语脉和文脉不同,所以有些人长于说话而不长于作文,有些人恰相反;但也有相关联的情形。说话可以训练语脉;这样获得的语脉,特别是从演说练习里获得的,有时也可以帮助文脉的进展。所以要改进作文,可以从练习演说下手。但是语脉有时会混入文脉,像上一段说的。在这种情形下,要改进作文,最好先读给人听,再请他看,请他改,并指出听时和看时觉得不通的地方,但是这件事得有负责的而且细心的教师才成。其实一般只要能够细看教师的批改也就很好。不过在这两种情况下,改本都得再三朗读,才会真得到益处。现在的学生肯细看教师的批改的已经很少,朗读改本的大概没有一个。这固然因为懒,也因为从来没有受到正确的朗读训练的原故。现在白话文的朗读训练只在小学里有,那其实不是朗读,只是吟诵;吟诵重音节,便于背,却将文义忽略,不能训练文脉。要训练文脉,得用宣读文件的声调。我想若从小学时代起就训练这种正确的朗读,语脉混入文脉的情形将可减少,学生的作文也将容易进步。

再次是在作文时先写出详细的纲目。这不是从声调上下手,而是从意义上、从意念的排列上下手。这是诉诸逻辑。细目最好请教师看看。意念安排得有秩序,作起文来应该容易通顺些。不过这方法似乎不及前两者直截而自然。还有,作文时限制字数,或先作一段一段的,且慢作整篇的,这样可以有功夫细心修改;但得教师个别的指正,学生才知道修改的路子。这样修改的结果,文脉也可以清楚些。除了这些方法之外,更要紧的是多看、多朗读、多习作(三项都该多在说明和议论两体上下功夫)。这原是老生常谈,但这里要指出,前两项更重要些;只多作而不多看多读,文脉还是不容易获得的。

(选自《朱自清全集》,江苏教育出版社 1997 年版)

怎样锻炼思路

——谈文章的结构

张志公

文章的构成有三个方面：一是思想内容，一是结构组织，一是遣词造句。这三个方面不能互相代替，然而密切相关，文章就是这三个方面的统一体。思想内容是主要的，可是它必须靠严密的结构组织和正确恰当的词句表现出来。

这里谈谈结构组织的问题。结构组织就是文章里材料的安排，文章各部分的相互联系。

文章的结构组织是非常重要的。一篇文章，无论思想内容多么好，无论词句多么优美，必须全篇组织得好。一层一层、一段一段，安排得清清楚楚，有条不紊，该详的详，该略的略。前前后后，联系得紧密，照顾得周到。没有前后脱节的地方，没有丢三落四的情形，没有拖泥带水的毛病，人家读了才能得到清晰明确的印象。常见有些青年同志写的文章，意思不能说不好，有的并且很好，词句方面虽然有点小毛病，总还通顺。就是整篇组织得不好，不清楚，不严密，结果让人读着感到吃力。一篇看下来，还不能把他的意思搞明白。这样的文章，往往达不到写作的目的，至少要打很大的折扣。

文章的结构决定于文章的内容。为什么这篇文章分三段，那篇文章分五段，为什么先说这层意思，后说那层意思，这些，都是文章的内容决定的。

从作者写作的角度说，要想明确自己所写的内容，进而根据内容的需要安排好文章的结构，主要得从两个方面着眼。

首先是思路。作者的思路是他对客观事物怎样观察、理解、认识的反映。思路不是凭空产生的，而是以客观事物为基础的。客观事物反映在作者头脑里，经过观察、理解、认识的过程，形成了他对这样事物的印象、看法、态度或感情。把这些印象、看法、态度或感情理出个头绪来，就是所谓思路。人总是根据思路来结构文章的。因而，文章的结构组织是否清晰严密，就表明作者的思路是否清晰严密。而思路是否清晰严密，又表明他对所写的客观事物是否形成了鲜明的印象、看法、态度或感情。

所以，要文章的结构好，必须求之于思路。要思路清晰严密，必须善于观察事物，能够理解和认识事物。只有从锻炼观察能力和理解、认识的能力入手，才能培养起既活泼而又严密的思路；只有培养起这样的思路，写文章才会有好的结构。

写一棵树，如果你对这棵树的形状、构造、生长发育、性质作用都不知道，或者知道得不清楚，这篇文章将如何写法呢？先写什么后写什么呢？一切都将无法下手。勉强写些话出来，必然前言不搭后语，使读的人也摸不着头脑。这还谈什么结构组织？写一件事，如果你对这件事的前因、后果，发展、演变，作用、意义，都搞不清楚，所知既然模糊，文章又将何从组织？总之，自己不明白，就无法使读者明白。

其次，安排结构还同文章的性质、对象和目的有关。文章总是写给特定的对象看，为了解决特定的问题的。文章里的材料怎样安排，各个部分怎样组织，要看文章是写给谁的，是为什么写的。比方，某处有一件重要的事情，你去调查了一下，回来之后把那件事情写下来，向领导报告。这该怎么写法？当然只有原原本本把事情的经过从头至尾地写出来，用不着什么“倒叙”“插叙”那些办法。如果想把这件事情写成个通讯报道，在报刊上发表，写法也许就不同一些，可能先把结果写出来，然后再回过头去写事情的发生和经过，中间也许要补充一点跟这件事情有关的情况，以便一般读者能够了解得清楚一些，并且也要考虑到怎样安排才能引起读者的注意，使他乐于读下去。倘若拿这件事情作素材，写成一个短篇小说，写法就会更不一样。写自己对某个问题的看法，也要根据写给谁和为什么而写来考虑文章的结构——是写给有关的个别同志看，还是写出来发表？如果发表，是在哪里发表？给哪些读者看？是着重发表自己的意见，还是着重批评一种相反的、错误的意见？虽然谈的是同一个问题，由于对象和目的不同，文章里先说什么，后说什么，怎样提出问题，怎样得出结论，也就是说，文章的结构组织怎样安排，也会有种种不同。

所以，要文章的结构好，除了先决地求之于思路的清晰严密之外，还要把写作的对象和目的明确起来。不能为结构而结构。结构是为写文章的目的服务的。

总之，结构不是个单纯的方法技巧问题，虽然这里边有方法和技巧。有些青年同志在学习语文，希望提高自己的写作能力，听说写文章要讲究篇章结构，于是想找人教给点谋篇布局的方法。方法当然需要讲，然而那还不是根本的。根本的问题在思路，在写作要有明确的目的。特别是思路，这是关乎文章结构的最根本的东西。

思路需要锻炼，也是可以锻炼的。思路一要开阔活跃，二要细致严密。锻炼就是向着这个目标来的。入手处一在观察，二在思考。看一样东西，不是毛毛草草地看一眼就算数，而是多看看，仔细看看，一边看着一边想一想，一定要把它看清楚，想明白。比如看一座山，可以从远处看它的整体，看它的气势，又可以走到近处看它的岩石树木；可以从山脚看上去，又可以从山顶看下来；可以从这座山想到那座山，想到过去看过游过的山，也可以从山上的泉水瀑布想到由这里发源的溪流江河；可以从它的景色想到它的蕴藏，也可以从它的今天想到它的明天，如此等等。不是随便看看，不是胡思乱想，而是认真地看看，用心地想想，做到对这样东西了然于胸中。对事物有了这么一种明晰的印象，等到要写文章，根据写作的目的考虑一下，哪些写进去，哪些不写，哪些多写一点，哪些少写一点，先写什么，后写什么，再写什么，从哪里写起，到哪里转个弯，到哪里结束。心里有了这么个数，一步一步写下去，写完之后反复看一看，读一读，如果有详略不合适、连贯不顺畅、联系不周密的地方，好好改一改，这不就是在结构组织吗？看一件事情，想一个道理，也是这样。知道了结果，一定找一找原因，想一想用这个原因说明这个结果合理不合理；下了个判断，一定找一找根据，想一想这根据充分不充分。正面想想，反面想想，把有关的事情或道理联系起来想想。总之，要做到对这件事或者这个道理了然于胸中。这样，头脑里也就有了头绪，写起文章来也就有了条理。

当然，能够这样看事情，思考事情，要靠具备一定的实践基础、认识水平以及知识的蓄积。但是，这里边也有个习惯问题。注意锻炼，能逐渐养成好的习惯；不注意锻炼，也会助长不好的习惯。因此，我们说锻炼是有用的，是不可忽视的。经过不断的、有意识的锻炼，能够使我们的思路在现有的思想水平和知识水平的基础上，尽其可能地开阔活跃起来，细致严密起来。那样，写文章就能够比较地铺陈得开，不至于干干巴巴地一疙瘩，就能够比较地有些条理脉络，不至于颠来倒去，乱麻一团，或者前后脱节，丢三落四了。

除了自己经常注意之外，读好的文章，用心理解它的层次结构，也是锻炼思路的很有效的办法。因为从那里可以领会到作者的思路是怎样开展的，这对我们会有很大的启发作用。我们分析、领会文章的结构，主要不在于学习文章结构的方法技巧，而在于学习思考问题、认识问题的路径。怎样从全面地认识一件事情的意义到具体地分析，怎样从具体事实的意义深入和提高到更本质、更重要的意义，怎样从当前的事情看到它的趋势和前景。这样钻研，我们的思路会得到启发，受到锻炼，日积月累，久而久之，我们自己观察事物，思考问题的能力一定会逐渐提高，而这种能力必将从我们安排文章结构之中反映出来。

不仅读议论性的文章应当这样读，读记叙性的文章也一样。不仅读现代的文章需要从思路上着眼，读古代优秀的文章也需要。举柳宗元的《小石潭记》为例：

> 从小丘西行百二十步，隔篁竹，闻水声，如鸣佩环，心乐之。伐竹取道，下见小潭，水尤清洌。全石以为底，近岸，卷石底以出，为坻，为屿，为嵁，为岩。青树翠蔓，蒙络摇缀，参差披拂。
>
> 潭中鱼可百许头，皆若空游无所依。日光下彻，影布石上，佁然不动；俶尔远逝，往来翕忽。似与游者相乐。
>
> 潭西南而望，斗折蛇行，明灭可见。其岸势犬牙差互，不可知其源。
>
> 坐潭上，四面竹树环合，寂寥无人，凄神寒骨，悄怆幽邃。以其境过清，不可久居，乃记之而去。
>
> 同游者：吴武陵，龚古，余弟宗玄。隶而从者，崔氏二小生：曰恕己，曰奉壹。

这是一篇游记。游记并不是一边游着一边写，而是游完之后，想着游览的情景写的。这篇文章表现出作者的思路大致是这样:他先想到小石潭所在的地方,想到逐渐走近小石潭的时候听见怎样的声音(闻水声,如鸣佩环),看见一些什么景物(潭边的石头和树木);然后继续想,走到潭边向潭里注视的时候看见怎样的景象(游鱼……似与游者相乐);接着想下去,看过潭里的游鱼之后,又抬起头来顺着潭岸向远处眺望,看见了怎样的情景(斗折蛇行,犬牙差互,不可知其源);近处、远处都观赏到了,该坐下来休息休息了,于是写坐在潭边看见什么,感觉到什么;最后,游够了,该回去了,于是写回去,一直写到同游的人和作这篇游记。显然,文章的结构组织所反映的正是作者游览时观察的顺序和写文章之前回想思索的顺序。如果我们游了一个地方,只要游览的时候很细心地观察了,对每处景物的最突出的东西都留有清晰鲜明的印象,只要写的时候把游览的过程和所得的印象都想清楚了,我想,我们也同样能够写出这样一篇有条有理而又清新生动的游记来。文章的结构不是一件难事。

有的同志给我来信,要我谈谈怎样读文章;有的同志要我谈谈怎样写文章,特别是怎样把文章的结构安排得好些。我想,这两方面能够统一起来。

读文章可以这样读法:粗读一遍,想一遍,再细读一遍。

粗读一遍的目的在于对这篇文章能够"粗知大意,得其梗概"。因此,哪怕篇幅比较长,也尽可能一口气读下来,有少数地方不甚明了,暂时由它去,不细想,也不查字典。

想一遍,就是想一想那个大意和梗概。什么是大意和梗概呢?主要是这么几点:

1. 这篇文章主要地谈了个什么问题,或者说了件什么事情?

2. 这篇文章是写给谁看的,为了什么目的而写的?

3. 文章里主要说了几层意思?前前后后的几层意思是怎样的关系?

这第三点,其实就是文章的结构组织。

想这一遍是大有用处的。读报纸刊物上的一般的文章,有时候只能读一遍,没有时间重读第二遍。如果读一遍就丢在一边,往往印象模糊,稍过两天就忘了。读过之后略微想一想,把上边说的那三点回味一下,印象就清楚多了,深刻多了。这样才不白读,才能从中得到点什么。倘若是一篇重要文章,是要好好学习的文章,读一遍,想一遍,对它有了个初步的了解,对上边说的三点有了个比较清晰的印象之后,再去细读,才能使自己的思路跟作者的思路合拍一些,才知道哪些地方应当特别注意,应当深入揣摩,这样,收获能够更大些。常见有的同志读文章,一上手就一字一句地抠起来,半天还不能读它一遍,一直读到头,所得的多是些零零星星的印象,得不出一个完整扼要的印象;也有的同志,草草读过一遍之后,马上又回过头来重读,有时候读了两三遍,印象还是很笼统,甚至相当模糊,理不出个头绪。我想，这种情形可能都是由于缺少想那一遍的缘故。想一遍，这是个习惯问题。养成这个习惯之后，费时很少，往往只要几分钟，十来分钟就行，而收效很大。

再细读一遍，目的在于咀嚼，消化。

1. 验证第一遍读过之后，所得的印象对不对。对的，加深它，巩固它；不对的，纠正它。

2. 求透。懂得不清楚的，要思考，揣摩，要查考工具书；前前后后的联系照应，要弄明白；主要的，次要的，要搞清楚。要得出总的、全面的理解；也要得出分解的、一部分一部分的理解。

3. 求深。要体会含蓄蕴藏的意思，要玩味精微细致的情境，要领略论断臧否的分寸。我想，用这样的一些步骤来读文章，对于锻炼思路是很有好处的。如果思路不断得到锻炼，自己写文章的时候，在结构组织方面就会有些办法了。

1963 年

（选自《张志公文集》第三卷，广东教育出版社 1991 年版）

第四章　语　言

理论概说

语言是人类所特有的用来表情达意、交流思想的工具，是一种特殊的社会现象。从某种意义上来说，所谓写作能力，归根到底是一种语言运用能力。因为写作者的一切思考与谋划，无论是关于文本思想和材料的，还是关于结构安排的，最终都要通过“写”来落实并得以表现。语言是文章赖以宣事达理、表情写意的唯一工具和手段。写作的过程，就是作者运用语言能动地反映客观事物和思想感情的过程。刘勰在《文心雕龙·章句》中说：“夫人之立言，因字而生句，积句而成章，积章而成篇。”所以，语言表达能力的高下，也是决定写作成败的关键。

一、遣词的要求

遣词就是指写作过程中的选择词汇。为了取得很好的表达效果，遣词要符合以下要求。

（一）准确贴切

所谓准确贴切，就是精心选择最确切、最恰当的词汇，正确地反映客观事物，恰当地揭示客观事理，贴切地表达作者的思想感情，能做到“意能称物”、“文能逮意”，每个字、词、句都用得妥帖、适当、恰如其分。

福楼拜说：“我们不论摹写什么事物，要表现它，唯有一个名词；要赋予它运动，唯有一个动词；要得到它的性质，唯有一个形容词。我们须继续不断地苦心思索，非发现这唯一的名词、动词、形容词不可，仅仅发现与这些名词、动词、形容词类似的词句是不行的，也不能因思索困难，用类似的词句敷衍了事。”只有准确地炼字遣词，把那个“唯一”的名词、动词、形容词找出来，并把它们安放在那不可更易的位置上，才能真切地言其想言之事，表其想表之情，达其该达之意。

当然，要做到语言准确贴切，首先要做到对内容有正确认识，其次所选的词也必须与表达对象的实际切合。

(二)明白易懂

明白易懂就是不选用自己还没有准确把握的词,不生造别人不懂的词,不滥用方言土语,努力不使他人在阅读文章时产生理解上的障碍。

(三)形象生动

形象生动就是语言要新鲜活泼,讲究文采,富于形象性,绘声绘色,有感染力,使人愿意看。这又可从四个方面来进一步阐述:

首先,要选用含义具体并富有形象感的词语。可选用拟声绘色的描绘性的词语,这样的语言有声响、有光泽、有立体感,使人读后如见其人、如临其境,并能唤起读者丰富的联想。

其次,语言要新鲜活泼,采用活脱通俗的"活"语言,不要人云亦云,拾人牙慧。

再次,要讲究文辞的优美,善于运用汉语特有的声调节奏、叠字叠句,注意文情并茂。

最后,语言要有幽默感,以笑做媒介,巧妙揭示作者观点,说明深奥的道理,往往会收到意想不到的效果。

二、造句的要求

组词成句就是造句。要使写作很好地起到表情达意的作用,造句至少要做到以下几点。

(一)合乎语法规范

合乎语法规范就是遵守约定俗成的组词造句的规则。句子只有合乎语法规范,成分不欠缺,搭配不混乱,句义才能完整,才能真正起到表情达意的作用和效果。

(二)语句精练流畅

精练是指句子能简洁地表达意思,没有多余的词句。流畅是指句子符合逻辑,表达顺畅有条理。如果抓不住问题要害,思维缺乏条理,则逻辑混乱,语言絮烦,令人不知所云,难以卒读。

(三)句式富有变化

句子的结构方式,根据内容的需要,可以采用长句短句结合,整句散句搭配,陈述句、疑问句、感叹句、祈使句交错等方式,以避免语言的平板呆滞,增强文章的形式美和表达效果。

例文评析

1. 下面是《敬爱的周总理永垂不朽》中的一段解说词：

群山肃立，江河挥泪，辽阔的祖国大地沉浸在巨大的悲痛之中。

…………

目送灵车队，万众心相随，哭别总理心欲碎，八亿神州泪纷飞。

红旗低垂，新华门前洒满泪。日理万机的总理啊，您今晚几时回？

敬爱的总理啊，您怎么走得这样急？有多少问题等着您去解决，有多少问题等着您去处理，总理啊，您怎么走得这样急！

长夜无言，天地同悲。只见灵车去，不见总理归。敬爱的总理啊！您光辉的生命将和祖国山河一样万古长青，您永远和工人一起劳动，和农民一起耕耘，和战士一起站岗放哨，您永远活在亿万人民心中。

【评析】这段解说词，用优美的语句表达出作者对周总理的无比怀念之情。在这里，作者交替使用了长句、短句、整句、散句四种句式，从而使之既整齐匀称而又不失变化。

2. 写作要善于利用词语的潜在信息。

语言意义的真正实现，是靠主体和受体共同完成的。主体和受体之间应保持适当的距离，或者留一部分空白让受体根据自己的人生阅历、学识修养、审美趣味去补充、填空，从而扩大语言的表现力。所以，用好语言的“潜在信息”，能更好地展示言语的魅力。

下面是曹禺《雷雨》中的一个片段。

鲁贵：（弯弯腰）太太，您好。

繁漪：（略惊）你来做什么？

鲁贵：（假笑）给您请安来了，我在门口等了半天。

繁漪：（镇定）哦，你刚才在门口？

鲁贵：对了，（诡秘地）我看见大少爷正跟您打架，我……（假笑）我就没敢进来。

繁漪：（沉静地不为所迫）你要来做什么？

鲁贵：（有把握地）我倒是想报告太太，说大少爷今天晚上喝醉了，跑到我们家里去。现在太太既然是也去了，那我就不必多说了。

繁漪：（嫌恶地）你现在想怎么样？

鲁贵：（倨傲地）我想见见老爷。

繁漪：老爷睡觉了，你要见他什么事？

鲁贵：没有什么，要是太太愿意办，不找老爷也可以……（意在言外地）都看太太怎么办了？

（选自《曹禺文集》，中国戏剧出版社1988年版）

【评析】鲁贵是周朴园家的仆人。他自私狭隘，把钱看得高于一切，企图通过窥探周家的隐私来获得自己的利益。当他听到周萍与繁漪之间的"私情"时，他惊喜，庆幸自己获得了周家的"第一手资料"，可以利用这个武器去要挟繁漪，这样就可以巩固他在周家的地位，并能敲诈钱财。他怀着这种阴暗的心理来向繁漪挑战，对话中的"潜在信息"传递了他的真实意图。

"我在门口等了半天"，这句话里的"等"字，表达的并非是字面义，而是向繁漪暗示自己听到她与周萍的"重要谈话"；进一步提出"我想见老爷"，表面看来，这是一句十分简单的话，只是提出一个小小的要求，但其"潜在信息"是要向周朴园告发繁漪，无疑这将置繁漪于死地。当繁漪立即阻拦时，鲁贵有恃无恐，咄咄逼人地说："都看太太怎么办了？"其人倨傲、要挟之意溢于言表。

3. 对散文《绿》的评析。

绿

朱自清

我第二次到仙岩的时候；我惊诧于梅雨潭的绿了。

梅雨潭是一个瀑布潭。仙岩有三个瀑布，梅雨瀑最低。走到山边，便听见花花花花的声音；抬起头，镶在两条湿湿的黑边儿里的，一带白而发亮的水便呈现于眼前了。我们先到梅雨亭。梅雨亭正对着那条瀑布；坐在亭边，不必仰头，便可见它的全体了。亭下深深的便是梅雨潭。这个亭踞在突出的一角岩石上，上下都空空儿的；仿佛一只苍鹰展着翼翅游在天宇中一般。三面都是山，像半个环儿拥着；人如在井底了。这是一个秋季的薄阴的天气。微微的云在我们顶上流着；岩面与草丛都从润湿中透出几分油油的绿意。而瀑布也似乎分外的响了。那瀑布从上面冲下，仿佛已被扯成大小的几绺；不复是一幅整齐而平滑的布。岩上有许多棱角；瀑流经过时作急剧的撞击，便飞花碎玉般乱溅着了。那溅着的水花，晶莹而多芒；远望去，像一朵朵小小的白梅，微雨似的纷纷落着。据说，这就是梅雨潭之所以得名了。但我觉得像杨花，格外确切些。轻风起来时，点点随风飘散，那更是杨花了。——这时偶然有几点送入我们温暖的怀里，便倏的钻了进去，再也寻它不着。

梅雨潭闪闪的绿色招引着我们；我们开始追捉她那离合的神光了。揪着草，攀着乱石，小心探身下去，又鞠躬过了一个石穹门，便到了汪汪一碧的潭边了。瀑布在襟袖之间；但我的心中已没有瀑布了。我的心随潭水的绿而摇荡。那醉人的绿呀！仿佛一张极大极大的荷叶铺着，满是奇异的绿呀。我想张开两臂抱住她；但这是怎样一个妄想呀。—— 站在水边，望到那面，居然觉得有些远呢！这平铺着、厚积着的绿，着实可爱。她松松的皱缬着，像少妇拖着的裙幅；她滑滑的明亮着，像涂了"明油"一般，有鸡蛋清那样软，那样嫩；她又不杂些儿尘滓，宛然一块温润的碧玉，只清清的一色——但你却看不透她！我曾见过北京什刹海拂地的绿杨，脱不了鹅黄的底子，似乎太淡了。我又曾见过杭州虎跑寺近旁高峻而深密的"绿壁"，丛叠着无穷的碧草与绿叶的，那又似乎太浓了。其余呢，西湖的波太明了，秦淮河的也太暗了。可爱的，我将什么来比拟你呢？我怎么比拟得出呢？大约潭是很深的，故能蕴蓄着这样奇异的绿；仿佛蔚蓝的天融了一块在里面似的，这才这般的鲜润呀。——那醉人的绿呀！我若能裁你以为带，我将赠给那轻盈的舞女；她必能临风飘举了。我若能挹你以为眼，我将赠给那善歌的盲妹；她必明眸善睐了。我舍不得你；我怎舍得你呢？我用手拍着你，抚摩着你，如同一个十二三岁的小姑娘。我又掬你入口，便是吻着她了。我送你一个名字，我从此叫你"女儿绿"好么？

我第二次到仙岩的时候，我不禁惊诧于梅雨潭的绿了。

（选自《朱自清全集》，江苏教育出版社 1997 年版）

【评析】这是朱自清先生的一篇著名的美文，它把"抽象"的"绿"写得很感动人，使读者可以用整个神经感受梅雨潭闪闪绿色那离合的神光。文章的成功与它语言的表达密不可分，优雅而不俗艳，生动而不矫情，作者遣词造句的造诣是值得人们称赞的。

首先，我们来看造词上的一些实例：

> (1)揪着草，攀着乱石，小心探身下去，又鞠躬过了一个石穹门，便到了汪汪一碧的潭边了。

——这里"揪"、"攀"、"探"、"鞠躬"、"过"等一连串动词的选用，把作者去梅雨潭的过程简洁而又传神地写了出来；而用"汪汪一碧"来形容潭水同样给人鲜活灵动之感。

> (2)我曾见到过北京……的绿杨……似乎太淡……杭州的虎跑寺近旁的"碧绿"……那又似乎太浓……西湖的波太明了；秦淮河的也太暗了。

——这里"淡"与"浓"、"明"与"暗"两对反义词的选用，衬托了梅雨潭绿得适中可爱，这四个形容词可谓一字千金，具有丰富的表现力。

其次，来看造句方面的一些实例：

> (1)她松松的皱缬着，像少妇拖着的裙幅；她滑滑的明亮着，像涂了"明油"一般，有鸡蛋清那么软，那么嫩；她又不杂些儿尘滓，宛如一块温润的碧玉，只清清的一色——但你却看不透她！

——潭水的色泽原不易表现，但作者此处一连用了三个比喻句——而且每个比喻句都很贴切传神——从形、质、色三个方面去形容梅雨潭，确实把梅雨潭写活了，让人有身临其境之感。

(2)岩上有许多棱角；瀑流经过时作急剧的撞击，便飞花碎玉般乱溅着了。那溅着的水花，晶莹而多芒；远望去，像一朵朵小小的白梅，微雨似的纷纷落着。据说，这就是梅雨潭之所以得名了。

——这段文字不仅达意，而且在句式安排上也很有讲究，句子长长短短，给人以变化的美；读来抑扬顿挫富有节奏，给人以音乐的美。

文中类似上面的例子太多了。写景散文要淋漓尽致地抒情写意，不在遣词造句上下功夫是不行的，有人说把它“当诗来写”，不是没道理的。

4. 对学生习作《“雅俗共赏”》的评析。

“雅俗共赏”

成语“雅俗共赏”，说的是：真正美妙（美好）的东西，必然都是既能被欣赏水平较高的人们赏识，也能使欣赏水平较低的人们感兴趣；绝不会只有前者爱好，后者就格格不入，不能领略。

例如：凡色之不“彩”者，必皆雅俗共赏；凡色之“彩”者，必皆雅俗共弃，就是足以证明这一点的最明显事实。

原因是：真理本都是朴素平凡的（当然，其平凡中，同时包含着不平凡）。

真正的“美”，也都本来并不玄妙、并不神秘（尽管有时似乎不免有些“玄妙”、“神秘”而往往说不清楚）。

任何一个普普通通的人，只要未被这种那种一知半解，似是而非的流行“美学”教条所欺骗，面对真正的“美”的或“丑”的事物，总都不会不是或多或少，或深或浅地能有所感受和领会，并且必然各自都会分辨得出来的。

应当明确：在“审美”实践领域，其实本无所谓“外行”、“内行”之分。更何况对于一切事物的所谓“内行”与“外行”，原本也就是相对的，不是绝对的，本无不可逾越的鸿沟嘛！所以，一般人们大可不必去管他的。——至少不必过多地相信那些自命“专家”、“里手”者的所谓“内行”意见……不要自卑地以为只有他们点了头才算数！其实，恰恰相反。任何审美对象，尽管他们大点其头，如果群众通不过，不“批准”，那就至少由于不是“雅、俗共赏”的，而必然还存在着某些尚未臻于最大限度成功的不足之处，必然还算不得已是尽善尽美的……

不妨举个显明例证：通常“专家”、“里手”往往惯以专业术语，认为讲求什么特殊高明技巧花样的“明暗对比”及“笔触”像油画或素描画，每使群众说成“阴阳脸”、“满面毫毛”；因而常被“专家”、“里手”们讥为群众“不懂艺术”。其实，乃是他们竟以“技术”误当成“艺术”而不自知共非！（按：“明暗对比”与“笔触”及其他等等类似技法的讲求，尚仅属于描绘物象之“技术”而已。何况，凡让构成物体“形象”之笔触，明暗等因素，居然突现于外而不溶化于内，以至惹眼、刺眼，有如钟表的发条、齿轮等显现于外观，即就其“技术”而言，也还不得谓之为足够好的、成熟的“技术”。）反而恰恰暴露了他们无非一知半解之可笑！此亦正如某些诗词作者，不顾今日人们吟诵顺口不顺口（注意：语音声韵，原是因时、因地有所发展变化的）片面执著，顽固死守过时“韵书”为唯一依据，反诬读其诗词者“不懂”声韵规则及其相关某些“艺术技巧”一样。试问：作诗、填词难道即等于排比配列“声韵”而已吗？诗词“艺术”未必就只限于仅仅指的是其“声韵”“平仄”吗？诚然，一般普通人们——广大群众，多半都是确实“不懂”什么“声韵”、“平仄”，以及什么“笔触”、“明暗对比”等等专业性技法规则之类“高深”（?）道理的，因而他们往往说不出所以然来，是事实。但是，他们面对各种欣赏对象，凭着他们最朴实、最真切的直接具体观感，对于对象事物本身客观地实际具有的“美”或“不美”（丑），却总是不仅都必有所感受，而且还多半经常感受得相当准确无误的（因为：只有对象本身确实具有某种“美”或“不美”客观现象，才能并必能使人感受到。反之，则怎么也不可能使人感受到的）。……

所以，一般地说来，人们对于各种审美的对象要求“雅俗共赏”，是有道理的，是正确的。——不消说，“雅、俗共赏”，实际上还是各赏其所赏。并不排除“深者见深、浅者见浅”，“仁者见仁、智者见智”。所以，仍有种种差异存在其间。

【评析】这篇文章在遣词造句上是很不成功的。

首先，这篇文章许多地方意思表达很不清楚，读来让人感到费解。“例如：凡色之不‘彩’者，必皆雅俗共赏；凡色之‘彩’者，必皆雅俗共弃，就是足以证明这一点的最明显事实。原因是：真理本都是朴素平凡的（当然，其平凡中，同时包含着不平凡）。”这几句话中“不彩”与“彩”是两个很关键的词，然而，它的含义却是很不确定的。如它们是指颜色，那未必“不彩”（如退色的图画）就能受到大众的欢迎，“彩”（如优美的彩色电影）就不会受到大众欢迎。这样的选词必然会影响整个句子的意思表达。所以当人们读到后面“最明显的事实”时，既很难明白这“事实”到底指什么，又无法感受这事实到底“明显”在何处。而后面对前面一句的解释也因前面一句的意思的含混而显得牵强、游移。

其次，语言表达啰嗦。例如：“任何一个普普通通的人，只要未被这种那种一知半解，似是而非的流行‘美学’教条所欺骗，面对真正的‘美’的或‘丑’的事物，总都不会不是或多或少，或深或浅地能有所感受和领会，并且必然各自都会分辨得出来的。”这句话意思本来很简单，说“如果没有被美学教条所欺骗，一般人面对真正的美，总会有程度不同的感受与领会”。但是在原文中，作者用词叠床架屋，造句生硬拖沓，让人感到非常累赘，如此这般，语言又怎么能有简洁流畅的美呢？

最后，语言枯燥乏味。文章语言应力求生动形象性，好让人喜闻乐见。但这篇文章不爱举具体例子，不爱用通俗易懂的语言，一味地在抽象的概念里转圈子，使得并不艰深的道理读来却让人感到晦涩艰深。

写作训练

1. 用一个词或成语来表达“远”或“高”的意思，看看谁的说法显得“最远”或“最高”。

2. 有人说同一种意思可以用无数种话语来表达，这种说法对不对？请至少用三种说法来表达“心情非常愉快”这个意思。

3. 鲁迅在写作《七律·惯于长夜过春时》时精心遣词造句，将原稿中“眼看朋辈成新鬼，怒向刀边觅小诗”改为定稿中“忍看朋辈成新鬼，怒向刀丛觅小诗”。请仔细看看作者作了怎样的改动，并说说这样改动的效果。

4. 阅读《祝福》中的一段文字，将特殊语序改为自然语序，并仔细体味特殊语序的作用。

她一手提一个竹篮，内中一个破碗，空的。另一手拄一支比她更长的竹竿，下端开了裂。

5. 阅读沙白的小诗《秋》，根据小诗的意境，通过自己的想象去补足句中空格中的词。

湖波上
荡着红叶一片
如一叶扁舟
上面□着一个秋天

6. 说说“红杏枝头春意闹”的“闹”和“春风又绿江南岸”的“绿”在遣词上的效果。

7. 每人说一句自认为表达得非常精彩的句子，并说说其中的精妙之处。

资料链接

语言是艺术

汪曾祺

语言本身是艺术，不只是工具。

写小说用的语言，是文学的语言，不是口头语言，而是书面语言。是视觉的语言，不是听觉的语言。有的作家的语言离开口语较远，比如鲁迅；有的作家的语言比较接近口语，比如老舍。即使是老舍，我们可以说他的语言接近口语，甚至是口语化，但不能说他用口语写作，他用的是经过加工的口语。老舍是北京人，他的小说里用了很多北京话。陈建功、林斤澜、中杰英的小说里也用了不少北京话。但是他们并不是用北京话写作。他们只是吸取了北京话的词汇，尤其是北京人说话的神气、劲头、“味儿”。他们在北京人说话的基础上创造了各自的艺术语言。

小说是写给人看的，不是写给人听的。

外国人有给自己的亲友读自己的作品的习惯。普希金给老保姆读过诗，屠格涅夫给托尔斯泰读过自己的小说，效果不知如何。中国字不是拼音文字。中国的有文化的人，与其说是用汉语思维，不如说是用汉字思维。汉字的同音字又非常多。因此，很多中国作品不太宜于朗诵。

比如鲁迅的《高老夫子》：

> 他大吃一惊，至于连《中国历史教科书》也失手落在地上了，因为脑壳上突然遭到了什么东西的一击。他倒退两步，定睛看时，一枝夭斜的树枝横在他的面前，已被他的头撞得树叶都微微发抖。他赶紧弯腰去拾书本，书旁边竖着一块木牌，上面写道——
>
> 桑
桑　科

看小说看到这里，谁都忍不住失声一笑。如果单是听，是觉不出那么可笑的。

有的诗是专门写来朗诵的。但是有的朗诵诗阅读的效果比耳听还更好一些。比如柯仲平的诗：

人在冰上走，
水在冰下流……

这写得很美。但是听朗诵的都是识字的，并且大都是有一定的诗的素养的，他们还是把听觉转化成视觉的(人的感觉是相通的)，实际还是在想象中看到了那几个字。如果叫一个不识字的，没有文学素养的普通农民来听，大概不会感受到那样的意境，那样浓厚的诗意。“老妪都解”不难，叫老妪都能欣赏就不那么容易。“离离原上草”，老妪未必都能击节。

我是不太赞成电台朗诵诗和小说的，尤其是配了乐。我觉得这常常限制了甚至损伤了原作的意境。听这种朗诵总觉得是隔着袜子挠痒痒，很不过瘾，不若直接看书痛快。

文学作品的语言和口语最大的不同是精炼。高尔基说契诃夫可以用一个字说了很多意思。这在说话时很难办到，而且也不必要。过于简练，甚至使人听不明白。张寿臣的单口相声，看印出来的本子，会觉得很啰嗦，但是说相声就得那么说，才明白。反之，老舍的小说也不能当相声来说。

其次还有字的颜色、形象、声音。

中国字原来是象形文字,它包含形、音、义三个部分。形、音,是会对义产生影响的。中国人习惯于望“文”生义。“浩瀚”必非小水,“涓涓”定是细流。木玄虚的《海赋》里用了许多三点水的字,许多摹拟水的声音的词,这有点近于魔道。但是中国字有这些特点,是不能不注意的。

说小说的语言是视觉语言,不是说它没有声音。前面说过,人的感觉是相通的。声音美是语言美的很重要的因素。一个有文学修养的人,对文字训练有素的人,是会直接从字上“看”出它的声音的。中国语言因为有“调”,即“四声”,所以特别富于音乐性。一个搞文字的人,不能不讲一点声音之道。“前有浮声,则后有切响”,沈约把语言声音的规律概括得很扼要。简单地说,就是平仄声要交错使用。一句话都是平声或都是仄声,一顺边,是很难听的。京剧《智取威虎山》里有一句唱词,原来是“迎来春天换人间”,毛主席给改了一个字,把“天”字改成“色”字。有一点旧诗词训练的人都会知道,除了“色”字更具体之外,全句声音上要好听得多。原来全句六个平声字,声音太飘,改一个声音沉重的“色”字,一下子就扳过来了。写小说不比写诗词,不能有那样严的格律,但不能不追求语言的声音美,要训练自己的耳朵。一个写小说的人,如果学写一点旧诗、曲艺、戏曲的唱词,是有好处的。

外国话没有四声,但有类似中国的双声叠韵。高尔基曾批评一个作家的作品,说他用“咝”音的字太多,很难听。

中国语言里还有对仗这个东西。

中国旧诗用五七言,而文章中多用四六字句。骈体文固然是这样,骈四俪六;就是散文也是这样。尤其是四字句。四字句多,几乎成了汉语的一个特色。没有一篇文章找不出大量的四字句。如果有意避免四字句,便会形成一种非常奇特的物体。适当地运用一些四字句,可以造成文章的稳定感。

我们现在写作时所用的语言,绝大部分是前人已经用过,在文章里写过的。有的语言,如果知道它的来历,便会产生联想,使这一句话有更丰富的意义。比如毛主席的诗:“落花时节读华章”,如果不知出处,“落花时节”,就只是落花的时节。如果读过杜甫的诗:“岐王宅里寻常见,崔九堂前几度闻,正是江南好风景,落花时节又逢君”,就会知道“落花时节”就包含着久别重逢的意思,就可产生联想。《沙家浜》里有两句唱词:“垒起七星灶,铜壶煮三江”,是从苏东坡的诗“大瓢贮月归春瓮,小杓分江入夜瓶”脱胎出来的。我们许多的语言,自觉或不自觉地,都是从前人的语言中脱胎而出的。如果平日留心,积学有素,就会如有源之水,触处成文。否则就会下笔枯窘,想要用一个词句,一时却找它不出。

语言是要磨练,要学的。

怎样学习语言?——随时随地。

首先是向群众学习。

我在张家口听见一个饲养员批评一个有点个人英雄主义的组长："一个人再能，当不了四堵墙。旗杆再高，还得有两块石头夹着。"

我觉得这是很好的语言。

我刚到北京京剧团不久，听见一个同志说："有枣没枣打三下，你知道哪块云彩里有雨啊？"

我觉得这也是很好的语言。

一次，我回乡，听家乡人谈过去运河的水位很高，说是站在河堤上可以"踢水洗脚"，我觉得这非常生动。

我在电车上听见一个幼儿园的孩子念一首大概是孩子们自己编的儿歌：

山上有个洞，
洞里有个碗，
碗里有块肉，
你吃了，我尝了，
我的故事讲完了！

他翻来覆去地念，分明从这种语言的游戏里得到很大的快乐。我反复地听着，也能感受到他的快乐。我觉得这首几乎是没有意义的儿歌的音节很美。我也捉摸出中国语言除了押韵之外还可以押调。"尝"、"完"并不押韵，但是同是阳平，放在一起，产生一种很好玩的音乐感。

《礼记》的《月令》写得很美。

各地的"九九歌"是非常好的诗。

只要你留心，在大街上，在电车上，从人们的谈话中，从广告招贴上，你每天都能学到几句很好的语言。

其次是读书。

我要劝告青年作者，趁现在还年轻，多背几篇古文，背几首诗词，熟读一些现代作家的作品。

即使是看外国的翻译作品，也注意它的语言。我是从契诃夫、海明威、萨洛扬的语言中学到一些东西的。

读一点戏曲、曲艺、民歌。

我在《说说唱唱》当编辑的时候，看到一篇来稿，一个小戏，人物是一个小炉匠，上场念了两句对子：

风吹一炉火
锤打万点金

我觉得很美。

1947 年，我在上海翻看一本老戏考，有一段滩簧，一个旦角上场唱了一句：

春风弹动半天霞

我大为惊异，这是李贺的诗！

二十多年前，看到一首傣族的民歌，只有两句，至今忘记不了：

斧头砍过的再生树

战争留下的孤儿。

巴甫连柯有一句名言："作家是用手思索的。"得不断地写，才能扪触到语言。老舍先生告诉过我，说他有得写，没得写，每天至少要写五百字。有一次我和他一同开会，有一位同志作了一个冗长而空洞的发言，老舍先生似听不听，他在一张纸上把几个人的姓名连缀在一起，编了一副对联：

伏园焦菊隐

老舍黄药眠

一个作家应该从语言中得到快乐，正像电车上那个念儿歌的孩子一样。

董其昌见一个书家写一个便条也很用心，问他为什么这样，这位书家说："即此便是练字。"作家应该随时锻炼自己的语言，写一封信，一个便条，甚至是一个检查，也要力求语言准确合度。

鲁迅的书信、日记，都是好文章。

语言学中有一个术语，叫做"语感"。作家要锻炼自己对于语言的感觉。

王安石曾见一个青年诗人写的绝句，写的是在宫廷中值班，很欣赏。其中的第三句是："日长奏罢长杨赋"，王安石给改了一下，变成"日长奏赋长杨罢"，且说："诗家语必此等乃健"。为什么这样一改就"健"了呢？写小说的，不必写"日长奏赋长杨罢"这样的句子，但要能体会如何便"健"。要能体会峭拔、委婉、流利、安详、沉痛……

建议青年作家研究研究老作家的手稿，捉摸他为什么改两个字，为什么要把那两个字颠倒一下。

"如鱼饮水，冷暖自知"，语言艺术有时是可以意会，难于言传的。

（选自《汪曾祺文集·文论卷》，江苏文艺出版社 1993 年版）

第五章　表　达

理论概说

一、表达的概念

表达指的是作者运用语言反映社会生活和思想感情，实现写作目的时所采用的各种具体的表现方式或手法。

表达方式与文章内容有着互为依存的关系，各种表达方式之间也是相互依托的，其最终目的都是使文章思想内容得到充分、完美的体现。

在实际表达中，表达方式的运用受到文章的体裁、样式和表达目的的制约。如果表达目的有所变化，体裁、样式也会随之变化，那么表达方式也要随着作相应的改变。

二、表达的方式

文章的表达方式有多种，此处主要介绍叙述、描述、说明、议论这四种。

（一）叙述

1. 概念

所谓叙述是动态的，与时间相关，就是把人物、事件的变化和发展历程交代或介绍出来。

这是一种最基本的、使用频率最高的表达方式。

2. 目的

其一，仅仅是为了提供事实、信息。如对马航失联事件的报道、对汶川地震救援的报道、程序报告等，这类叙述往往要剔除主观因素，追求客观、真实。

其二，不仅仅是复述事件。如传记作家、历史学家等往往通过对事件的叙述，显示他们的创作意图，来分享经验、教训、洞见或情感等方面。

3. 视角

作者根据写作的意图、内容和体裁，选择采用何种视角叙述和观察，这也是写作时要确定的。常用的有第一人称和第三人称两种视角，有时也有用第二人称视角的。一般说来，第一人称视角有些像独白，往往比较方便表达自我的感受，也比较真切。第二人称视角好似对话，便于与特定读者交流，但视角常常需要转换，表达中也常有受限的情形，如对方的心理只能作表面的叙述，无法彻底表达。第三人称视角相对较为自由，作者既可以采取客观的态度，写自己亲见亲闻的事物，也可以以无所不知的态度，凭想象写离自己较远的事物。此外，还有无人称叙述等。

4. 类型

比照实际发生的时间，叙述可分详叙和概叙。通俗说来，用较多的文字来记叙较短时间内发生的事，就是详叙；用较少的文字记叙较长时间里经历的事，就是概叙，如“30年了，他一直平静地生活着”。详叙往往要借助于描写，尤其是白描的手法。

5. 顺序

叙述的顺序一般分成两类，一是时间顺序，一是逻辑因果顺序。据此，叙述有以下几种情形。

(1)顺叙。按照人物成长的过程或事件发生、发展、结局的先后顺序进行叙述叫顺叙。这是一种最自然、最基本的叙述方式。它的好处是有头有尾，条理清楚，脉络分明，能突出事物发展变化的过程，读起来顺当。但也容易流于罗列，写成流水账，显得平板单调。所以，运用顺叙，一定要善于剪裁，处理好详略、主次、轻重的关系，切不可平均用墨。

(2)倒叙。倒叙是“在‘忠于事实’原则下动一点小小的手脚”，先说发生在后面的事情。如鲁迅的《祝福》先写出祥林嫂沦为乞丐，当人们过年祝福之际，她却悲惨地死在雪地里；然后再从头叙述她“半生事迹”的三个片段；最后又回到了鲁镇祝福的景象。倒叙能造成文章的“起落”，但毕竟不自然，所以常常伪装成顺叙的样子，如全部倒叙的“侦探小说”，而局部倒叙的往往还要回到主流，继续直叙下去。所以，使用倒叙，要从表达需要出发，不可片面追求奇突，矫揉造作，故弄玄虚；还要交代清楚倒叙内容的起止点，“倒”和“顺”既要界限分明，又要衔接自然，使文章气脉贯通，流转自如。

(3)插叙。在叙述中心事件的过程中，由于特殊需要，暂时把叙述的线索中断一下，插进有关的另一件事加以叙述，然后再接着原来的叙述线索进行叙述，那插入的片段就称为插叙。例如《包身工》主要是叙述包身工一天悲惨生活的，但中间插进了包身工制度的由来，资本家对包身工的残酷剥削等的叙述，使人们进一步认清包身工制度的残酷。还有一种插叙，是插进对有关事件的回忆和追溯，如《故乡》中插进对童年时代闰土的回忆的叙述。插叙一般有三种情况：其中对过去事件片段的回忆可称为“追叙”；对有关的人或事作的必要补充、解释，可看成“补叙”的特殊形式;对有关内容作由近及远、由今及古的回溯,可称为“逆叙”。运用插叙,能起到丰富情节、扩展内容、深化主题的作用。但插叙的内容必须与文章密切相关,不可喧宾夺主;还要衔接自然,处理好插叙和顺叙之间的承转、过渡和照应。

(4)补叙。在叙述的过程中或叙述的末尾,对情况或事件作某些必要的解释、补充或说明,称补叙。运用补叙,可起到释疑、补缺、点睛的作用,使文章更为严谨、细密、圆合并富有立体感。如《水浒传》中写到林冲被两公差押解到野猪林图谋暗害时,鲁智深忽然从松树林背后跳出来相救。之后,作者再借鲁智深之口补叙他如何一路上暗中保护林冲。如果少了这段补叙,鲁智深的突然出现未免过于突兀离奇,破坏了情节的真实性。但补叙必须紧扣前文,不可节外生枝;应文字简洁,叙事精练,不可拖泥带水;还要顺其文势,合乎情节发展的逻辑,补得自然得体。

另外,还有平叙、环叙等表达方式。

(二)描述

1. 概念

描述,是静态的,与空间有关,介绍、呈现、刻画眼睛所能看到的,或是理论上可能看到的静态物象,就是描述。描述是写实,是报告所看到的人物场景。文学性的描述,称“描写”,包括虚构中的描写和非虚构文学作品(如散文)中的描写。

2. 观察

描述和描写,都离不开观察。观察分为三种类型:

(1)日常观察,即正常情况下通过视觉就能看到,而且不同的人看到的一般差不多。

(2)科学观察。这是建立在客观基础上的观察,或是受过专业训练的人所能看到的,如医生分析 X 光照片;或是通过专门仪器可以看到的,如通过望远镜或显微镜观察事物等。同样受过专业训练或使用同样的仪器,所看出来的东西应该是一致的。

(3)文学观察。文学观察,与其说是用眼睛不如说是用心在看。日常观察和科学观察是客观的,是通过调查可以证实的,因而是报告,而文学观察则是主观的,是作者在一定境遇下的独特观感,是由作者的想象、联想、情感、趣味等独特体验所酿造出的主观镜像。作者在文学创作中所观察到的东西,是其他人的眼睛所看不到也不可能看到的东西。所以文学作品中的写景,往往是文学观察所产生的主观之景,文学创作中的写人,常常是包含作者情感的独特的“这一个”。

3. 要求

描述或描写,实际上是把瞬间发生的事定格、延长,或是把综合的物体景观加以分解、特写。前者如对灌篮高手投篮瞬间的描述,后者如对故宫的细致展示。

描述的要求是具体，具体才会生动，才能营造身临其境之感。所以，具体的描写主要是靠名词和动词，恰恰不是人们常以为的形容词，因为概念化的形容词导致的往往是不具体和虚假感。

4.类型

(1)白描和细描，是从描写的手法上来分的。

白描，也称“写意”或“粗笔勾勒”。白描本指中国绘画的一种传统技法，指不着颜色，也不画背景，只用朴素无华的墨线勾勒人或物的形象。后来人们将这种技法引入写作，指不用或少用色彩浓烈的修饰性形容词，不加渲染，也不用修辞格，只用质朴而有“质感”的文字，刻画出事物的特征。白描的语言极其精练，重在以形传神。看似轻描淡写，实则以少胜多，起到“不写须眉而须眉毕现”的效果。如《祝福》中关于祥林嫂的外面描写：“头上扎着白头绳，乌裙，蓝夹袄，月白背心，年纪大约二十六七，脸色青黄，但两颊却还是红的。”

细描，又称工笔，常用对比、夸张、比喻、拟人等修辞手法，是现代形成的“彩绘”，讲究铺陈和渲染。这种手法，有时与其说是描写，不如说是通过描写来抒情，因而在诗歌、散文中较为常见。

(2)人物描写和环境描写，是从描写的对象上来分的。

人物描写是指用生动形象的语言，对人物的外貌、行动、语言、细节、内心等进行描摹、刻画，以揭示人物的性格特征和精神风貌。人物描写，既要发掘人物的本质特征，使人物性格典型化；又要抓住人物的个性特征，使人物性格个性化。要做到共性和个性相结合，避免人物概念化、脸谱化、雷同化。

人物描写又包括肖像描写、语言描写、行动描写、心理描写、细节描写等。

环境描写也称景物描写，指对人物成长、生活和事件发生、发展的场所、自然环境和生活环境所做的形象描绘。人总是生活在一定的环境中，要全面、立体地反映生活，就有必要描写人物活动的具体环境。

环境描写包括自然景物描写、社会环境描写、场面描写。

自然景物描写又称写景，指对时序节令、自然气候、山川湖海、花卉树木、鸟兽虫鱼、风雨雷电、日月星辰、城镇村落等的描写。在游记、散文中，自然景物更是描写的重点。

社会环境描写主要指对人物活动的时间、地点、背景、处所、氛围、人和人之间的关系的描写。描写社会环境时要注意展示时代和地域的特色。

场面描写指对特定的时间、环境中人物与人物之间发生关系而构成的各种生活画面的描写。一般分为鸟瞰式和特写式两种。

(3)正面描写和侧面描写，是从描写的角度上来分的。

正面描写就是指作者对描写对象进行直接、正面的描写，主要就是指肖像描写、语言描写、行动描写、心理描写、细节描写等。

侧面描写又称间接描写，指作者不对描写对象进行直接、正面的描写，而是借助与之相关的其他事物，或通过其他人物的评价，从侧面烘托、映衬主要人物，使其形象更加突出、更加丰满。这种手法含蓄、婉曲，耐人寻味，能给读者更多的想象余地。

（三）说明

1. 概念

说明就是解释现象、揭示事理。它或是对一类事物的状态、性质、功能等加以解说，或是对一个抽象概念、一种道理等加以阐明。

2. 说明与描述

有人认为以“物体”为写作对象时，说明和描述似乎难以区分。其实，描述和说明两者还是有根本区别的：

第一，对象范围不同。描述面对的是用眼睛可以看到的特定的事物，是作为“个”的物体，是特殊的、具体的，比如一只鸟；说明的事物是作为“类”的物体，是普遍的、抽象的，比如“麻雀”，要通过科学的研究，才能说明什么样的动物叫“麻雀”。

第二，写作的旨趣不同。描述是外观，如描述赵州桥的形状；说明旨在解说何以如此的道理，写出事物的关系、界限等，如赵州桥为什么如此坚固。

3. 说明与论辩

在用“为什么”询问时，要求回答者解释造成某个事实的原因，要求给出说明或是论证。但说明和论证也是有区别的：

第一，说明回答的是事实性的问题（是或不是），即事实之所以如此的道理；论辩回答的是评价性的问题（对或不对，好或不好），即如此主张的理由。

第二，说明是研究得出的结论，可以证实或证伪；论辩是经过辩论而成立的观点，可以说服别人或被辩驳。

王：我不觉得你胖啊，你为什么说你发胖了？

张：去年穿的衣服，今年嫌小穿不进了，还有你看，我腰带的扣子也扣不上了。

王：真的？你为什么会发胖啊？

张：最近不注意锻炼，饮食也有些过量了，所以发胖了。

以上对话中，第二句是论证，第四句则是说明。说明是使人理解，论证（论辩）不仅要使人理解，还要使人信服。

4. 类型与方法

根据说明的对象可分为两种，介绍实体事物的为介绍性说明，阐述事物道理的为阐释性说明。

说明的核心，一是对“是什么”这样的事实性问题进行妥帖的解答，二是将自己的解答系统而清晰地说明出来。获得妥帖的解答和向别人清晰地说明，这两者往往是相互联系、相辅相成的。

需要用写作来说明的问题，往往是需要进一步探究的，需要通过科学的观察、实验、调查、资料的梳理和运用等途径才能解答。科学观察，不只是停留在“仔细地看”，而是要对观察的对象进行分类、分解、比较等等。运用资料进行写作是说明的特点，资料的梳理和运用包括资料的提炼、分析、联系、比照、比较、综合等。

说明性文章往往会涉及一些术语，下定义、提供理解这一术语的背景资料、列举被定义术语的各种成分、用否定的方式辨析它不是什么、通过相关术语的比较、引用权威的说法并加以解说等等，是常用的方法。

此外，要说清楚，讲明白，还要运用合理的顺序，列举、举例、图表、比喻、比较等方法，使用适合读者对象的语言等。

（四）议论

1. 概念

议论，是以逻辑为基石、以证据为结构、以说服读者接受观点或采取行动为意图的一种表达方式。

议论的核心是所提出的观点能够成立，能够被原本持不同观点的人认同。而观点之所以成立，之所以被认同，关键是由证据和由证据支持观点的论证过程决定的。

其他相关的概念解释如下。①论题：指有待解决的问题；②观点：对问题的看法；③断言：未经充分论证的看法；④论点：通过论证得出的问题答案，是建立在理由基础上的观点；⑤理由：我们为什么相信某一特定结论的解释；⑥证据：支持理由的事实材料的报告；⑦报告：叙述那些通过调查可以得到证实的信息；⑧推论：根据真实信息描述眼下尚不知道的事情；⑨判断：根据一定标准进行评估的结论；⑩论证：一个结论和支持该结论的理由组成一项论证。

2. 论证过程

论证的过程，即逻辑推理，包括演绎推理、归纳推理和辩证推理等。一方面，推理要符合逻辑规则，避免出现只会举例不会证明、只讲证明不讲证伪和感性诉求替代理性诉求的现象；另一方面，论证要避免思维陷阱，如“草率概括”、“倒因为果”等。

此外，理由＋结论＝论证。首先是理由，然后才是结论，这是原则。如果先选择观点，再考虑理由，会导致“颠倒的逻辑”或“倒逆的逻辑”。

3.证据选择

议论的关键是收集足以确立观点的优势证据，或者说，收集的证据在质量上要明显优于相反、相对观点的证据。

证据的类型及其可靠程度：

(1)直觉或个人经验(我以为，我知道或据我所知，依我所见)：不可靠。除非有其他证据证明直觉或经验，是建立在广博的个人经验、知识等基础上的。

(2)个人观察(我看到)：较可靠。必须通过其他观察者来验证。

(3)他人的证词：不可靠。需要对提供证词的人有充分了解基础上的可信任度评估。

(4)事例：不太可靠。要评估案例是否典型，是否具有代表性。

(5)权威的意见：需要谨慎评估。权威的意见往往相互矛盾，有的甚至可能是错的。

(6)常识(大多数人的意见)：不太可靠。其中往往隐藏着偏见。

(7)类比：只能作为辅助证据。以两个事物已知的相似性为基础，得出关于另一方应该如何的结论，是建议性的。往往导致错误类比。

(8)统计数据：较可靠。要评估调查的数量、广度和随机性。

(9)科学研究：最可靠的来源之一。需要评估研究的质量。

例文评析

1.下面一段文章节选自李一氓《阿英文集·序》，其句子音节充满匀称美。

当然，也有个内容问题，即题材问题，这也要百花齐放。既写同学少年，也写风流人物；既写巫山神雨，也写月里嫦娥；既写山头鼓角，也写战地黄花；既写武夷山下，也写橘子洲头；既写红妆素裹，也写高峡平湖；既写铁臂银锄，也写莺歌燕舞；既写遍地英雄，也写中华儿女；既写倾盆洒泪，也写残阳如血……总之，不要公式化。

【评析】这段文章写得词句整齐，音节匀称，读之朗朗上口，给人以美的享受。每句都六字成句，两两相对，且都有出典。作者为了达到音节的匀称美，对每一句都作了精心的安排、合理的取舍。如将“高峡出平湖”由五音节变成四音节；将“山头鼓角相闻”由六音节变成四音节；将“战地黄花分外香”及“天连五岭银锄落，地动山河铁臂摇”分别截取为“战地黄花”四字和“铁臂银锄”两词；将“泪飞顿作倾盆雨”改写成“倾盆洒泪”等。这些都是作者为合乎四音节的节律，使句子呈现匀称美而精心设计的。

2.对诗歌《水乡行》的评析。

水乡行

水乡的路，
水云铺；
进庄出庄，
一把橹。

鱼网作门帘，
挂满树；
走近才见，
几户人家住。

榴火自红，
柳线舞。
户户门前，
锁一副。
要找人，
稻花深处；
一步步，
踏停蛙鼓。

蝉声住，
水上起夜雾，
儿童解缆送客，
一手好橹！

（选自《诗刊》1962年第2期）

【评析】这是诗人沙白发表在《诗刊》1962年第2期上的一首题为《水乡行》的诗作，充分表现了诗人娴熟高超的表达能力。苏轼称王维“画中有诗，诗中有画”。《水乡行》就是一幅淡淡的水彩画。诗作用简洁婉丽的语言、流动活泼的笔触，把人们带入了一个如梦如幻的悠美的水乡境界。水乡是朴实的，“鱼网作门帘，挂满树”；又是朦胧的，“走近才见，几户人家住”。是明丽的，“榴火自红，柳线舞”；又是悠远的，“水乡的路，水云铺”。水乡人是勤快的，“要找人，稻花深处”；又是身手不凡的，“儿童解缆送客，一手好橹！”在这近乎与世隔绝的水乡——“进庄出庄，一把橹”，生活同样是生气勃勃、充满活力的——“榴火自红”、“蛙鼓”阵阵，令人好不羡慕！诗语的简洁明快，诗行的参差不齐，更增添了全诗的节奏感和韵律感，很好地表达出诗人激动的诗情，渲染了清远幽丽的意境，令人回味无穷。

3. 对学生习作《秋天印象》的评析。

秋天印象

秋来了。高旷的天空仿佛突然变得寂寞，南飞雁群的阵阵鸣叫，撕碎了天空忧郁的面纱。枝叶茂盛的绿树开始憔悴、枯黄，片片落叶随着瑟瑟的秋风无力地翻动；广袤的田野变得单调寂静。

啊，秋天，一个令人无比欢欣的季节。丰收的喜悦洋溢在人们的笑脸上，甜在人们的心坎里。秋天，你带给人幸福，你带给人喜悦。

【评析】 这篇习作给人一种虚假、不真实的印象，其毛病主要有两点：一是语词表达上的矛盾。前面说天空“突然变得寂寞”，可紧接着又说“南飞雁群的阵阵鸣叫”，明显自相矛盾。另外，“雁群的阵阵鸣叫”“撕碎了天空忧郁的面纱”，在搭配上不协调，给人造成一种文章内容的虚假和不真实的印象。二是情景配合上的矛盾。上文写秋天景象，给人是萧瑟、单调的印象；接下来的抒情，却是对秋天丰收的喜悦和欢欣。情与景怎么也捏合不到一块，矛盾、脱节，给人一种虚假和浮华不实的感觉。

4. 看看下文使用的说明方法。

然而，令人惊叹的是，人们在这无鱼无草的海水里，竟能自由游弋：即便不会游泳的人，也总是浮在水面上，不会担心被淹死，真是“死海不死”。

传说大约在两千多年前，罗马帝国的狄杜进兵耶路撒冷，攻到死海岸边，下令处决俘虏来的奴隶。奴隶们被投入死海后并没有沉到水里淹死，却被波浪送回岸边。狄杜勃然大怒，再次下令将俘虏扔进海里，但是奴隶们依然安然无恙。狄杜大惊失色，以为奴隶们受神灵保佑，屡淹不死，只好下令将他们全部释放。

【评析】 死海含盐量大，所以，死海中鱼类不能生存，岸边水草不能生长，但正因盐分高、浮力大才能使人不致沉入海底。作者在说明死海浮力大这一特征时，采用了引用法，介绍了一个传说，使死海浮力大这一特征更具体，同时也使说明饶有情趣。

写作训练

1. 下面几句诗都是用来抒发愁情的，试对其表达效果进行分析。

(1) 只恐双溪舴艋舟，载不动，许多愁。（李清照《武陵春》）

(2) 此去经年，应是良辰好景虚设，便纵有千种风情，更与何人说。（柳永《雨霖铃》）

(3)试问闲愁都几许？一川烟草，满城风絮，梅子黄时雨。(贺铸《青玉案》)

(4)问君能有几多愁，恰似一江春水向东流。(李煜《虞美人》)

2.“鱼类会不会发声”，下面这段文字试图对此做说明，试分析这段文字的特点及表达效果。

生活在陆地上的各种动物，绝大多数都会发出各种各样的叫声，那么，生活在水里的鱼类会不会发声呢？科学研究和生产经验告诉我们，生活在水中的鱼类有许多是会发声的。小鲇鱼的叫声像蜜蜂飞过，嗡嗡地响；成群的青鱼像小鸟一样叽叽地叫；黑背鲲的叫声有如风刮树叶，沙沙作响；沙丁鱼的喧哗好像静夜里浪涛拍岸的声音；汽球鱼和刺猬鱼能呼噜呼噜地叫，仿佛熟睡的人在打鼾；驼背鳟的叫声是咚咚响，好像击着小鼓；小竹夹鱼发出的声音很像用手指很快地刮梳子的声音；海鲫的发声像钢挫摩擦金属时发出的响声。

3.给一位从未到过你们学校的朋友介绍你们学校，让你们学校在他(或她)的脑海中形成一幅图景。动笔之前思考以下一些问题：

(1)什么是我跟朋友交流的主题？

(2)什么是我的写作意图？(辩论、娱乐、说明、解释等)

(3)这位朋友需要什么信息？信息安排最好的形式和结构是什么？

(4)哪种视角、语气和风格是我所要创造的类型文本的最佳选择？(第一人称/第三人称；客观/主观；严肃的、讽刺的还是幽默的、机智的；等等)

资料链接

情与辞

朱光潜

一切艺术都是抒情的，都必表现一种心灵上的感触，显著的如喜怒爱恶哀愁等情绪，微妙的如兴奋颓唐忧郁宁静以及种种不易名状的飘来忽去的心境。文学当作一种艺术看，也是如此。不表现任何情致的文字就不算是文学作品。文字有言情说理叙事状物四大功用，在文学的文字中，无论是说理叙事状物，都必须流露一种情致，若不然，那就成为枯燥的没有生趣的日常应用文字，如账簿、图表、数理化教科书之类。不过这种界线也很不容易划清，因为人是有情感的动物，而情感是容易为理、事、物所触动的。许多哲学的，史学的，甚至于科学的著作都带有几分文学性，就是因为这个道理。我们不运用言辞则已，一运用言辞，就难免要表现几分主观的心理倾向，至少也要有一种“理智的信念”，这仍是一种心情。

情感和思想通常被人认为是对立的两种心理活动。文字所表现的不是思想，就是情感。其实情感和思想常互相影响,互相融会。除掉惊叹语和谐声语之外,情感无法直接表现于文字,都必借事、理、物烘托出来,这就是说,都必须化成思想。这道理在中国古代有刘彦和说得最透辟。《文心雕龙》的《熔裁》篇里有这几句话:“草创鸿笔,先标三准。履端于始,则设情以位体;举正于中,则酌事以取类;归余于终,则撮辞以举要。”

用现代话来说,行文有三个步骤,第一步要心中先有一种情致,其次要找出具体的事物可以烘托出这种情致,这就是思想分内的事,最后要找出适当的文辞把这内在的情思化合体表达出来。近代美学家克罗齐的看法恰与刘彦和的一致。文艺先须有要表现的情感,这情感必融会于一种完整的具体意象(刘彦和所谓“事”),即借那个意象得以表现,然后用语言把它记载下来。

我特别提出这一个中外不谋而合的学说来,用意是在着重这三个步骤中的第二个步骤。这是一般人所常忽略的。一般人常以为由“情”可以直接到“辞”,不想到中间须经过一个“思”的阶段,尤其是十九世纪浪漫派理论家主张“文学为情感的自然流露”,很容易使人发生这种误解。在这里我们不妨略谈艺术与自然的关系和分别。艺术原义为“人为”,自然是不假人为的;所以艺术与自然处在对立的地位,是自然就不是艺术,是艺术就不是自然。说艺术是“人为的”就无异于说它是“创造的”。创造也并非无中生有,它必有所本,自然就是艺术所本。艺术根据自然,加以熔铸雕琢,选择安排,结果乃是一种超自然的世界。换句话说,自然须通过作者的心灵,在里面经过一番意匠经营,才变成艺术。艺术之所以为艺术,全在“自然”之上加这一番“人为”。

这番话并非题外话。我们要了解情与辞的道理,必先了解这一点艺术与自然的道理。情是自然,融情于思,达之于辞,才是文学的艺术。在文学的艺术中,情感须经过意象化和文辞化,才算得到表现。人人都知道文学不能没有真正的情感,不过如果只有真正的情感,还是无济于事。你和我何尝没有过真正的情感?何尝不自觉平生经验有不少的诗和小说的材料?但是诗在哪里?小说在哪里?浑身都是情感不能保障一个人成为文学家,犹如满山都是大理石不能保障那座山有雕刻,是同样的道理。

一个作家如果信赖他的生糙的情感,让它“自然流露”,结果会像一个掘石匠而不能像一个雕刻家。雕刻家的任务在把一块顽石雕成一个石像,这就是说,给那块顽石一个完整的形式,一条有灵有肉的生命。文学家对于情感也是如此。英国诗人华兹华斯有一句名言:“诗起于在沉静中回味过来的情绪。”在沉静中加过一番回味,情感才由主观的感触变成客观的观照对象,才能受思想的洗练与润色,思想才能为依稀隐约不易捉摸的情感造出一个完整的可捉摸的形式和生命。这个诗的原理可以应用于一切文学作品。

这一番话是偏就作者自己的情感说。从情感须经过观照与思索而言,通常所谓“主观的”就必须化为“客观的”,我必须跳开小我的圈套,站在客观的地位,来观照我自己,检讨我自己,把我自己的情感思想和行动姿态当作一幅画或是一幕戏来点染烘托。古人有“痛定思痛”的说法,不只是“痛”,写自己的一切的切身经验都必须从追忆着手,这就是说,都必须把过去的我当作另一个人去看。我们需要客观的冷静的态度。明白这个道理,我们也就应该明白在文艺上通常所说的“主观的”与“客观的”分别是粗浅的,一切文学创作都必须是“客观的”,连写“主观的经验”也是如此。

但是一个文学家不应只在写自传,独角演不成戏,虽然写自传,他也要写到旁人,也要表现旁人的内心生活和外表行动。许多大文学家向来不轻易暴露自己,而专写自身以外的人物,莎士比亚便是著例。形形色色的人物的心理变化在他们手中都可以写得惟妙惟肖,淋漓尽致。他们所以能做到这一点,因为他们会设身处地去想象,钻进所写人物的心窍,和他们同样想,同样感,过同样的内心生活。写哈姆雷特,作者自己在想象中就变成哈姆雷特,写林黛玉,作者自己在想象中也就要变成林黛玉。明白这个道理,我们也就应该明白一切文学创作都必须是“主观的”,所写的材料尽管是通常所谓“客观的”,作者也必须在想象中把它化成亲身经验。

总之,作者对于所要表现的情感,无论是自己的或旁人的,都必须能“入乎其内,出乎其外”,体验过也观照过;热烈地尝过滋味,也沉静地回味过,在沉静中经过回味,情感便受思想熔铸,由此附丽到具体的意象,也由此产生传达的语言(即所谓“辞”),艺术作用就全在这过程上面。

在另一篇文章里我已讨论过情感思想与语文的关系,在这里我不再作哲理的剖析,只就情与辞在分量上的分配略谈一谈。就大概说,文学作品可分为三种,“情尽乎辞”,“情溢乎辞”,或是“辞溢乎情”。心里感觉到十分,口里也就说出十分,那是“情尽乎辞”;心里感觉到十分,口里只说出七八分,那是“情溢乎辞”;心里只感觉到七八分,口里却说出十分,那是“辞溢乎情”。德国哲学家赫格尔曾经指出与此类似的分别,不过他把“情”叫做“精神”,“辞”叫做物质。艺术以物质表现精神,物质恰足表现精神的是“古典艺术”,例如希腊雕刻,体肤恰足以表现心灵;精神溢于物质的是“浪漫艺术”,例如中世纪“高惕式”雕刻和建筑,热烈的情感与崇高的希望似乎不能受具体形象的限制,磅礴四射;物质溢于精神的是“象征艺术”(注:赫格尔的“象征”与法国象征派诗人所谓“象征”绝不相同),例如埃及金字塔,以极笨重庞大的物质堆积在那里,我们只能依稀隐约地见出它所要表现的精神。

黑格尔最推尊古典艺术,就常识说,情尽乎辞也应该是文学的理想。“无情者不得尽其辞”,“和顺积中,英华外发”,“修辞立其诚”,我们的古圣古贤也是如此主张。不过概括立论,都难免有毛病。“情溢乎辞”也未尝没有它的好处。语文有它的限度,尽情吐露有时不可能,纵使可能,意味也不能很隽永。艺术的作用不在陈述而在暗示,古人所谓“言有尽而意无穷”。含蓄不尽,意味才显得闳深婉约,读者才可自由驰骋想象,举一反三。把所有的话都说尽了,读者的想象就没有发挥的机会,虽然“观止于此”,究竟“不过尔尔”。拿绘画来打比,描写人物,用工笔画法仔细描绘点染,把一切形色,无论巨细都尽量地和盘托出,结果反不如用大笔头画法,寥寥数笔,略现轮廓,更来得生动有趣。画家和画匠的分别就在此。画匠多着笔墨不如画家少着笔墨,这中间妙诀在选择与安排之中能以有限寓无限,抓住精要而排去秕糠。赫格尔以为古典艺术的特色在物质恰足表现精神,其实这要看怎样解释,如果当作“情尽乎辞”解,那就显然不很正确,古典艺术的理想是“节制”与“静穆”,也着重中国人所说的“弦外之响”,“不著一字,尽得风流”。

在普通情境之下,“辞溢乎情”总不免是一个大毛病,它很容易流于空洞,腐滥,芜冗。它有些像纸折的花卉,金叶剪成的楼台,绚烂夺目,却不能真正产生一点春意或是富贵气象。我们看到一大堆漂亮的辞藻,期望在里面玩味出来和它相称的情感思想,略经咀嚼,就知道它索然乏味,心里仿佛觉得受了一回骗,作者原来是一个穷人要摆富贵架子!这个毛病是许多老老少少的人所最容易犯的。许多叫做“辞章”的作品,旧诗赋也好,新“美术文”也好,实在是空无所有。

不过“辞溢乎情”也有时别有胜境。汉魏六朝的骈俪文就大体说,都是“辞溢乎情”。固然也有一派人骂那些作品一文不值,可是真正爱好文艺而不夹成见的虚心读者,必能感觉到它们自有一种特殊的风味。我曾平心静气地玩味庾子山的赋,温飞卿的词,李义山的诗,莎士比亚的悲剧和商籁,密尔敦的长短诗,以及近代新诗试验者如斯文邦、马拉麦和罗威尔诸人的作品,觉得他们的好处有一大半在辞藻的高华与精妙,而里面所表现的情趣往往却很普通。这对于我最初是一个大疑团,我无法在理论上找到一个圆满的解释。我放眼看一看大自然,天上灿烂的繁星,大地在盛夏时所呈现葱茏的花卉与锦绣的河山,大都会中所铺陈的高楼大道,红墙碧瓦,车如流水马如龙,说它们有所表现固无不可,不当作它们有所表现,我们就不能借它们娱目赏心么?我再看一看艺术,中国古瓷上的花鸟刺绣上的凤翅龙鳞,波斯地毡上的以及近代建筑上的图案,贝多芬和瓦格勒的交响曲,不也都够得上说“美丽”,都能令人欣喜?我们欣赏它们所表现的情趣居多呢?还是欣赏它们的形象居多呢?我因而想起,辞藻也可以组成图案画和交响曲,也可以和灿烂繁星青山绿水同样地供人欣赏。“辞溢乎情”的文章如能做到这地步,我们似也无庸反对。

刘彦和本有“为情造文”与“为文造情”的说法,我觉得后起的“因情生文,因文生情”的说法比较圆满。一般的文字大半“因情生文”,上段所举的例子可以说是“因文生情”。“因情生文”的作品一般人有时可以办得到,“因文生情”的作品就非极大的艺术家不办。在平地起楼阁是寻常事,在空中架楼阁就有赖于神工鬼斧。虽是在空中,它必须是楼阁,是完整的有机体。一般“辞溢乎情”的文章所以要不得，因为它根本不成为楼阁。不成为楼阁而又悬空，想拿旁人的空中楼阁来替自己辩护，那是狂妄愚蠢。为初学者说法，脚踏实地最稳妥，只求“因情生文”，“情见于辞”，这一步做到了，然后再作高一层的企图。

（选自《谈美谈文学》，人民文学出版社 1988 年版）

闲说作文

方 方

近几年，因为给“新概念作文大奖赛”当评委的缘故，每年都要看不少中学生的作文。看着看着，就觉得现在的中学生都拿作文当小说来写。半数以上的作文都是虚构，都抒发着小小的情感，而缺少内心的真实，都有一看就是编出来的情节，雕琢得厉害。相比起来，我这次看到的十六篇，倒是真的作文了。

我以为中学生写作文，大可不必去编造情节。听说，现在这已成了作文的通病，尤其在高考作文中，在一些作文大赛中，那些漂亮而虚假的文字总能赢得青睐。我一直觉得作文最应该追求的是真实。写作文其实是对一个初学写作者的启蒙训练。训练写作的过程也是训练一个人内心的过程。因而写作文的过程也是一个人内心成长的过程。真实的故事，真实的想法，真实的情感，真实的见解，这些都应该是写作者最基本的训练内容。可惜，我们的学校往往把这些给忽略掉了。他们只想要学生写出他们所认为的漂亮文章，不惜让写作者们胡编乱造。却不知在追求这文章的漂亮时，往往就让他们的内心沾上了污渍。所以才会闹出一篇有关“挫折”的命题作文致使无数学生父母双亡的笑话。

我以为中学生写作文，也不必强作深刻。深刻不是你们这个年龄的事。深刻是需要年龄和阅历垫底的。在经过风风雨雨的人生磨砺后，在反复地跌倒和爬起来后，在领略各式各样的人事后，无论成功与否，深刻都自会从不经意间流露出来。小小年龄做深刻状，却只给人“为赋新词强说愁”的可笑感。记得王蒙在新概念大奖赛一次讲话中谈到，他看到小小年龄的人写出的作文都那么深刻那么深沉，他觉得有些可怕（大意如此）。其实，我们这些看作文的人也都有这样的感觉。一些文章因为追求深刻制造深沉，全然没有了自己本真的面貌，失去自我比得到深刻的损失要大得多。

我以为中学生写作文，文字最好朴素一些。不必去堆砌华丽的词藻，不必为显示独特而去寻找怪僻生冷的字词，也不必拼命追求“推”和“敲”之间的差异。把自己的内心感受写出来，把自己最想说的话说出来，把自己的真实状态写出来，哪怕文字粗疏一点也没关系，哪怕段落模糊一点也没关系。文字的锤炼是一辈子的事，但把写文章的基础弄偏了，便很难回头。这跟盖房子打地基有着一样的道理。早期把功底打好实在是太重要了。我们看到一些年长的科学家们都能写出一手漂亮文章,文字干净利索,比一些职业作家都强,其原因就是他们当年的童子功打得好。

我以为中学生写作文,千万莫洋洋洒洒写它好几张纸。我在看新概念作文时,对文章的长短卡得很严。一篇长文和一篇短文,水平不相上下的话,我一定是弃长文的。因为写作中语言的凝练是很重要的。只可惜我平常读到的许多作文,多数都是热烈地抒情,空洞地发表议论。虽然有些情抒得不错,论也议得还行,但读起来就是觉得不爽,就是觉得分明可以几行字写完的事,为何要拉得那么长远,费纸墨也费我等的精神呢?倒是这一回的作文,很短小精练,言之有物,给我留下很好的印象。

我以为中学生写作文,把握好情感的分寸也很紧要。在我这几年看过的作文中,写男女恋爱内容的最多。我并非反对写这些。青春时期,既然有这样的爱情故事发生,就会有人写成文章,这太自然了。但是同一主题,数量太多,便也不算正常。可值一写的作文题材多得是,大家一窝蜂去写恋爱,写失恋,未免也让人觉得这一代人的才情实在有限,而且小家子气偏重。人生哪里只这一件事情重要?只这一件事值得去大力书写?同时,我也看到一些作文情绪低落,甚至很消极悲观,再有的就是剑走偏锋,尽可能另类。这也是我在阅读中深感心疼之处。我觉得作为青少年者,如此情绪有害健康有害成长。无论如何,作文还是应该积极向上精神饱满斗志昂扬一点,这至少体现了一个人健康的状态和心理。

作文无定法,全在自己怎么操作。而怎么操作,又在于平常的积累。这种积累来自于自己健康的生活,来自于自己健康的阅读,也来自于自己日常的写作训练。当然,读什么样品位的书,在什么样的大环境下生活,对作文的风格影响太大。以前流行政治散文,以前的作文就都充满着政治的说教。现在流行小资情调浓郁的“网文”,现在的作文也几乎都遍布小情趣小哲理小感觉。一个时代有一个时代的特长和毛病,这些特长和毛病都会在学生的作文中体现出来。只有高手,只有那些会读书会吸收的人,才会摆脱其中的毛病,而吸纳特长,从而写出具有自己个性的作文出来。

我已经很多年很多年没有写过作文了。我现在写的小说与作文还是很不相同的。因此,在写作文上,我差不多也算外行。至少我对作文好与不好的判断,与学校的语文老师不太一样。所以,我上述所说的那些,如果跟语文老师说得不一样,那就还是要以语文老师的话为主。

因为无论中考还是高考,都是人生的关键时刻。而关键的时刻,给不给分全在他们。

(选自《中华少年写作精选》2003 年第 4 期)

第六章　修　改

理论概说

写作是一种交流，为了更好地达到表情达意的效果，修改是不可或缺的一个步骤。

修改就是指文章定稿前对已经写成的文稿的集中性修正加工，以使文章的内容和形式最终达到完美统一，并以最恰当的方式向读者传达作者所要表达的内容，以期收到预期的表达效果。

一、常用的修改方法

作文的修改不只限于写后的修改，而应该是贯穿于作文的全过程。修改时可以从以下四个方面去考虑：

(1)在写前进行修改。在动笔作文之前，总是要先审题，并围绕着题目的要求去考虑写什么，怎么写，然后再确定文章的中心，选择需要的材料来表达这个中心，进行文章结构安排，等等，换言之，给要写的作文画个蓝图。俗话说："磨刀不误砍柴工。"在这个过程中，除了应该深思熟虑，注意不断修正自己的构思和写作方案，最好能够边思考边列提纲、修改提纲，使思路更加明晰。不要仓促动笔，否则容易因考虑欠周全、欠深入而偏题。

(2)在写中进行修改。也就是说，在写的过程中感觉到原来的构思有不足的地方，或是文章的中心不够突出，或是某些句子可要可不要，或是发觉写出来的内容里有问题，等等，都要及时加以修改。虽然说写作文要讲究一气呵成，但这不等于说在写的过程中就不需要修改了。有些问题往往是在写的时候才发现或感觉到的，因此写的时候也需要修改和调整。

(3)在写后进行修改。文章初稿写出来后，要客观地阅读自己的文章，再次思考自己的写作目的与读者，检查文章的内容、结构、句式和词语选择等逐步进行修改。

(4)在诵读中修改。文章的很多问题，一读就能够发现。特别是文字表述方面的问题，如语句不通、衔接不紧、声调不谐、气势不盛，以及书写颠倒的问题，读时凭"语感"就能发现不妥之处。一篇文章写好后，要将自己写的作品朗读几遍，并且一边读一边思索，遇有气势不接、语气不畅的地方，随手修改。边读边改，的确是一种有效的修改文章的方法。

修改是作文中必不可少的重要手段，既涉及形式上的修改符号等，也涉及内容上的结构、表达等方方面面。修改作文能力的培养并不是一朝一夕的事，这需要长时间的训练与积累，只有当同学们学会了如何修改作文，才能使作文水平得到充分提高。

二、常见的修改符号

常见的修改符号及用法

编号	符号名称	符号作用	符号用法示例
1	删除号	用来删除字、标点符号、词、短语及长句或段落	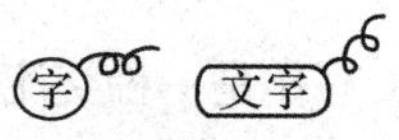
2	恢复号	又称保留号，用于恢复被删除的文字或符号。如果恢复多个文字，最好每个要恢复的字下面标上恢复号	
3	对调号	用于相邻的字、词或短句调换位置	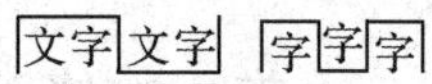
4	改正号	把错误的文字或符号更正为正确的	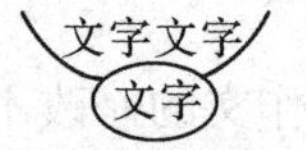
5	增添号	在文字或句、段间增添新的文字或符号	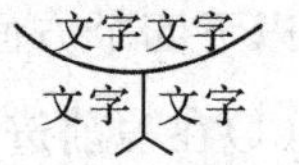
6	重点号	专用于赞美写得好的词、句	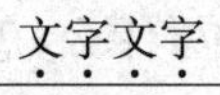
7	提示号	专用于有问题的字、词、句、段，提示作者自行分析错误并改正	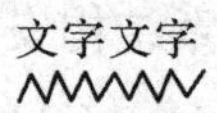
8	调遣号	用于远距离调移字、标点符号、词、句、段	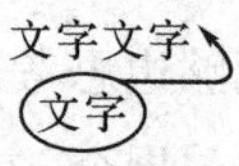
9	起段号	把一段文字分成两段，表示另起一段	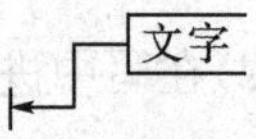
10	并段号	把下段文字接在上文后，表示不应该分段	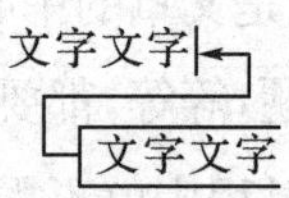
11	缩位号	把一行的顶格文字缩两格，表示另起段，文字顺延后移	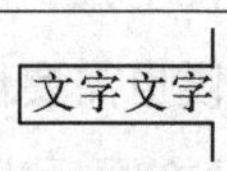
12	前移号	文字前移或顶格	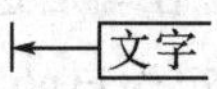

例文评析

1.《包身工》部分语句原稿与修改稿比较评析。

（原稿）

已经是旧历四月中旬了，上午四点过一刻，晓星才从慢慢地推移着的淡云里面消去，蜂房般的格子铺里的生物已经在蠕动了。（夏衍《包身工》）

（修改稿）

旧历四月中旬，清晨四点一刻，天还没有亮，睡在拥挤的工房里的人们已经被人吆喝着起身了。

【评析】较之于原稿，修改稿简洁洗练。但我们认真比较一下的话，又有不足：《包身工》是报告文学，形象性是其生命。原稿的突出特点正在于形象性上。如"晓星才从慢慢地推移着的淡云里面消去"就比"天还没有亮"要生动形象得多；"蜂房般的格子铺"也比笼统地直接地说"拥挤的工房"要含蓄。初稿正因为显示了文学性，才符合文体要求；修改稿简洁是简洁了，然而文章中的那种"韵味"则没有了。可见，修改要胸有全局、胸有文体，根据文体特点进行。

2.《谁是最可爱的人》部分语句原稿与修改稿比较评析。

（原稿）

谁是我们最可爱的人呢？我们的战士，我感觉他们是最可爱的人。

（修改稿）

谁是我们最可爱的人呢？当然，我们的工农群众就是无比可爱的人。可是这里我想说的是他们的子弟，那些拿起枪来献身革命斗争的工农子弟，那些用马列主义、毛泽东思想武装起来的战士们，我感到他们是最可爱的人。

【评析】原稿简洁明快，主旨突出，给读者以深刻的印象。修改之后，表面看来是全面了：先肯定工农群众是"无比可爱"的，再进一步强调"他们的子弟"是最可爱的人。然而且不管修改稿在逻辑上是否站得住脚（"无比"与"最"自相矛盾），单从突出主旨这一要求来看修改稿就明显不如初稿了。

3.对《秋日小札》的评析。

秋日小札（秋在山乡）

我认（以）为最绚丽的季节是秋天，秋天最美的地方是山乡。

山乡的秋天，天，那么高，（爽、）那么（蔚）蓝，那么（极）富有情趣。如果你（有兴致）站在山颠（顶）或树旁高外（口）仰望，（天空）偶而飘来几朵白云，是那么轻柔、妩媚和多情，仿佛每朵洁白的云彩里都蕴藏着一个神奇美妙的梦。抑或纵（放）目远眺：（，但见）乡村沃（山）野像一幅五彩斑斓的画卷，迎着飒飒的（秋）风儿轻轻展开，令人舒心惬意，陶醉着迷。

秋风传来（丰收的）喜讯，山乡的人们按捺不住喜悦的心情，以欢快的动作，披挂上阵了。英俊(年轻)的小伙子和俊俏的姑娘们顾不得谈笑打闹,各显神通,在金色的收获季节里大显身手。实在憋不住劲,瞅空嬉笑几句,又赶紧抡镢、挥镰收获用汗水浇灌出来的责任田里的庄稼。

村里那些平素日里(,)一动弹就吆喝腰酸腿痛的白头老翁和一喘就满脸皱纹的瘪嘴老妈妈(太婆),眼瞅着黄澄澄的玉米,(、)金灿灿的稻谷,(、)圆滚滚的大豆(子),(、)饱满的花生,(、)雪白的棉花,壶头一般大的白薯,就像渔翁发现了鱼群似的,什么筋骨酸疼(痛)、咳嗽痨病(,)全都抛至脑后了,收起秋来(,)简直不要老命。

劳累了一天的小两口,收工回来(到家),饥不择食,胡乱扒上几碗饭,甭说听广播,看电视,连温存一下都腾不出空来,一瞬间,(眨眼的工夫)就进入了温馨的梦乡。翌晨醒来,急匆匆地擦把脸,带上农具(,开着拖拉机)又奔向熟悉、眷恋的地块(,)劳作去了。几天过后,他瞅瞅她——黑了!她看看他——瘦了!可视线一旦碰向庄稼和粮堆时,(却)都会意地笑了,笑得那么开心,那么(堆了满脸的)甜蜜。

秋天,山村醒得格外早。晨曦中,家家户户炊烟袅袅,男女老少争着往田里跑。太阳露出笑脸时,运庄稼的阵线已形成了。看(,)车载驴驮(、)人抬肩挑,往来如同穿梭一般,似乎只有这时候,人们才意识(觉察)到:道路太窄,场园(院)太小。

秋天,也是个令人多愁善感的季节。每当金风送爽,树叶儿飘飘落地时,有人便情不自禁地忧伤起来。君不见只有秋风萧杀,才能荡涤原野,横扫大地;只有落叶飘零,才能孕育嫩芽萌发,换取一个日光融融的春花之梦。

啊,(!)迷人的秋日,你把美丽、充实和香甜无私地馈赠给了我(人)们。虽然,也曾留下了败叶和枯枝,但重要的(是)留下了种子,留下了生命的延续,它们一旦挣脱了霜花、冰凌、飞雪、淫雨和风暴的重围,舒展开臂膀和整个身躯,迎来的又是一个原野丰盈、遍地呈彩溢金的美好季节。

[备注:标有______的文字是删掉的,(　　)内的文字是增加或替换的。]

【评析】这是一篇抒情短文,要使其达到形质兼优的艺术高度,就必须在修改中着力于"提纯",亦即通过几番字斟句酌、刻意求工的推敲琢磨,去杂质、压水分,蔓旁枝、立主干,以求字炼句善,意深情挚。在此前提下,本文从三个方面作了修改:

其一是将题目"秋日小札"改为"秋在山乡"。

古往今来,咏秋之作数不胜数,为避免雷同和落套,从题目开始,就必须做到独具特色。用"秋日小札"为题,首先很容易给人以兴之所至、消闲遣怀之感,使读者误认为又是那种寄情于秋风,寓意于落英的模式化作品。改为"秋在山乡",则顿生新意,时代感也加强了。其次,用"秋日小札"为题,显得过于宽泛。究竟所写为何处之秋,为秋之何事,从题目上看不出来。改为"秋在山乡",既不落窠臼,又可使读者对全文重点一望而知,有效地增强了题目的特定性和鲜明性。这一改动,可谓有点石成金之效。

其二是对全文语言作了多处改动、加工和润色。

这些改动,使文章的语言表达比原来更为准确、恰切、传神,也更为精练。

其三是大刀阔斧地删去了倒数第二段文字。

此段的删除有两大好处。一是本段文字内容较空洞,抒情亦欠自然。同时此类文字在咏秋之作中几近用滥,再这样写便落入俗套,破坏了全文清新、质朴的格调。二是此段文字在行文气脉上属歧向逸出之笔,既与上下文衔接不好,又与文章立意缺乏必然联系。删去后,结构更加严谨,行文更加畅达,主题的表现也更为集中了。

据作者何玮介绍,这篇文章已几易其稿,从主题的提炼、结构的调整、材料的增删到语言的加工、润色,都曾下了许多工夫。但发表前再次改动,仍然不乏瑕疵。由此可见,一篇好文章的问世是很难一挥而成、一蹴而就的。利刃须从磨砺出,美文当在改中成。写作,不仅要善写,还必须善改。

文不厌改,字不厌炼——这是无数优秀作品所揭示的成功的真谛,这更是一切学习写作的人都必须把握的"秘诀"。

4. 对《生命需要自由的阳光》原稿与修改稿比较评析。

生命需要自由的阳光(原稿)

都说生命如风,因为它无拘无束,可以穿越历史的荆棘;都说生命如水,因为它灵动无形,可以拥抱自由的阳光;都说生命如流星,因为它转瞬即逝,但可以翱翔自由的天际。完美的人生必定是自由的人生。

(**点评**:题目拟得好,诗化的语言,想象力强,有形象再造之效。)

"走自己的路,让别人说去吧。"一个愤怒的声音从远方传来,面对一片死寂的社会,一个毫无自由可言的社会,但丁只有一条路。几仕几隐的陶渊明,在那人人追名逐利、混沌不堪的社会中,发现他与这个社会相容是如此之难。天下之大,却容不下一个小小的陶渊明!他知道官场不是他的乐土,惟有田园才是他梦中的帝乡。不为五斗米而折腰的五柳先生找到了自己的自由,他的生命从此成为绝唱。

(**点评**:开头文势足,感染力强,但破题不够,可在句末加上"生命自然成长,需要自由的阳光"。缺少引领该节的文句,"只有一条路"不够积极,也未能扣题。)

能够做出符合自己生命自由的选择需要极大的勇气。(**点评**:该句放到第二节开头。作为该节中心句。"尊重生命,选择生命的自然成长就需要极大的勇气。")还记得那火刑柱上的布鲁诺吗?他以死而无憾的勇气捍卫着科学的自由,也在捍卫着他自由的生命和尊严。在临刑前他还在踩着大地对主教说:"看看脚下的地球吧,它确实是在转动!"

历史永远定格在这一刻,布鲁诺的自由也从此不朽。自由的精神不仅要有勇气,还要有宽容的社会环境。(**点评**:可加上"如果违背生命的自然成长规律,那么我们对人才的培养也只能是事倍功半,收效甚微,因为自然的、健康的才是最美的,也才是最真的”。进一步点题，深化主旨。）都说我们是祖国的花朵，但可悲的在于是温室里一朵朵盆栽的花，如工厂里生产出的零件一样，是如此的整齐划一。“九州风气恃风雷，万马齐喑究可哀。我劝天公重抖擞，不拘一格降人才。”一百多年前的龚自珍于是怒吼道。用在这里或许有些过分。但想一想：中国中学生奥林匹克竞赛在世界可以说是绝对领先，但却为什么至今没有人获得过诺贝尔奖？为什么中国“神童”特别多，但最终事业有成者又极少呢？科学需要自由的精神，生命需要自由的阳光。

这些表面的成功或多或少来自于家人和社会，他们像被过早拔高的秧苗，纵然一时夺目，最终却只是昙花一现。（**点评**：该句可放在上一节“科学需要自由的精神”前，指出危害性。）生命的轨迹只能由我们自己描绘，因为只有自己，才是生活的主宰。（**点评**：该句放在结尾。既回应文题和开头，又可作全文的结句。）

人生是一次远航，惟有舵手可以执掌前程；人生是一次成长，惟有自由的阳光可以驱散天际的乌云。

生命需要自由的阳光（修改稿）

都说生命如风，因为它无拘无束，可以穿越历史的荆棘；都说生命如水，因为它灵动无形，可以拥抱自由的阳光；都说生命如流星，因为它转瞬即逝，但可以翱翔自由的天际。完美的人生必定是尊重生命的人生。生命自然成长需要自由的阳光。

尊重生命，选择生命的自然成长需要极大的勇气。“走自己的路，让别人说去吧。”面对一片死寂的社会，一个毫无自由可言的社会，但丁愤怒地呼吁。他听凭生命的召唤，选择自由的个性的呼吸，因此，他的名字和《神曲》一同不朽，为后人敬仰。几仕几隐的陶渊明，在那人人追名逐利、混沌不堪的社会中，发现他与这个社会相容是如此之难。天下之大，却容不下一个小小的陶渊明！他知道官场不是他的乐土，惟有田园才是他梦中的帝乡。不为五斗米而折腰的五柳先生找到了自己的自由，他的生命从此成为绝唱。

还记得那火刑柱上的布鲁诺吗？他以死而无憾的勇气捍卫着科学的自由，也在捍卫着他自由的生命和尊严。在临刑前他还在跺着大地对主教说：“看看脚下的地球吧，它确实是在转动！”历史永远定格在那一刻，布鲁诺自由的生命在热火中得到了永生！

生命的自然生长，不仅个人要有勇气，还要有以人为本、尊重个性的社会环境。都说我们是祖国的花朵，但遗憾的在于我们只是温室里一朵朵盆栽的花，如工厂里生产出的零件一样，是如此的整齐划一。“九州风气恃风雷，万马齐喑究可哀。我劝天公重抖擞，不拘一格降人才。”早在一百多年前，龚自珍就发出了解放人才的呐喊。今天重温龚公之言，或许有些耸人听闻。但请大家想一想：中国中学生奥林匹克竞赛在世界上可以说是绝对领先,但却为什么至今没有人获得过诺贝尔奖?为什么中国“神童”特多,但最终事业大成者又极少呢?正因为他们像被过早拔高的秧苗,纵然一时长势“喜人”,最终却只是昙花一现。科学需要自由的精神,生命需要自由的阳光。如果违背生命自然成长的规律,那么我们对人才的培养也只能是事倍功半,收效甚微。因为自然的、健康的,是最美的,也才是人文的。

人生是一次远航,惟有舵手可以执掌前程;生命是一次成长,惟有自由的阳光可以驱散乌云。生命的轨迹应由我们自己描绘,因为只有自己,才是生命的主宰。

写作训练

1.检查以前的作文,看看文面是否符合要求。

2.选取自己的一篇议论文习作进行修改。

(1)客观地阅读习作,思考以下问题。

1)我的话题是否具有争议性?我是否考虑到问题的两面?我是否预想到对手的强有力的反驳并作出了回击?

2)我的论据是否真实可靠、充实和合适?

3)我的论据是否得到了有效的组织?我是否有充分的理由驳斥反对的意见?

(2)关注论证过程,逐步进行修改。

1)我使用的是归纳推理、演绎推理还是类比推理?

2)如果我用的是归纳推理,我是否运用了充足的例证来证明我的结论?如果我用的是演绎推理,我的演绎是否可靠?如果不可靠,我是使用了错误的大前提还是弄错了小前提和结论?如果我使用了类比推理,我的类比是否恰当?我是否注意到比较项目之间的显著差异?

资料链接

对写作的几种误解

金开诚

写作是人的智能的综合表现,在许多工作中有重要的作用。特别是语文工作者,其工作与创造的成果往往表现为他们所写出来的东西;因此对他们来说,写作的能力实际上也就是由多种一般能力综合而成的专业特殊能力。正因为如此,在语文业务的学习与进修中,必须自始至终狠抓写作能力的锻炼,使多种一般能力在写作实践中得到有效的综合。

写作无论对训练思维或完成工作来说都非常重要，然而有许多人对提高写作能力并不重视。不重视有多种多样的情况，难以一一细说；但有一个情况比较带有普遍性，即盲目信从对写作的一些习惯看法。这些看法听起来似乎很有道理，其实却是对写作的误解，或者说是写作思想中的误区。本文就来对这些误解试作论析。

唐代大诗人杜甫说："读书破万卷，下笔如有神。"这一"经验之谈"因为符合人们的朴素、直观的印象，所以历来被奉为圭臬。直到如今，许多人也仍然认为只要积累了丰富的知识，到一定时候自然就能有所创造，写出好文章来。然而这种看法正因为带有朴素、直观的性质，所以不完全符合思维科学。

当然，要想写出好文章，多多读书以及在生活实践中积累经验都是非常必要的。因为人类的知识经验可以通过语言文字符号来传播和积累，具有"社会性"的特点，所以个人的任何工作与创造，都是在前人所已经积累的认识成果的基础之上进行的；而读书正是了解前人认识成果的有效方法，所以说非常必要。但是也应该看到，前人的认识成果，对于新的工作与创造来说，只起原料的作用，犹如木工制造家具需用木料一样。然而木料毕竟不等于家具。就写作而言，哪怕是写一次简报，也无法从书上现抄；很多教员在已有统编的教材之后，仍然要孜孜不倦地备课写讲稿，也是因为不满足于书上已有的东西，而力图提供一点新的认识成果。为了进行新的工作，从事新的创造，从书本上得来的知识就只能作为原料来运用。任何书本知识都不能直接变为简报、讲稿、文艺创作或其他任何文章（除非抄袭），这就如同木料不会自动变为家具一样。

再就专业特殊能力的锻炼来说，"读书破万卷"只是突出地锻炼了记忆力，而并未强调对感受、联想、想象、思维等能力的锻炼，因此也就没有准确而充分地揭示具有综合性的专业特殊能力的养成途径。当然，由于大脑活动的整体性，所以在读书的时候，除了记忆之外，感受、联想、想象、思维等功能事实上也被调动并发挥作用，所以我们应该再次强调，读书对专业特殊能力的养成的确非常重要；但也仍然要指出，在一般的读书过程中，大脑各种功能的发动大都是无意的、自发的，尤其是个体在阅读过程中往往并不有意要把各种功能拧成一股绳；只有在目标明确的专业创造和专业写作过程中，为了有效地达到目的，这些功能才非拧成一股绳不可。所以，具有综合性的创造能力主要是在创造的实践中养成；具有综合性的写作能力也主要是在写作实践中养成。不经过创造与写作的直接实践，而认为只要"读书破万卷"，就能"下笔如有神"，那是不可能的。杜甫七岁就写了歌咏凤凰的诗；为了作诗而"心从弱岁疲"，直到晚年也还是"他乡阅迟暮，不敢废诗篇"，可见他主要是在作诗的实践中成为大诗人的。他说"读书破万卷"，只是强调了一个"必要条件"，正如同另外他也强调过"颇学阴何苦用心"、"老去渐于诗律细"、"语不惊人死不休"等等，我们决不可以把任何一个“必要条件”当作“充分条件”来看。

说了以上这些，有的同志可能仍然认为，写作只要有正确的思想和充分的材料，剩下来岂不仅仅是一个语言文字的表达问题了？假如这个人已经能够做到文从字顺了，那写作还有什么可锻炼的？这种看法仍然带有“模糊性”，并未深入到写作实际中去作微观的分析。事实上，知识原料加文字表达还不能成为文章。因为任何一个原料要变为一项特定写作任务中的实际内容，还需要经过提炼加工。这样，原料与原料才会严丝合缝地结合到一起。正如木工做家具，首先要把木料加工成一定的尺寸、形状的零件，再按一定的角度与其他零件结合在一起。形状、尺寸、角度只要稍有差错，家具便做不成，至少也要降低质量。写作的情况正与此相似。

在任何创造性的思维过程中，对各种客观事物的反映（即知识经验）进行联系与反联系的能力总是要起极为重要的作用；前者主在立新，后者主在破旧，二者又总是难分难解地互相依存与制约。然而能够结出创新之果的联系与反联系却并不是一望而知、一思即悟的。就联系而言，任何事物从不同的角度去看就会呈现不同的特性，所以往往有两种以上的事物粗看起来并无联系，然而只要从某种特定的角度去看，它们就分别呈现某种特征，这些特征之间就有可能发生紧密的联系。例如加工木料与带刺的茅草之间看来并无联系，但根据鲁班的传说，他正是因为被带刺的茅草划破衣服而得到启示，因此才发明了锯子，而锯子正是加工木料的重要工具。带刺的茅草显然具有种种属性，鲁班的聪明就在于他能从种种属性中看准了茅草带刺这个特点，这才把它与所要解决的问题联系了起来。在写作中，富于新意的内容无不表现了知识经验之间的联系。例如演绎论证需要运用理论，有的人知道许多理论，可是在实际写作中却找不到哪条理论有助于形成并证实某种新意。归纳论证需要举例，有的人看别人的文章，总觉得其中所举的例子是自己早已熟知的，可是在他自己写作的时候，却不善于在这些例子中归纳新意并加以论证。比喻论证表现事物之间如何联系更为明显，因为根据修辞原理，生动的比喻必须在一点上极其相似，而在整体上极不相似；所以如果不善于从特定的角度去突出事物的某一特征，那就无法找到准确生动的比喻，也就是无法在事物之间建立比喻的关系。再说到反联系，也同样要对现成的知识经验进行深思熟虑，才能在早已被人公认的联系中打进楔子，破除习以为常的误解。反联系除了破除误解之外，而且还是建立新联系的前提。例如木料就要经过一系列的反联系，才能从森林中的原木变为制作家具的材料；茅草带刺这个特性，也必须从茅草的传统的完整观念中分离出来，才能与锯子的创造发生联系。总之，现成的知识经验总要经过种种分析综合、提炼加工，才能被有效地应用于新的创造或新的写作；以上所说的联系与反联系还仅仅是分析综合的表现之一。

有的同志可能会说，对已有的知识经验进行新的分析综合，这完全是思维过程中的事情，只要在读书过程中多动脑筋就可以做到，何必一定要把这种锻炼归入写作呢？这话表面上看是有道理的，但结合实际情况看，事情就是另一种样子了。事实上一般的读书虽然也要开动脑筋，但因为没有明确的目的和任务的催逼，所以即使有一些新的想法也只是自然出现，而不需要作更加自觉的努力，去扩大和加深新的想法，使之成为具有一定完整性的创造。而在明确的创造目的和艰难的写作任务催逼下，开动脑筋才有一定的方向。脑力劳动才有深度和强度；而且在把思考的结果表现为文字时，还要求内容更为精密，表达更为准确。这种锻炼显然不是看了书想一想所能够比拟。所以光是一般地强调积累知识和开动脑筋，还不足以使创造能力、写作能力得到实际的提高。

“有什么就写什么”（或其他类似的说法），是指导写作的人所常讲的，意思是说作者应该写自己真正具有的认识，即真知灼见和真情实感；而不应该去写自己没有认识或认识不足的东西。这种看法当然是正确的，谁要是不同意，就无异是提倡在文章中写假话和空话了。

然而，“有什么就写什么”这句话，却不应该作机械的理解，所谓“机械”有两种表现：一是把真知灼见局限于自发形成的认识，而看不到真正的认识也可以通过自觉的追求，即针对一个目标进行定向的学习与研究，从而树立起来。二是认为写文章必须在一切材料观点都“真正具有”之后才能动手，而看不到写作本身也是继续学习、使认识深刻化与系统化的过程。这两种机械的理解都是极不利于进修语文的人通过写作得到锻炼的。

除以上两种“机械的理解”之外，还有两种情况也与“有什么就写什么”这个问题有关：第一，有的人一方面认定必须“有什么”才能“写什么”，但他对于自己脑子里究竟有多少家底却又不很了然。因为人的大脑储存知识经验、看法感想，并不总是浮现在意识的表层，而是可能潜藏在深处，也就是所谓“前意识”层中。大脑所起的作用，既像加工厂，也像贮藏库；作为贮藏库来看，有时候需要“翻箱倒柜”、搜寻挖掘才能找到有用的东西，而并不能指望任何知识经验、看法感想都是一念即至或信手拈来。写作的作用就在于促使人“翻箱倒柜”，翻出来之后再进行加工。这样，在很长时期中辛辛苦苦积累的知识才能变成有用的东西，这就叫“知识能用才是力量”。假如从事创造、写作活动，而仅仅局限于对意识表层进行一番扫描，那么所谓“有什么就写什么”很可能实际上变成“有什么也不写什么”。

第二，有的人对某个问题的确已有较为明确而完整的认识，完全可以根据“有什么就写什么”的原则去写文章了，他却仍然懒于动笔。因为他觉得自己的想法比较一般化，写出来也不会成为像样的文章。因此没有写作的冲动。其实对于学习和进修语文的人来说，有些写作虽然不一定成为“像样的文章”，但对创造思维和专业特殊能力来说，却未尝不能成为“像样的锻炼”。至于所谓“写作的冲动”，那是与经常写作也有联系的。从来不写文章的人，也就不会有“写作的冲动”。再说冲动可能产生在写作之前，也可能产生在写作过程之中，情况是相当复杂的，但总的来说，则是越不写就越没有冲动。很少动笔的人首先不能强调冲动，倒是应该运用意志克服惰性！中小学生喜欢做作文的人肯定不多，但老师让写，他就只能写；一看题目也未见得就有真知灼见，但经过“翻箱倒柜”、提炼加工，也能完成任务。写这种文章有什么意义呢？意义就在于锻炼了运用知识进行创造、写作的能力。至于大学生和语文进修人员，当然不再有人逼他们写文章，那就应该自己逼自己，因为他们在运用知识进行创造、写作方面，也还是需要继续锻炼的。

分析以上所说的种种情况，可以得出一个结论，那就是进修语文业务的同志应该对写作采取积极进取的态度，而不能等待各方面都成熟之后才动手写作，或者等待文章自然地在脑海中涌现出来。当然，“成熟”以至“涌现”的情况也是可能出现的，但那只能是经过长期刻苦的锻炼之后所达到的境界。连鲁迅都说文章是“挤”出来的，何况我们这些初学者？所谓“积极进取”，所谓“挤”，从认识过程和思维活动上说，就是在一个创造、写作的明确目标的督促下，把写作变为继续学习、继续认识的过程，从而变无知为有知，变知之不深为知之较深，变比较一般的认识为比较精辟的认识，变没有冲动为有冲动。总而言之，是要自觉进行创造、写作的锻炼，以提高专业特殊能力。写作之所谓“广义”，这也是表现之一。

多年以来，我观察了中文系大学生写毕业论文的情况，发现有些情况是很有意思的。毕业论文要用将近一年的时间来写(当然同时也还要上一些课)，这一年中并非时时刻刻都在写作，而是大部分时间都在读书与思考。可见所谓写毕业论文，实际上乃是一个继续学习和继续提高专业特殊能力的过程。再就毕业论文的实际内容而言，有少数同学是自己选了平时就有较多研究的题目来写，但也决不是一切内容都已在前三年中准备就绪；至于多数同学则是在教师所定的一批题目中选定一个来写，也无非是对这个题目有较大的兴趣和较多的知识而已。可以说，论文定稿中的大部分内容还是在一年写作过程中学习和研究出来的。由此可见，所有的学生写毕业论文都不是机械地按照“有什么就写什么”的原则办事的。再就写作的结果来看，那些平时在写作上较有锻炼的学生，撰写毕业论文就较为顺利(从寻找参考资料到文字表达都是如此)，而缺乏锻炼的学生则困难重重。但到论文写完的时候，大多数学生都认为写毕业论文是一次很有益的锻炼；有的人在事隔多年之后仍认为围绕毕业论文所学到的东西(包括知识的扩充与能力的提高)，是整个学习期间最深刻的收获；还有少数的人甚至是沿着毕业论文的题目确定了今后继续进修的方向。这种种情况，都有助于语文业务的进修人员树立关于创造、写作的正确看法。

这两句话强调文章要用简明通俗的言语来写，反对故作深奥或华而不实的文风。从这种意义上来说，它们是很值得人注意的。

但也要知道，真正的写作，事实上不可能是“怎么想就怎么说，怎么说就怎么写”的。因为人们在思想时用的是“内部言语”，而说与写则用“外部言语”。“内部言语”与“外部言语”所表现的思维过程的客观内容当然是基本一致的，但在语言的具体运用上，却是“内外有别”的。关于“内外有别”，情况相当复杂，这里仅指出较为重要的几点：

第一，意思的清晰与完整。当人们运用内部言语进行思维活动时，这种活动是在他的全部知识经验的基础上进行的。由于有关的知识经验都或明或暗地在一旁起着配合、补充等作用，所以运用内部言语不一定需要句句完整、次序分明、精练明确、圆满周到；而是既不妨化繁为简、点到即止，也不妨颠倒重复、节外生枝；反正是把事情或问题想清楚，自己心里明白就行。至于说话和写文章，那都是为了交流的目的而说给别人听、写给别人看的。别人的知识经验既然和你不一样，就不能指望它也在那里起到配合、补充的作用。因此要把表述的一切都说（写）得明白准确。

第二，准确度与分寸感。说话要有分寸，写文章更要注意分寸的准确，这有时是很难的事情。任何民族语言中总有大量的同义词和近义词，有各种程度、级别的形容词与副词，还有种种修辞方式和句子组成形式，这些都可被利用，以准确表达意思及其分寸；如果言语不当，意思就表达不准，或在一定的语言环境中显得不得体，以至失态受窘。以内部言语为物质材料的思维活动当然也有个准确反映客观事物的问题，但由于只求自己心里明白，因此词汇的选择不必很讲究，句子形式更不必精心设计。这样，要是根据“怎么想就怎么说（写）”的原则，把内部言语直接外化，那么表达意思就往往不能恰如其分，适当得体。

第三，感性成分与感情色彩。用言语表达意识活动中富有感性的成分，是一切语言使用者都曾遇到过的大难题。因为语言属于第二信号系统，词和句可以反映或代表客观事物，但它们作为符号或符号的组合，本身却并不包含客观事物所具有的感性成分。因此要用言语来准确表现富有感性的东西是不容易的，像颜色、声音、味道、气味之类，无论说话人作多么细致具体的描述，都不可能把自己所有的实际感受在言语中原封不动地再现出来；能够做到的只是通过言语的描述以引发对方的表象联想和再造想象，从而使他得到近似的感受（当然，对方由于发挥联想和想象的缘故，也可能感受得更多，这是另一回事）。但是，在思维活动中，再现事物的感性成分却大可不必如此费心，因为一边用内部言语进行思考，一边就有种种记忆表象和感性经验在那里配合、补充与渗透；所以整个思维过程该有多少感性的东西，思考者心里是很明白的。只有到了说话、写文章的时候，一方面需要把那些富于感性的东西传达给别人，一方面却又没法把它们掏出来给人看，一切都得依靠言语来表达；如果表达不好，那么本来在脑子里想得很生动、很富于感性的东西，一下子就变成干巴巴的了。这是思维活动与说话、写文章的一大区别，没有较高的语言艺术修养，光靠“怎么想就怎么说（写）”，是达不到预期的交流效果的。

感情色彩的问题与此是同样的道理，因为感情也是富于感性的东西。在思维活动中，很自然地伴随着情感的活动，根本用不着考虑用什么样的内部言语去加以表现；到了说话、写文章的时候，为了增加感染力，非把情感表现出来不可，而这就不容易了。你说你多么高兴或多么愁苦，别人不见得因此就受到感染，还得会用更有表现力的言语才可望收到预期的交流效果。

以上所说的是在语言运用中“内外有别”的问题，从中大致可以看出，“怎么想就怎么说”这句话是不能机械理解的。更进一步还应看到，就在“外部言语”中，又还有“口头言语”与“书面言语”的区别，这种区别较为重要的也有几点：一是对象问题。一般说来，说话的对象总是比较明确的，当然明确的程度也有差异，例如教员对一个较为熟悉的学生说话与对全班学生说话，对象的明确性就不一样。明确的程度与语言的表述就有一定的关系。对象越不明确，就越少借助默契的可能性，就越需要表述准确。写文章与说话相比，对象更不明确；一篇文章究竟有哪些人读，根本无法预料，因此表述就要更加谨严。二是情景性问题。说话都是在一定情景下说的，这种情景是交际双方都可以感知的，因此表述上的一些特殊性和变异性也较少引起不解或误解。写文章不能要求读者对特定的语言情景完全了解，因此在表述上不能不有更为周密的考虑。三是辅助手段问题。说话可以借助声调、表情和动作等辅助手段来加强表现力，而写文章无法运用这些手段，只能用尽可能精确的词句和适当的修辞手段来表情达意。四是可逆性问题。说话如果引起对方不解，可以根据对方的提问再作进一步解释；如是在交谈中发现对方有误解，也可以重作解释。写文章只在特殊情况下有可逆性（如书信往来，批评与答复等），在一般情况下，读者不可能提问，也不能根据行为的反应来判断他是否准确了解，因此一切意思都必须在写作中表述得明确而充分。

以上各点都说明书面言语的运用比口头言语更为困难，因此运用书面言语要经过长期的专门训练。机械地理解“怎么说就怎么写”，是难以完成各种特定的创造、写作任务的。光是就语言运用这一点来说，语文进修者也不能片面相信“读书破万卷，下笔如有神”，而应该把“看为基础，想为主导，落实到写”作为长期坚持的综合锻炼，这才有助于较快提高真正解决问题的专业本领。

1983 年 9 月

（选自《金开诚学术文化随笔》，中国青年出版社 1996 年版）

文体写作篇

WEN TI XIE ZUO PIAN

文体是写作学中经常出现的概念。完整的文体应该是体裁、语体和风格的有机统一。体裁即文章的类型，是不同文章类型的体式规范，也是文体最外在的呈现形式；语体是语言的体式，是指用以体现文章的体裁并与特定的体裁相匹配的文章的语言，是文体的核心呈现形态；风格是指能够引发读者的持久审美享受的，作者的创作个性在文章有机整体中所显现的基本特色，是文体最高的呈现形态，它的形成也是某种文体完全成熟的标志。

无论是文学文体、新闻文体、理论文体还是应用文体，每种文体都各有自己的特点和规律，学习并掌握这些文体的特点和写作规律，有利于培养同学们的文体意识，提高同学们的写作水平，并进而增强指导学生作文的能力。

第一章　文学文体

文学文体是指人们根据对生活的审美体验，创造出一个凝聚着主观情志的艺术形象，可供读者在欣赏中获得情感愉悦和共鸣的一种审美类文体。文学文体的写作主要采用形象思维的方式，常常通过从“个别”到“个别”（或者从“个别”到“一般”再到“个别”）的方法来创造感性的、具体的文学形象，而蕴含作者主观情感的文学形象能让读者进行情感和理性的审美阅读，实现文学作品的认知功能和教化功能。

古今中外对文学文体的分类都有一个演变的历史过程。中国古代起初采用韵文和散文的“二分法”。西方古代则采用叙事文学、抒情文学、戏剧文学的“三分法”。东西方到了现当代基本采用“散文、诗歌、小说、戏剧文学”的“四分法”。本章重点介绍散文、诗歌、小说和戏剧文学。

第一节　散文

理论概说

散文是利用各种题材，创造性地运用各种文学表现手段，自由展现主体个性风格，以抒情写意，广泛地反映社会生活为主要目的的文学文体。

散文在中国有着悠久的历史。散文的概念和范围，随着时代和文体的发展，也在不断发生演变。中国古代，为区别于韵文、骈文，凡不押韵、不重排偶的散体文章，包括经、传、史书在内，一律称之为散文。进入新时期以来，散文的范围大大收缩，人们把散文看作一种选材广泛自由、手法灵活多样、不拘音韵格律、书写见闻感受、表现内心世界、表达见解感悟的文学体裁。

一、散文的分类

根据散文的内容和性质，可分为以下几类。

（一）记叙散文

这是以记人、叙事、状物、写景为基本内容的散文，表达方式上主要以叙述和描写为主。记叙散文中也可以抒情，但情感因素对所描写的人、物、景只是起烘托、突出或强化等辅助作用。有时还有议论，其目的是更好地显示文章的主题，增强文章的感染力。

这种散文又包括多种样式。主要有四种：①如果散文主要记叙人物的生平事迹、肖像、心理、语言、动作，这就是记叙散文中的记人散文，如鲁迅的《藤野先生》。②如果散文围绕着事件的发生、发展、高潮、结局来安排叙述线索，那就是记叙散文中的叙事散文，如许地山的《落花生》。③如果表现对象以自然环境和社会环境为主，表达方式又以描写为主，这就是记叙散文中的写景散文，如刘白羽的《长江三峡》。④如果表现对象是以某一物件为主体，表达方式侧重于描写叙述，那就是记叙散文中的状物散文，如徐晓航的《紫藤》。

（二）抒情散文

它是注重表现作者的思想感受、抒发作者的思想感情的散文。这类散文有对具体事物的记叙和描绘，但通常没有贯穿全篇的情节，其突出的特点是强烈的抒情性。它或直抒胸臆，或触景生情，洋溢着浓烈的诗情画意，即使描写的是自然风物，也赋予其深刻的社会内容和思想感情。优秀的抒情散文感情真挚，语言生动，还常常运用象征和比拟的手法，把思想寓于形象之中，具有强烈的艺术感染力。如茅盾的《白杨礼赞》、魏巍的《依依惜别的深情》、冰心的《樱花赞》。

（三）议论散文

议论散文主要是发表作者对生活的见解，表达方式较多地使用议论。它和一般的评论不同。一般的评论用事实和逻辑来说理，而议论散文除了事实和理论之外，还要运用文学形象来进行说理，使议论和抒情相结合、理论和形象相结合，所以，有人认为议论散文是文艺性的论文。议论散文同一般议论文一样，要求观点鲜明、概念准确、说理充分、层次清晰、以理服人，但是，它不需要一般议论文那样逻辑推理和严密的论证，而主要是形象思维的产物，其文学性很强，并富于感情。如龙应台的《中国人，你为什么不生气》。

二、散文的特征

（一）形散神聚，主旨显豁

所谓“形散”，主要是说散文取材十分广泛自由，不受时间和空间的限制。一篇散文，其内容可以涉及上下几千年、纵横几万里的人或事、物或景；表现手法不拘一格：可以叙述事件的发展，可以描写人物形象，可以托物抒情，可以发表议论，而且作者可以根据内容需要自由调整、随意变化。所谓“神聚”，就是无论散文的内容多么自由广泛，表现手法多么灵活多样，都始终紧密围绕着一个主题。而为了做到形散神聚，在选材上我们应注意材料与中心思想的内在联系，在结构上要借助一定的线索把材料贯穿成一个有机整体。

（二）情感真挚，意境迷人

散文，只有写出真情实感，才能打动人心。因为只有你奉献给读者真挚的感情，读者才会把你当做知心朋友，喜欢听你倾诉，能同你的心灵情绪共喜忧。真正优秀的散文，都是饱蘸着作者的真情写成的。同时，优秀的散文还每每是诗意盎然的。苏联作家巴乌斯托夫斯基说：“真正的散文是充满诗意的，就像苹果饱含着果汁一样。”这就告诉我们，优美的散文，要有意境。意境是作者深厚的思想感情与鲜明生动的艺术形象相融合而创造出来的一种艺术境界。这种艺术境界能够使读者通过联想和想象，产生一种身临其境、余味无穷的感受，从而在思想感情上受到深刻感染。

（三）讲究文采，语言精美

散文素有“美文”之称，它除了有精深的见解、优美的意境外，还要富于文采。如果散文“言而无文”，则必“其行不远”。没有文采，散文也便失去它应有的艺术力量。散文的语言要优美凝练。所谓优美，就是指散文的语言清新明丽，生动活泼，富于音乐感，行文如涓涓流水，叮咚有声，如娓娓而谈，情真意切。所谓凝练，是说散文的语言简洁质朴，自然流畅，寥寥数语就可以描绘出生动的形象，勾勒出动人的场景，显示出深远的意境。散文力求写景如在眼前，写情沁人心脾。

三、散文的写作

（一）善于立意

“立意”，就是提炼和确立文章的主题思想。唐朝的杜牧说：“凡为文以意为主，以气为辅,以辞彩章句为之兵卫。”清代的王夫之也说过:“无论诗歌与长行文字,俱以意为主。意犹帅也,无帅之兵谓之乌合。”意是文章的灵魂,它决定着文章的质量和价值。同时,文章中的材料取舍、布局谋篇、技巧运用、遣词造句等,都要受到主题立意的制约,服从并服务于主题立意的需要。

散文的立意要追求新颖、独特、有思想。新颖,并不是要故作高深或追求一种玄妙莫测的东西,恰恰相反,它应该出自平凡,从平凡中显出非凡的思想。如“丑到极处,便是美到极处”,这是贾平凹《丑石》的立意,很新鲜,仔细一想,就是这个道理,作者把生活中的一些现象概括出来了。再如“乘兴而行,兴尽而返”,这是刘义庆《世说新语》中“雪夜访戴”一段的立意,也说出了一定的道理,很有韵味。这些立意,往往会随着时间的推移,沉淀为一种哲理。当然,立意要新,就要尽量做到不同凡响。所以,写文章不要嚼别人吃过的馍,不能千篇一律。同时,我们在写作前要学会思考,尽量做到对事物有独特的发现、独特的理解和独特的感悟。须知愈是个性的,便愈是新颖的,它的魅力也必定会经久不衰。如不到五百字的《岳阳楼记》,其中“先天下之忧而忧,后天下之乐而乐”的立意是其成为中国文学史上经典之作的关键因素之一。

散文除了能像小说那样取材于生活中相对完整的事件之外,更可以选择生活中的零星片段或是自然界的一花一叶,成就佳作。作者要学会挖掘和提炼生活中的“边角余料”,能够观察别人未曾注意的东西,小处着眼,小题大做,以丰富的阅历和知识去深化思考,拓展思路,写出自己心灵对生活的烛照。

(二)精心布局

布局,也就是结构。因为散文贵“散”,又在“不散”。所以,在结构安排上就得认真构思,使“散”不成为“散漫”和“松散”。散文结构通常有如下形式:

(1) 串联式结构。这种结构方式是将来源于不同的生活时空的散文素材进行组合,其中每一个素材就是一个独立的生活片段。这些片段由一根线串联着,使它们成为一个线性的叙事链或情思链,表达某种相同的内涵或是作者主观的情绪情感。如吴伯萧的《猎户》,文中由尚二叔到百中老人再到董昆,歌颂了充满英雄色彩的猎户精神。

(2) 对比式结构。这种结构方式是有意提炼两个相似或相反的材料组合成一个散文情境,彼此形成对比,在对比中呈现出作品的主题立意。如茅盾的作品《香市》:大革命前香市非常兴旺,香市上江湖戏班的演出水平低,但观众却异常得多;大革命后重兴的香市非常萧条,专业剧团演出水平高但观众却异常得少。这么一对比,文章的立意就豁然开朗了:大革命后中国农村的自然经济日益凋敝。

(3) 辐射式结构。这种结构方式是以一个“物品或细节”为中心,向各个方向去联结素材，每个散文素材都环绕着“物品或细节”形成“辐射式”的散文情境。如秦牧的《土地》，文章开始写了晋公子重耳亡命途中走到田地里向农民求吃的东西，可是农民却捧起一大块泥土送给公子。公子激怒了，要用马鞭子打农民，但随行的人立即劝阻，说：“这是土地，上天赐给我们的，这不正是我们的好征兆吗？”于是公子捧起土，放到车上，策马前进了。这个故事说完以后，下面又接着讲了好几个古代和现代关于土地的故事。文章运用了很多材料，但都是围绕土地来写的，都写了土地的宝贵，告诉我们对于祖国的领土，应该要做到寸土必争，寸土必保。这篇散文在结构布局上，看来很散，但中心明确。

（三）创造意境

意境就是把深刻的思想、动人的情感，通过生动的画面表现出来，是内情和外景的高度融合。王国维说“有境界，则自成高格”，能不能创造出深刻美妙的意境，是评价一篇散文优劣的重要标准。如范仲淹的《岳阳楼记》、苏轼的《赤壁赋》、朱自清的《荷塘月色》等等，这些优秀的篇章，之所以被人们传诵，和它们具有深刻优美的意境分不开。在散文创作中，我们应以真挚的情感做基础，以形象的描写为核心，化景物为情思，使情景交融。

例文评析

苏州漫步

陆文夫

我喜爱苏州，特别喜爱它那恬静的小巷。这倒不是因为“故宫闲地少，水巷小桥多”，而是因为在小巷中往往最容易看到生活的巨变，城市的新生，由此而产生一种自豪和喜悦。

苏州的小巷是饶有风味的。它整洁幽深，曲折多变。巷中都用弹石铺路，春天没有灰沙，夏日阵雨刚过，便能穿布鞋而不湿脚。巷子的两边都是高高的院墙，墙上爬满了长春藤，紫藤；间或有缀满花朵的树枝从墙上探出头来。在庭院的深处，这里、那里传出织机的响声，那沙沙沙沙的是织绸缎；那吱呀嘁嚓的是织缍绒。我见过苏州的绸缎和缍绒，像蓝天上嵌着彩云，像朝阳、像晚霞、像薄暮升起的轻烟。你怎么也不会想到，这些举世闻名的丝织品，是在万户杂住的小巷里诞生的。

小巷子里，大门常开。在敞开的大门里，常常可以看到母女二人伏在一张绷架上，在安静地绣花。她们把一根极细的丝线劈成八根，用几百种针法绣出花鸟、虫鱼、人物、山水。绣出齐白石的活虾；绣出徐悲鸿的奔马，泼墨，水印，神态都能准确无误地表现出来。

六年前我也曾见过“苏绣”，见过苏州的“绣女”。冬夜沉寂的小巷里，常见她们傍着微弱的灯光，从深夜绣到天明，赶到顾绣庄去换钱，然后排到米店门口，任人用粉笔在肩上编起号码，轧一点平价米。

今天，我们不仅能在小巷中，在北京的人民大会堂看到“苏绣”；在国际的展览会上，还能看苏州姑娘在那里表演刺绣。伦敦的居民曾经要求看一看刺绣姑娘的手，看看她的手上有什么秘密，为什么绣出的花儿能迷惑住蝴蝶！谁知道唯一的秘密就是这双手的勤劳，就是我们的社会对勤劳双手的尊重。

解放前，在苏州一座残破的古庙里，住着一个白发垢面、患着严重眼疾的乞妇，她就是有名的“绣女”沈静芬。她把青春全献给了“苏绣”，她会几百种巧妙的针法，她年轻时为闺阁千金描绣了无数的游龙飞凤，替顾绣庄赚来了大批利润。到头来落得个破庙容身，乞求度日。“苏绣”的技术跟着她被人践踏，像破庙一样在风雨中凋零！

如今，在一座小巧的园林里、花径上、在曲桥旁，人们又见到了刺绣工场的顾问沈静芬。她的头发还是斑白的，可是眼疾消失了，面色红润了，精神抖擞了，她正指导着一群活泼年轻的姑娘，种花、绘画、刺绣，把传统的技艺推向新的高峰：寄语伦敦的居民，苏州姑娘手上的秘密，可以到这里寻找。

秋天，全城弥漫着桂花的香气。嗅着花香信步向前，便会被引入一座座古老的园林。园林像天女散下的鲜花，分布在苏州的大街小巷，有记载的就有一百多个，至于那些凿一池，架一山，中筑一二小亭者就不可数计。《吴风录》记载：“虽闾阎下户①亦饰小山盆鸟以玩”，这说明苏州园林的普遍，在这样普遍的基础上，历代的巧匠名师留下了大批精湛的杰作。

在所有的园林当中，我最爱“留园”。它像所有的艺术杰作一样，带着深深的含蓄。入口处一条朴实的走廊，普通的庭院。慢慢地，面前出现了一排漏窗，透过窗上的各种图案向北望，园林中部的池台亭榭便隐约可见。等到穿过“涵碧山房”，站在近水的凉台上时，只见一派假山迎面而起，山石犬牙交错，“可亭”的六角高耸在山石的上面，高高低低的三道小桥横卧在山涧上。远望迂回曲折，仿佛深不见底。到这里，便感到人在画中，但又不见画的全貌。

登上爬山的游廊，走进“闻木樨香轩”，园中部的景物便全都呈现在眼前。东面是楼阁参差，古木奇石掩映着亭台水榭，南面是廊台，花墙，小巧的“明瑟楼”凌驾于一切建筑之上，楼前是满池清水，倒映着南面的全部景色，造成了园外园的奇景。池塘当中，有一个小岛，叫“小蓬莱”，这里的桥、亭都和水面相平，登上“小蓬莱”好像站在湖心水底，而觉得四面皆山。过了“小蓬莱”到达“曲溪楼”的底层时，中部的

① 闾阎：古代二十五家为“闾”，里中门为“阎”。闾阎下户指普通人家。

景物都已一览无余，可以告一段落了。但是，“曲溪楼”旁还有许多砖框、漏窗，它像取景框一样，把园中的景色浓缩起来，使人处处凌虚，移步换影。抬头西望，深秋时，鲜红的枫叶漫铺在高下起伏的云墙上，叫人留恋不已，回味无穷。

解放前的“留园”竟成了国民党军队的马厩。树木砍伐，楼阁倒塌，到处是残垣败壁、碎石乱砖。今天的“留园”处处金碧辉煌，富丽万千。回头看“留园”的外面，只见虎丘道上，运河的两旁，到处耸立着高大的烟囱。解放后兴建起来的工厂，在日夜吐着浓烟，把安详的蓝天抹上浓重的笔墨。那里机器在轰鸣，金属在碰撞，生活在沸腾。从全城各处的小巷里，古老的花园里，日夜有经过充分休息的人，一路淡笑着走向那沸腾的地方。

（原载《中国青年报》1961 年 10 月 28 日）

【评析】“上有天堂，下有苏杭”，在当代作家陆文夫写得记叙散文《苏州漫步》中，作者以朴素自然、清隽淡雅的笔调，巧于构思，为誉为人间天堂的苏州，描绘出了一幅特点突出、富意隽永的生活画面。本文精心选材，苏州可写的东西很多，但在文中，作者选取写了苏州的“整洁幽深，曲折多变”的小巷；还有那最富有特色的“苏绣”以及它的创造者“绣女”；还突出了弥漫着桂花香气的一座座古老的园林……这些最能体现苏州这座城市富有个性特征的人、事、物来表现。并运用了类似蒙太奇的技法，把这一幅幅生动的画面，加以组合，为我们展现了这座天堂的独特风采。

田园诗情

［捷克斯洛伐克］恰佩克

荷兰，是水之国，花之国，也是牧场之国。一条条运河之间的绿色低地上，黑白花牛，白头黑牛，白腰蓝嘴黑牛，在低头吃草。有的牛背上盖着防潮的毛毡。牛群吃草反刍，有时站立不动，仿佛正在思考什么。牛犊的模样像贵夫人，仪态端庄。老牛好似牛群的家长，无比尊严。极目远眺，四周全是碧绿的丝绒般的草原和黑白两色的花牛。这就是真正的荷兰。

这是真正的荷兰：碧绿色的低地镶嵌在一条条运河之间，成群的骏马，剽悍强壮，腿粗如圆柱，鬃毛随风飞扬。除了深深的野草遮掩着的运河，没有什么能够阻挡它们飞驰到乌德列支或兹伏勒阿姆斯特丹东部城市。辽阔无垠的原野似乎归它们所有，它们是这个自由王国的主人和公爵。

低地上还有白色的绵羊，它们在天堂般的绿色草原上，悠然自得。黑色的猪群，不停地呼噜着，像是对什么表示赞许。还有成千上万的小鸡，长毛山羊，但没有一个人影。这就是真正的荷兰。

只有到了傍晚，才看见有人驾着小船过来，坐上小板凳，给严肃沉默的奶牛挤奶。金色的晚霞铺在西天，远处偶尔传来汽笛声，接着又是一片寂静。在这里，谁都不叫喊吆喝，牛的脖子上的铃铛也没有响声，挤奶的人更是默默无言。

运河之中，装满奶桶的船只舒缓平稳地行使，汽车火车，都装载着一罐一罐的牛奶运往城市。车过之后，一切又归于平静。狗不叫，圈里的牛不发出哞哞声，马蹄也不踢马房的挡板，真是万籁俱寂。沉睡的牲畜，无声的低地，漆黑的夜晚，只有远处的几座灯塔闪烁着微弱的光芒。这就是真正的荷兰。

（万世荣　译）

（选自《世界最美的散文大全集》，外文出版社 2012 年版）

【评析】这是一篇优美的写景文章，堪称经典。从运河低地上的牛群、骏马到绵羊、猪群等，再到运河的傍晚，夜深，一幅幅自然生动的画面，把荷兰田园风情的美展示得十分迷人。“这是真正的荷兰”如主旋律在文中反复出现，对主题是动情的点染，对结构是巧妙的粘合……这些都是这篇散文构思上的特色。同时，这篇散文的描写是非常成功的。作者善于抓住被描写景物的特征，用简洁生动的语言把它们形神毕肖地描绘出来，并让作者的喜爱之情渗透其间，从而描写出一幅幅充满诗意的画境。

写作训练

1. 杜甫的《春夜喜雨》是一首充满情致的抒情诗，请调动想象来增补内容与细节，将其改写成一篇抒情散文。

2. 捕捉身边人的鲜明个性特点，写一篇以记人为主的记叙性散文。

3. 选择印象深刻的一件往事，写一篇以记事为主的记叙性散文。

拓展阅读

1. 采桑子主编《经典散文读本》，北方文艺出版社 2010 年版。

2. 佘树森《中国现当代散文研究》，北京大学出版社 1993 年版。

3. 范培松《中国散文批评史》，江苏教育出版社 2000 年版。

第二节　诗　歌

理论概说

诗歌是通过精练、富有韵律节奏的语言,新奇丰富的想象,形象地表达作者丰富的思想感情,反映社会生活的一种文学体裁。英国浪漫主义诗人雪莱说:“诗人的职责就在于把他自己从这些形象和感觉中所得到的愉快和热忱传达于他人。”诗表现的是诗人“灵魂中的感情”,当热情激动灵魂时,诗人就借助形象和比喻来表现“内心的东西”,并以此来感染人,打动人。

一、诗歌的种类

诗歌在长期发展中,形成了繁多的种类。它的分类方法很多,但并没有统一的标准。根据不同的分类方法,有不同的诗歌形式。

(一)叙事诗和抒情诗

这是按照作品内容的表达方式划分的。

(1) 叙事诗。作者通过诗化的情节反映社会生活。但叙事诗不是在叙写情节,而是通过歌唱一个故事表达作者对天地人神的认识、交流与对话。诗中有一定的故事情节和人物形象,但与小说、戏剧、影视相比,它的情节比较单纯且跳跃性大,人物性格比较单一,细节刻画较少,叙述语言相对凝练概括并充满激情。史诗、诗剧等都属于这一类。古希腊时代的《伊利亚特》、中国古代的《孔雀东南飞》和现代的《王贵与李香香》等都是这种诗体的代表。

(2) 抒情诗。它主要通过抒发诗人的思想感情来反映社会生活。它不要求描述完整的故事情节和人物形象,只借诗中的艺术形象来表达自己的思想感情。抒情诗在历史上形成的基本体式有山水诗、咏物诗、爱情诗、哲理诗等。曹操的《观沧海》、李商隐的《无题》、冰心的《春水》等都是抒情诗体式的典范。

当然,叙事和抒情也不是决然分割的。叙事诗也有一定的抒情性,不过它的抒情要求要与叙事紧密结合。抒情诗也常有对某些生活片断的叙述,但不能铺展,应服从抒情的需要。

(二)格律诗、自由诗、民歌和散文诗

这是按照诗歌的表现形式分类的。

(1) 格律诗。它是按照一定格式和规则写成的诗歌。它对诗的行数、诗句的字数(或音节)、声调音韵、词语对仗、句式排列等有严格规定,如:中国古代诗歌中的“律诗”“绝句”和“词”“曲”,欧洲的“十四行诗”。

(2) 自由诗。它不受格律限制,无固定格式,注重自然的、内在的节奏,押大致相近的韵或不押韵,字数、行数、句式、音调都比较自由,语言比较通俗。美国诗人惠特曼(1819—1892),是欧美自由诗的创始人,《草叶集》是他的主要诗集。中国“五四”以来也流行这种诗体。

(3) 民歌。它是人民群众集体创作并能口耳相传的诗歌。民歌的形式生动活泼,它与自由诗一样不受固定样式和格律的拘束。诗歌语言具有浓厚的生活味,经常使用比兴和夸张来创造诗歌意象。如:《诗经》,南北朝民歌。

(4) 散文诗。它是兼有散文和诗的特点的一种文学体裁。作品中有诗的意境和激情,常常富有哲理,注重自然的节奏感和音乐美,篇幅短小,不讲究分行,也不讲究押韵,如:鲁迅的《野草》。

二、诗歌的特征

(一)集中概括的抒情

诗歌的艺术形象比起散文、小说来,有一种高度集中与概括的特点。臧克家的《三代》,用六行诗就概括了旧中国农民世代不变的悲剧命运。这种集中与概括,要求进入诗歌的形象必须是典型的、精练的,它们的艺术联结与组合是跳跃的。它没有小说形象的逼真性和散文形象的写实性,也没有叙事性文学的那种情节枝蔓和场面环境。诗歌艺术形象的相当部分资源来自于诗歌作者的主观心灵,是诗歌作者主观感觉的具体化材料,体现了一种概括生活、超越生活的表现性审美特征。

诗歌文体发展的历史证明,诗歌是人类表达、宣泄情感的较好载体。诗歌作者在具体的写作过程中,以能否表达出主观情感为目的来选择和提炼诗歌意象,创立和设置诗歌意境,诗歌语言的种种使用技法也是为了更准确、更细致、更熨帖地抒情达意。离开了人类抒情的动机,诗歌就没有了产生和发展的动力。

(二)超常神奇的想象

诗歌形象传达的情感虽然是概括的、典型的,但它在艺术表现上必定是具体的、形象的,诗歌艺术的关键就是将无形的情感化为有形的意象,将抽象的观念化为生动的具象,把作者的情感形象化。这种感情形象化是通过诗歌的意象和意境来具体实现的。诗歌意境的最小的艺术结构单位就是一个诗歌意象。诗歌意象是作者的意中之象,是客观外界的人、事、景、物、理经过作者情感的孕育而重新创造出来的独特形象,它是一种带上了强烈的主观色彩但又与生活原象截然不同的,能在人们头脑中用想象感知的具象。

不管是哪一种意象,诗歌作者都需要运用超常的、神奇的想象把它们组合为特定的诗歌意境。诗歌意象是一种突出作者情感的飞宕式组合。这种飞宕式组合,既没有时间线索来串连,也没有空间位置来依附,它完全根据作者抒情表意的需要来排列、组合意象。意象与意象之间有巨大的跳跃和转换。这种飞宕式的组合形成了特定的诗歌意境。

(三)分行排列与精练优美的语言

诗歌意象在语言呈现方式上更有显著的特征。在语言的外观上,诗歌意象采用了行列的形式来展现形体。当代诗歌理论总结的诗歌语言的行列方式有:以闻一多的《死水》为代表的9字4顿的"整饬的行列";以郭沫若的《天上的街市》为代表的或长或短的"参差的行列";以贺敬之《放声歌唱》为代表的"递进的行列";以戴望舒的《雨巷》为代表的"回环的行列"等。行列的形式产生了诗歌语言特有的节奏感和韵律美。在语言的内涵上,诗歌语言在物化意象时特别讲究精练的内蕴,它要通过大力度的炼字、炼句,以较小的篇幅来完美地容纳高度概括的内容。诗歌语言以这样的外观与内涵形成了区别于小说、散文的新奇优美的审美特征。

三、诗歌的写作

(一)捕捉灵感

在对丰富多彩的生活充分体验和感受的基础上,生活中的某些事会触动作者的创作灵感和激情。要创作诗歌,离不开对偶然闪现的思想火花和灵感的捕捉。马雅可夫斯基举过一个捕捉灵感的例子:大约在1913年,他从萨拉托夫回到莫斯科。为了对一个在火车上同路的女人表示他对她完全没有邪念,诗人就说道:"我不是男人,而是穿着裤子的云"。说了这句话之后,他立即考虑到这话可以入诗——但他又担心这句话口头上传出去白白地滥用掉了。那怎么办呢?他十分焦急,差不多有半小时,诗人用许多问题问那少女,直到他相信自己的话已从少女的另一只耳朵飞了出去之后,他才放心。两年之后,他用了"穿裤子的云"作为一首长诗的标题。

(二)精心构思

写作者从生活中捕捉到灵感,就要把其生发熔铸为优美的意境,就必须讲究诗的构思。

诗歌构思的过程一般包括以下的内容：

（1）提炼诗情。就是从一般感受中寻觅显示一般感受的独特感受，从共同感受中寻觅表现共同感受的具体感受，如艾青的《自由》。

（2）选取角度。表达诗情要选择合适的角度。一般地讲，有两个大角度：一是直抒胸臆，诗人将自己的所想所感直接地表达出来，如匈牙利诗人裴多菲的《自由·爱情》。用这个角度写诗，应忌空泛直露。二是象征寄托，借物抒情言志，寄情于景，或寄理于景，如朱增泉的《围棋》。

（3）布局谋篇。就是考虑先写什么，后写什么，使得诗歌呈现系统性，有中心及层次。这就要思索：在这首诗中，"我"用什么把诗情串连起来？一般抒情诗，"总是以情绪（感情）的变化的层次来贯穿的。"（郭小川《谈诗》）

（4）营造意境。诗歌的"意"，是指诗人的思想感情，是主观的；"境"，是指诗人所描绘的某种事物，是客观的。两者互相渗透交融，形成统一体，使读者获得更为广阔的艺术天地。诗歌要营造意境，就得把作者的思想浓缩到有限的生活画面之中，并做到情景交融，让读者能通过画面形象捕捉到作者的思想感情。如王之涣的《登鹳雀楼》。

（5）锤炼语言。语言是诗意表现的途径和前提，锤炼语言便是浓缩诗意，包括修辞加工，推敲声韵，这在构思过程中极为重要，可以使诗韵动听，诗意隽永。

例文评析

叶　笛

郭　风

呵，故乡的叶笛。

那只是两片绿叶。把它放在嘴唇上，于是像我们的祖先一样，

吹出了对于乡土的深沉眷恋，吹出了对于故乡景色的激越的赞美，

吹出了对于生活的爱，吹出自由的歌，劳动的歌，火焰似的燃烧着青春的歌……

像民歌那么朴素。

像抒情诗那么单纯。

比酒还强烈。

呵，故乡的叶笛。

那只是两片绿叶。把它放在嘴唇上，于是从肺腑里，从心的深处，

吹出了劳动的胜利的激情，吹出了万人的喜悦和对于太阳的赞歌，

吹出了对于人民的权力的礼赞，吹出光明的歌，幸福的歌，太阳似的升在空中的旗帜的歌！

那笛声里，有故乡绿色平原上青草的香味，

有四月的龙眼花的香味，

有太阳的光明。

（选自《叶笛集》，作家出版社1959年版）

【评析】细心品读《叶笛》这首散文诗，就像是在满眼翠绿的山寨农村，听着清亮悠扬的笛声，那笛声一直沁入心田，给人一种澄明之感，是别的作品中不易感受到的。过去，许多山寨农村的青年人大都会吹这种叶笛，当作一种娱乐和宣泄的活动，使生活增加开心，让繁重的劳作变得悠然舒心。它道具简单，容易制作，无需花钱去买，没有一点贵族气，是山寨农村的人们玩得起的“乐器”，是淳朴民风民情的代表。郭风的散文诗《叶笛》就是抓住山寨农村中这种常见的事物，予以吟咏，高度艺术化典型化，并从它所发的声音里展示出生活的美来。你听，两片极简单的绿叶，把它往嘴上一放，便可吹出对乡土的眷恋、对故乡的赞美、对生活的热爱，它是自由的歌，劳动的歌，青春的歌。没有对生活的执着热爱，没有像火样燃烧的激情，是唱不出这种歌来的。姚树春先生在《郭风散文选集》的“序言”中曾说：郭风的作风“它以心灵和文体的自由展开为特点，具有人性感悟意味和归真返璞的品格”。用它来形容郭风的这首散文诗也是很恰切的。

天上的街市

郭沫若

远远的街灯明了，

好像闪着无数的明星。

天上的明星现了，

好像点着无数的街灯。

我想那缥缈的空中，

定然有美丽的街市。

街市上陈列的一些物品，

定然是世上没有的珍奇。

你看，那浅浅的天河，

定然是不甚宽广。

那隔河的牛郎织女，

定能够骑着牛儿来往。

我想他们此刻，

定然在天街闲游。
不信，请看那朵流星，
是他们提着灯笼在走。

（选自《天上的街市》，北方妇女儿童出版社 2012 年版）

【评析】郭沫若的诗一向以强烈的情感宣泄著称，他的《凤凰涅槃》热情雄浑；他的《天狗》带着消灭一切的气势；他的《晨安》、《炉中煤》曾经让我们的心跳动不止。但这首诗却恬淡平和，意境优美，清新素朴。诗人作这首诗时正在日本留学，和那时的很多中国留学生一样，他心中有着对祖国的怀念，有对理想未来的迷茫。诗人要借助大自然来思索这些，经常在海边彷徨。在一个夜晚，诗人走在海边，仰望美丽的天空、闪闪的星光，心情变得开朗起来。诗人似乎找到了自己的理想，于是他在诗中将这种理想写了出来——那似乎是天国乐园的景象。

诗人将明星比作街灯。点点明星散缀在天幕上，那遥远的世界引起人们无限的遐想。街灯则是平常的景象，离我们很近，几乎随处可见。诗人将远远的街灯比喻为天上的明星，又将天上的明星说成是人间的街灯。是诗人的幻觉，还是诗人想把我们引入"那缥缈的空中"？在诗人的心中，人间天上是一体的。

那缥缈的空中有一个街市，繁华美丽的街市。那儿陈列着很多的物品，这些物品都是人间的珍宝。诗人并没有具体写出这些珍奇，留给了我们很大的想象空间，我们可以将它们作为我们需要的东西，带给我们心灵宁静、舒适的东西。

那不仅是一个街市，更是一个生活的场景。那被浅浅的天河分隔的对爱情生死不渝的牛郎、织女，在过着怎样的生活？还在守着银河只能远远相望吗？"定能够骑着牛儿来往"，诗人这样说。在那美丽的夜里，他们一定在那珍奇琳琅满目的街市上闲游。那流星，就是他们手中提着的灯笼。简简单单的几句话，就颠覆了流传千年的神话，化解了那悲剧和人们叹息了千年的相思和哀愁。

这首诗风格恬淡，用自然清新的语言、整齐的短句、和谐优美的韵律，表达了诗人纯真的理想。那意境都是平常的，那节奏也是缓慢的，如细流，如涟漪。但就是这平淡的意境带给了我们丰富的想象，让我们的心灵随着诗歌在遥远的天空中漫游，尽情驰骋美好的梦想。

写作训练

1. 根据下列意象，展开联想与想象，创作一首借景写感的抒情诗。

帐篷　森林　溪流　金色的小鹿

2. 从土地、向日葵、黑板、落叶、星星或白雪中，选择一个为表现对象，发挥想象，写一首状物小诗。

3. 乡愁是诗歌永恒的主题，请创作写一首关于家乡的诗，通过开一次诗歌朗诵会，从而与大家在班级内交流。

拓展阅读

1. 洪子诚、程光炜主编《中国新诗百年大典》，长江文艺出版社 2013 年版。
2. 叶维廉《中国诗学》，三联书店 1996 年版。
3. 洪子诚、刘登翰《中国当代新诗史》，北京大学出版社 2010 年版。

第三节 小 说

理论概说

小说是作者对社会生活进行艺术概括，通过叙述人的语言来描绘生活事件，塑造人物形象，展开作品主题，表达作者思想感情，从而艺术地反映和表现社会生活的一种文学体裁。

一、小说的要素和分类

（一）小说的要素

小说的形式虽然千姿百态，变化万端，但是它的基本要素——构成文体形态的"生命基因"，自古至今都是稳定的，这就是：情节、人物、环境（自然环境和社会环境）。

情节是各种人物关系、矛盾冲突在社会生活中交织所构成并反转过来展示人物性格和表现社会关系的、有内在因果联系的系列事件。它既是"性格、典型的成长和构成的历史"（高尔基），更是社会生活整体性的基本形态和社会生活活动的基本动力。人物是事件的主体，是事件中最具有能动性的存在。人物按照自己的性格去思维和行动。人物性格是情节运动的必然性的内在依据和合理性的重要前提。环境是人物活动和事件运行的具体背景。小说中的人物总是生活在一定的社会环境、自然环境中。人创造了环境，同样环境也创造了人。环境既是人物性格形成的外在条件，又是人物性格得以表现的舞台。这三个要素的有机组合，构成了小说独特的系统机制：以情节为主导，以人物为焦点，以环境为依托的结构，从而概括社会生活,绘制社会生活。

(二)小说的分类

在小说的历史发展过程中,人们分别从主题倾向、题材范围以及写作方法等方面给小说分类,但是较常见的是依据作品的篇幅和字数,将小说分为微型小说、短篇小说、中篇小说和长篇小说。

1. 微型小说

微型小说是指篇幅极短小、思想容量大,能迅速及时地反映现实生活的小说,也叫小小说。它不强调情节的生动与连贯,也不十分强调人物形象的丰满,而是十分注重格局的精巧、内容的集中和主旨的深刻,短、精、深是微型小说的审美特征。如《钉子》:

有一个男孩有着很坏的脾气,于是他的父亲就给了他一袋钉子;并且告诉他,每当他发脾气的时候就钉一根钉子在后院的围篱上。

第一天,这个男孩钉下了37根钉子。慢慢地每天钉下的数量减少了。他发现控制自己的脾气要比钉下那些钉子来得容易些。

现在开始每当他能控制自己的脾气的时候,就拔出一根钉子。

一天天地过去了,最后男孩告诉他的父亲,他终于把所有钉子都拔出来了。

父亲握着他的手来到后院说:你做得很好,我的好孩子。但是看看那些围篱上的洞,这些围篱将永远不能回复成从前。你生气的时候说的话将像这些钉子一样留下疤痕。如果你拿刀子捅别人一刀,不管你说了多少次对不起,那个伤口将永远存在。话语的伤痛就像真实的伤痛一样令人无法承受。

篇幅虽短,却蕴含着很深刻的哲理。

2. 短篇小说

短篇小说是指一种短小精悍的叙事作品,它篇幅短小,情节精练,人物集中,往往截取生活中具有典型意义的片段或侧面,围绕一组矛盾、一两个主人公展开故事,集中刻画人物性格,鲜明地表达主题,往往具有“借一斑略知全豹,以一目尽传精神”的艺术力量。篇幅一般在几千到两万多字。

3. 中篇小说

中篇小说是在篇幅长短、容量大小、情节繁简、人物多寡等方面都介于长篇小说和短篇小说之间的中等规模的叙事作品。它常常表现社会生活的一个片段,但又具有相对的完整性和一定的深度广度,背景较为广阔。往往具有长篇小说的情节容量,同时保留了短篇小说在语言表达上的凝练与概括。既能及时反映和影响社会生活,又具有深厚的社会内容和作者的哲理思考。篇幅一般认为在三万字至十万字之间,也有少数十几万字也算是中篇而不算做长篇。

4.长篇小说

字数在十万以上，但多卷本的长篇小说可以达到数百万字。长篇小说反映的纵断面生活比中篇小说更厚实，可以塑造一系列令人难忘的人物形象，展现一个变化多端的时代，或虚构出令人着迷的人物、独有的环境和匪夷所思的情节，这样的作品常常被认为代表着一个时代的文学水平。

要注意的是小说之所以分为微型、短篇、中篇和长篇，主要的差异并不在于字数，而在于表现方法。要从事不同类别的小说写作，必须仔细研究并熟练地掌握它们不同的表现方法。

二、小说的特点

（一）虚拟性

“小说是虚拟的生活。‘虚’，就是虚构；‘拟’，就是模拟，模拟生活。”（王蒙）客观现实的生活印象必须经过作者主观心灵的艺术改造才能成为小说写作的资源。不同于散文和报告文学中为了一个主题把生活素材进行剪裁和联缀，小说可以把生活素材分解之后，模拟客观世界，重新组装为一个新的艺术形象。甚至对于作者没有体验过的生活形象，他可以充分发挥自己的想象去虚拟这种生活形象。小说的虚拟性为作家在创作中提供了无限的艺术空间。但是要注意，小说中一切虚拟的艺术世界大多有作家所经历体验的客观现实为依据，而不是随意的虚拟。

（二）故事性

英国著名小说家福斯特说：“故事是小说的基本面，没有故事就不成为小说了。可见故事是一切小说不可或缺的最高要素。”故事情节是一系列展现小说人物性格的大小事件的连贯有序的艺术组合。作为对一部小说的描述，“故事性”这一概念仍然有效，比如人们常说某小说“故事性强”、“故事性不强”或“没有故事性”等等。当然，小说不仅要有好的故事，它在故事这个基本框架上还应具有其他的价值，比如细致生动的细节刻画、灵活多样的语言呈现方式等。

三、小说的写作

在创立小说时，写作者总要在观察体验生活的基础上，对生活素材进行提炼和挖掘，确立主题，寻找恰当的结构形式，酝酿作品的情节、语言的风貌，以使思想观点、人物形象得到有力的表现。具体说来，小说创作主要关注以下四个方面。

（一）塑造形象

人物形象是表现作者思想和情绪的载体，也是作者传达情感的媒介。小说的一个重要艺术特征就是塑造有血有肉、生动感人的人物形象。要成功地塑造人物形象，就要塑造个性和共性统一的典型人物。这个人物形象，“一方面是整个特殊的人物世界的表现，同时又是一个完整的、个别的人物”。小说可以凭借各种艺术手段，从各个角度通过分想、联想和幻想对人物进行肖像描写、心理描写、对话描写、行为描写等，从而塑造出丰满而成功的人物形象。

（二）构设情节

情节对于传统写法的小说来说十分重要，有了情节，有了复杂多样的矛盾冲突，人物的思想性格才能得到多方面的展示。当然，现代小说创作出现了一些情节淡化的作品，但这些小说并不是不要事件和情节，只是不再追求曲折多变的情节效果，而更重视对生活自然面貌的全方位、多侧面的展示。情节的强化和淡化，体现的是情节的内外两种张力，其本质并不矛盾。

（三）描写环境

小说的环境是指环绕人们生活的整个外部世界，包括展示人物活动的历史背景、人际关系等的社会环境和反映事件发生发展的地点、人物活动的场所的自然环境。环境与人物的性格命运和情节的发生发展密不可分，环境描写或展现人物性格的形成原因，或渲染气氛，衬托人物的命运和心理。小说是一种虚构，但小说的环境描写可以使人对小说情节的发生、发展“信以为真”，从而更好地增强小说的表达效果。

小说的环境一般有写实的环境和虚幻的环境，不管哪种环境形态，都必须写得具体可感，符合人们的生活经验和想象逻辑。

（四）组织结构

小说的主旨和人物等最终都要外化为结构，根据作品容量的大小进行巧妙的结构安排，可以更好地刻画人物，表现主题。常见的结构有让情节紧跟着主人公的行动逐渐展开的单线式结构、主线之外另有一条与主线密切相联的副线的双线式结构和多条线索纵横交织网状发展的网状式结构，此外还有多线式、蒙太奇式、故事型、戏剧型等。

例文评析

二十年以后

欧·亨利

纽约的一条大街上，一位值勤的警察正沿街走着。一阵冷飕飕的风向他迎面吹来。已近夜间10点，街上的行人寥寥无几了。在一家小店铺的门口，昏暗的灯光下站着一个男子。他的嘴里叼着一支没有点燃的雪茄烟。警察放慢了脚步，认真地看了他一眼，然后，向那个男子走了过去。“这儿没有出什么事，警官先生。”看见警察向自己走来，那个男子很快地说，“我只是在这儿等一位朋友罢了。这是20年前定下的一个约会。你听了觉得稀奇，是吗？好吧，如果有兴致听的话，我来给你讲讲。大约20年前，这儿，这个店铺现在所占的地方，原来是一家餐馆……”“那餐馆5年前就被拆除了。”警察接上去说。男子划了根火柴，点燃了叼在嘴上的雪茄。借着火柴的亮光，警察发现这个男子脸色苍白，右眼角附近有一块小小的白色的伤疤。“20年前的今天晚上，”男子继续说，“我和吉米·维尔斯在这儿的餐馆共进晚餐。哦，吉米是我最要好的朋友。我们俩都是在纽约这个城市里长大的。从孩提时候起，我们就亲密无间，情同手足。当时，我正准备第二天早上就动身到西部去谋生。那天夜晚临分手的时候，我们俩约定：20年后的同一日期、同一时间，我们俩将来到这里再次相会。”“这听起来倒挺有意思的。”警察说，“你们分手以后，你就没有收到过你那位朋友的信吗？”“哦，收到过他的信。有一段时间我们曾相互通信。”那男子说，“可是一两年之后，我们就失去了联系。你知道，西部是个很大的地方。而我呢，又总是不断地东奔西跑。可我相信，吉米只要还活着，就一定会来这儿和我相会的。他是我最信得过的朋友啦。”说完，男子从口袋里掏出一块小巧玲珑的金表。表上的宝石在黑暗中闪闪发光。“九点五十七分了。”他说，“我们上一次是十点整在这儿的餐馆分手的。”“你在西部混得不错吧？”警察问道。“当然罗！吉米的光景要是能赶上我的一半就好了。啊，实在不容易啊！这些年来，我一直不得不东奔西跑……”又是一阵冷飕飕的风穿街而过。接着，一片沉寂。他们俩谁也没有说话。过了一会儿，警察准备离开这里。“我得走了，”他对那个男子说，“我希望你的朋友很快就会到来。假如他不准时赶来，你会离开这儿吗？”“不会的。我起码要再等他半个小时。如果吉米他还活在人间，他到时候一定会来到这儿的。就说这些吧，再见，警官先生。”“再见，先生。”警察一边说着，一边沿街走去，街上已经没有行人了，空荡荡的。男子又在这店铺的门前等了大约二十分钟的光景，这时候，一个身材高大的人急匆匆地径直走来。他穿着一件黑色的大衣，衣领向上翻着，盖住了耳朵。“你是鲍勃吗？”来人问道。“你是吉米·维尔斯？”站在门口的男子大声地说，显然，他很激动。来人握住了男子的双手。“不错，你是鲍勃。我早就确信我会在这儿见到你的。啧，啧，啧！20年是个不短的时间啊！你看，鲍勃！原来的那个饭馆已经不在啦！要是它没有被拆除，我们再一块儿在这里面共进晚餐该多好啊！鲍勃，你在西部的情况怎么样？”“喔，我已经设法获得了我所需要的一切东西。你的变化不小啊，吉米。我原来根本没有想到你会长这么高的个子。”“哦，你走了以后，我是长高了一点儿。”“吉米，你在纽约混得不错吧？”“一般，一般。我在市政府的一个部门里上班，坐办公室。来，鲍勃，咱们去转转，找个地方好好叙叙往事。”这条街的街角处有一家大商店。尽管时间已经不早了，商店里的灯还在亮着。来到亮处以后，这两个人都不约而同地转过身来看了看对方的脸。突然间，那个从西部来的男子停住了脚步。“你不是吉米·维尔斯。”他说，“20年的时间虽然不短，但它不足以使一个人变得容貌全非。”从他说话的声调中可以听出，他在怀疑对方。“然而，20年的时间却有可能使一个好人变成坏人。”高个子说，“你被捕了，鲍勃。芝加哥的警方猜到你会到这个城市来的，于是他们通知我们说，他们想跟你‘聊聊’。好吧，在我们还没有去警察局之前，先给你看一张条子，是你的朋友写给你的。”鲍勃接过便条。读着读着，他微微地颤抖起来。便条上写着：鲍勃：刚才我准时赶到了我们的约会地点。当你划着火柴点烟时，我发现你正是那个芝加哥警方所通缉的人。不知怎么的，我不忍自己亲自逮捕你，只得找了个便衣警察来做这件事。

（选自《欧·亨利全集》，时代文艺出版社 2011 年版）

【评析】欧·亨利以擅长结尾而闻名遐迩。他往往以出人意料的结尾收煞全篇，美国文学界称之为“欧·亨利式的结尾”。他善于戏剧性地设计情节，埋下伏笔，做好铺垫，最后在结尾处突然让人物的心理情境发生出人意料的变化，或使主人公命运陡然逆转，使读者感到豁然开朗，柳暗花明，既在意料之外，又在情理之中。《二十年后》这篇小说典型体现了欧·亨利式结尾的特点，文中的警察杰米竟然就是鲍勃要等的昔日好友，而鲍勃竟是警方通缉的罪犯，这个结尾出人意料，但如果仔细阅读文章，它又在情理之中。

书 法 家

书法比赛会上，人们围住前来观看的高局长，请他留字。

“写什么呢？”高局长笑眯眯地提起笔，歪着头问。

“写什么都行，就写局长最得心应手的字吧。”

“那我就献丑了。”高局长呻吟半刻，轻抖手腕落下笔去。

立刻，两个劲秀的大字就从笔端跳到宣纸上：“同意”。

人群发出啧啧的惊叹声，有人大声嚷道：“请再写几个。”

高局长循声望去，面露难色地说："不写了吧——能写好的就数这两个字……"(149字)

（选自《中国算盘》，光明日报出版社2010年版）

【评析】这篇小说仅百余字，却写得含蓄深沉。作者以白描手法，摄取书法比赛会上高局长挥笔留字的一个小镜头，揭示了人们深恶痛绝的一种社会现象，引人深思。本文构思巧妙，艺术表现上藏露结合：先以"露"的部分引导读者感受形象，通过"高局长"、"笑眯眯地"、"歪着头问"等神态、语言、动作，活画出一个官僚主义者的形象；结尾则是作为闪光点照亮全篇、照亮人物性格，创造一种想象境界，引导读者广泛联想、深入思索，以领悟作者"藏起来的内涵"，获得审美感受，进一步深化了作品主旨。

写作训练

1. 抓住人物的主要特征，反复多次地描写这个特征，有利于突出人物的性格。请你运用这种方法，写一篇人物素描。参考题目："球迷"、"书痴"、"花工"。

2. 请发挥想象力，调动各种艺术表现手法描写几个不同性格的小伙子此时的神情举止与心理活动。情景设置：梦中的女孩终于回信了，是……，还是……。

3. 借鉴鲁迅先生《一件小事》、《故乡》中运用横比或纵比的方法，描绘你所熟悉的两个人物，或者你自己的生活遭遇。参考题："他(她)俩"、"我的两幅自画像"。

4. 学习《书法家》以小见大、以微显著的艺术手法，创作一篇微型小说，揭示深刻的现实社会问题，塑造鲜明的人物形象。

拓展阅读

1. 阎连科《发现小说》，南开大学出版社2011年版。

2. 美国《作家文摘》杂志社编《短篇小说写作指南》，湖南文艺出版社2019年版。

3. 杰里·克利弗《小说写作教程——虚构文学速成全攻略》，中国人民大学出版社2011年版。

第四节　戏剧文学

理论概说

戏剧，是指以语言、动作、舞蹈、音乐、木偶等形式达到叙事目的的舞台表演艺术的总称。戏剧文学是指为戏剧舞台演出而创作的剧本，一般是记录人物言行、叙述故事情节、介绍舞台情况或故事场景等。它是“一剧之本”，是一种与散文、诗歌、小说并列的文学体裁。

一、戏剧的种类

戏剧文学的种类繁多，按不同的标准，从不同的角度可分为不同类型。

（一）据内容性质以及审美特征分类

从内容性质以及审美特征上来分，戏剧有悲剧、喜剧和正剧（悲喜剧）等。悲剧、喜剧和正剧是戏剧评论中经常运用的概念，而且也作为美学范畴运用于对其他艺术作品的分析，这是最重要最常见的戏剧分类。

悲剧所表现的主要是各种人的痛苦，反映到作品中，通常表现为正面主人公的失败或死亡。悲剧是将人生有价值的东西毁灭给人看。而这些有价值的东西的毁灭往往会撼动人心，引起观众对恶势力的仇恨和对悲剧主人公的热爱与同情，从而激发起他们的意志，提高他们的品格。

喜剧不同于能够唤起人们的悲哀、痛苦、同情的悲剧，喜剧是引人发笑的艺术。它是以夸张的手法、巧妙的结构、诙谐的台词及对喜剧性格的刻画，让人们在笑声中否定生活中丑恶、落后的事物，从而肯定美好、进步的事物。

正剧又称为悲喜剧，其兼有悲、喜剧的因素，内容有悲有喜，悲喜交织。正剧中的主人公也像悲剧人物那样把历史的必然要求作为自己的目的，但悲剧中无法解决的矛盾，在正剧中可以得到解决，人物命运、事件结局可以是完满美好的。

（二）据表现形式分类

从表现形式上来分，戏剧有话剧、歌剧、舞剧、歌舞剧和戏曲等。

话剧是以剧中人物的对话为主要手段，来展开冲突、表达剧情的戏剧形式。中国传统戏剧均不属于话剧，我国的话剧是“五四”运动以后，由西方传入中国，开始兴起发展的。

歌剧偏重音乐因素，是主要或完全以歌唱和音乐来展开剧情的戏剧，所以歌剧也称乐剧。

舞剧是以舞蹈为主要表现手段，综合音乐、美术等艺术形式来表现剧情的舞台表演艺术。

歌舞剧是一种将音乐、诗歌、舞蹈、美术等因素综合在一起，载歌载舞，有唱有说的戏剧艺术。

戏曲是具有我国特有的民族风格和形式的戏剧，它由文学、音乐、舞蹈、美术、武术、杂技以及表演艺术综合而成，角色分生、旦、净、丑，表演艺术手段有唱、念、做、打。

（三）据容量和场次分类

从容量和场次上来分，戏剧有独幕剧和多幕剧。

独幕剧是剧情在一幕内完成的短剧。在独幕剧中，一般人物较少，情节也比较简单，往往通过一个生活侧面反映社会矛盾。

多幕剧是与独幕剧相对而言的。它的篇幅长，容量较大，剧情较复杂。剧情发展的一个段落，称为“幕”。一幕之内又可分为若干场。其通过换幕来表现时空的转换。

除上述三个主要分类标准以外，还有以作品反映的时代为依据，把戏剧分为历史剧和现代剧；或者按演出场合分类，可分为舞台剧、街头剧、广播剧、电视剧，等等。

二、戏剧文学的特点

戏剧演出受时间、空间、观众接受习惯等多重限制，有着自己的特点和要求。而戏剧文学是供戏剧演出的蓝本，因此具有不同于其他文学样式的一些特点，主要表现在以下几个方面。

（一）内容浓缩凝练

戏剧演出只能在一定的时间内、有限的空间里进行，所以，剧本在设置人物、安排情节、组织结构时，只能高度浓缩，力求用较少的人物、较减省的场景、较单纯的事件，将错综复杂的现实生活再现在舞台上，以取得以少胜多的效果。

（二）冲突尖锐强烈

要反映深刻的社会生活，却又受到时间、空间和容量的限制，所以，剧本就把现实生活中的种种矛盾加以集中、强化，形成紧张激烈的冲突。而戏剧冲突越是紧张激烈，就越能深刻、充分地展示人物性格。可以说没有冲突就没有戏剧，把人物放在矛盾的旋涡里，可以更深刻地揭示人物的内心世界，更充分地展现人物性格，更好地表现社会生活。

（三）语言准确传神

戏剧的舞台演出的特点决定了戏剧文学语言的特点——准确、传神、有动作性。

戏剧文学的语言主要是人物对白，即台词。戏剧主要是靠人物的对白来交代关系、推动情节、塑造人物性格的，所以台词在戏剧中极为重要。戏剧文学中，人物的语言要求高度的个性化，有动作感，不仅能准确表达出人物的思想感情，透露人物的年龄、身份、职业，符合人物的性格、个性气质，还要足以引起人物的舞台动作，促使人物有相应的行为、动作、姿态、表情等。对白包括人物之间的对话、独白（人物独自抒发个人情感和愿望时说的话）、旁白（角色背着台上其他剧中人从旁侧对观众说的话）。

戏剧文学的语言还包括舞台说明。舞台说明又叫舞台提示，包括人物提示语和情境提示语，是剧本语言不可缺少的一部分。人物提示语是对人物在规定情境中的基本表情、情绪变化、心理依据及外部动作的提示。情境提示语是对剧本内时间、地点、场景和气氛等的说明文字或要求。这些说明对刻画人物性格和推动、展开戏剧情节发展也起着重要的作用，所以，同样要求简明、准确、传神，有动作感。

三、戏剧文学的写作

（一）把握戏剧情境

戏剧情境是指由具体的环境、事件和特定的人物关系综合而成的，能引起人物迅速反映并形成动作的特殊境遇。具体包括人物活动的时空环境、对人物发生影响的具体事件以及人物之间确定的关系。创作剧本时，要依照具体环境、事件和人物关系的线索，把握好导致人物动作的戏剧情境。

（二）服从戏剧规律

戏剧文学不像小说、诗歌、散文那样只供人阅读，它的终极目的是走上舞台，在其他艺术元素的辅助下，经过演员的表演来向观众展示人物命运，揭示社会生活。如果不服从戏剧的舞台表演规律，就不会被观众接受。

首先，要有舞台意识。从结构、场景到细节，都要考虑到舞台的条件、观众的接受习惯和舞台的表演效果。

其次，把握剧本特点。剧本特点是由戏剧舞台表演的特点决定的，要成功地创作剧本，必须把握住剧本的特点，注意内容的高度集中、冲突的尖锐紧张和戏剧语言的生动传神。

（三）编织戏剧结构

戏剧结构是剧作者根据主题对剧中人物、情节、戏剧冲突和中心事件的处理和安排。根据亚里士多德“头、身、尾”的理论研究戏剧的阶段性，除序幕和尾声外，一般都分为开端、发展、高潮、结局等步骤和阶段。其中，发展部分在全剧中所占分量最大，是戏剧冲突逐步展开，逐步深入的阶段。而一部戏能否吸引观众，也主要受这一部分影响。因此，剧作者应依据矛盾双方斗争的发展规律，运用一些创作技巧，如悬念、误会、突转等，使得剧情有波澜、有起伏，更加扣人心弦。

例文评析

一只马蜂（节选）

丁西林

剧中人：

吉老太太：年约五十余岁，身材细小，体质强健，淡素服装，非常的清洁。

吉先生：吉老太太的儿子，年约二十六七，强健，活泼，极平常极自然的服装。

余小姐：年约二十五六，姿态美丽，面目富有表情，服装精致。

仆人

布景：一间小小长方形的房子，后面墙壁中间，两扇宽门。门的左边置一衣架，靠墙一小桌，桌上置鲜花。右边靠墙立一书柜，内藏成套的中西文书籍。右壁的里边，开一独门，门前为短门大窗，窗边置写字桌，上置文具。房的右壁，后半亦开一门，前半靠壁置书架，架上置装饰品。壁上悬字画。房子中央略偏前与右，置一小圆桌，上置茶具，桌的右侧置大椅（即安乐椅），左侧置可坐两人的长椅，两椅之间，置一小椅，椅上皆置腰枕。

（此处略去吉先生替吉老太太写信，要妹妹准备接母亲回家事宜。）

仆人：（推开左门）老太太，余小姐来了。

吉老太太：请她进来。（仆人走出，吉放下茶杯，忙走至写字桌，整理笔砚，折好了桌上报纸）

（仆人由外面推开左门让余走进，自己随后收去了桌上的茶具）

余小姐：（带了帽子手套，一手提钱包，进来之后，一面与主人招呼，一面脱去手套，将钱包置于门旁小桌上，解下帽子）老太太，吉先生。

吉老太太:余小姐

吉先生:余小姐(吉接过帽子,挂衣架上)

余小姐:老太太,对不住得很,劳你们等了。

吉老太太:没有什么,请坐。(让余坐大椅)

余小姐:喔,老太太坐,老太太不用客气,我这儿坐好。(扶老太太坐大椅,自坐小椅,吉自坐长椅上)两点半钟就想来,突然来了一个病人,要替他腾出一间房间来,忙了半天,还打算打电话,说不能来了,后来我想老太太就要回南,无论怎样忙,都要来陪老太太玩半天。

吉老太太:多谢你,我们也知道你医院里事情很忙。所以一向不常请你出来。今天是因为我们快要回南,想请你来,我们好当面向你道谢。这一次实在劳苦了你。起先是我们吉先生,住了两个星期,都是你招呼,后来又是我自己,我们实在感激你的了不得。

余小姐:老太太太客气,那是我们的职务。老太太这几天饮食可好一点?

吉老太太:胃口不强,我一向就是这样,那一次到北京来,因为在路上略微受了一点辛苦,所以觉得不大舒服,实在没有什么病。我们吉先生一定要我到医院去,说医院里怎样的舒服,怎样的干净。我总是不想去。后来他又说我精神不好,一定是睡觉不好,非得到一个清静的地方去静养几天不可。我被他说不过了,方才住到医院去。我出来的时候,他还要我再多住几天。

吉先生:我的母亲是不相信医院,不相信看护妇的。

吉老太太:我并没有说我不相信看护妇,我是因为常常听见讲医院里招呼不大周到。

吉先生:没有什么,你现在不但相信她们,并且喜欢她们。

余小姐:我们也知道,外面有很多的人,说我们的坏话,现在不是我来替自己辩护,有时实在不是看护妇的疏忽,实在是这一班生病的太太小姐们的麻烦,我时常同其余的同事说了玩,说这些人什么事不会做,连生病也不会生……

吉先生:要生病生得好,本来不是一件容易的事。

余小姐:她们第一,就不肯听医生的话,要这样那样,一天要压几十次铃子。你对她们说,叫她们不要吃东西,她一回儿要到外边买些水果,一回儿想叫家里送点鸡汤。你想,要叫我们同平常人家的老妈子伺候太太小姐们一样,我们哪里有这么许多工夫?我们平均每人要招呼十个人。喔,说也是无用,她们哪里肯讲理?

吉先生:做看护妇本来是一种很苦的职业,因为世界上最不讲理的是醉汉,其次就要算病人。

余小姐:好笑得很,遇到一种奇怪的人,病快好的时候,他还要你陪他谈天。(看了吉一眼)

吉先生：那真是可想而知的讨厌。要是个男人，还没有什么，假若是个女人，那恐怕简直没有办法。

吉老太太：不过我终是不相信，其余的人，能够同你一样。纵然有你这样的能干，也一定不会这样的和善，这样的体贴。

（仆人由左门入，手里拿了一个盘，盘中置茶壶、茶杯、糖罐等物）

余小姐：（老太太欲倒茶）老太太请坐，让我自己来倒。（倒了一杯茶送老太太）

吉老太太：喔，谢谢你，（吉倒了一杯茶送余）

余小姐：（受吉之茶）谢谢。（欲代吉倒茶）

吉先生：谢谢，我不喝茶。

余小姐：（一面喝茶）老太太为什么不在北京多住几天？有吉小姐在家，难道还不放心么？

吉老太太：她倒什么都能够，不过我这次离家已经很久。我本是因为吉先生病了，所以来看看。

余小姐：我想吉小姐一定也是很能干。

吉老太太：什么叫能干？不过一个女孩子应该知道的事，我不容她们不知道。

余小姐：不过要想能向老太太一样的能干，恐怕不容易。

吉先生：做能干父母的子女，是一件很苦的事。暑假那么热的天气，回到家，只有两个星期，两个星期一过，就一个赶到乡里去种田，一个赶到厨房里去烧饭。

吉老太太：（笑）我是一个很顽固的人——我现在也有了年纪，也不怕人笑话——我以为一个人多知道一点事，一定不会有坏处。我不相信，一个女人会做了饭，就不会做文章。

吉先生：不错。不过困难的不是会做了饭的女人不会做文章，是会做了文章的女人就不会做饭。

余小姐：吉小姐会到北京来么？我很想认识她，我想她一定是同老太太一样的和气、可爱。

吉老太太：她旁的没有什么好处，不过还直爽。就是我嫌她有点新的习气。

余小姐：（高兴）我想我们一定会变做好朋友，她来的时候，老太太一定要叫她写信给我。

吉老太太：（向吉）你有她的照片没有？

吉先生：有一张的，不知到哪里去了。

余小姐：（忆起）喔，吉先生信里，说老太太要我一张照片，我今天带来了。（走向小桌）

吉老太太：（不解）我没有说要照片。（向吉）我几时……

吉先生：你怎么没有讲？真是有了年纪的人，说过去的话，不要几天就忘了。

余小姐:(装不听见,由钱包里取出一张小照片)这一张不大好,不十分像,等以后有了好的时候,再送老太太吧。(以照片送给老太太)

吉老太太:(看照片)你已经长得很好看,这张照片更加好。

吉先生:(向老太太取了照片,取笑老太太)你平常最讲究会说话的,怎么今天自己把话说差了?你应该说,这张照片固然好看,但是总不及照片的主人好看。(与余对看了一眼)

吉老太太:我是说的老实话。

吉先生:你们还坐一会儿才去吧?(向老太太)我送你一个好看的相片框子。(吉带照片由左门走出。两人不语者片刻。老太太对余注视,余不知所语,取了一块糖来吃)

吉老太太:余小姐,我有几句话,很久就想同你谈谈。(将椅移近,余忙将口里的糖吞下,理了一理裙子,坐直了身子,用心地听)我想你一定以为我是一个很爱舒服的人,你知道我年轻的时候,很过了些辛苦的日子。我们吉先生,从小就没了父亲,家里大大小小的事情,都全靠我一个人去问,连他们的书,都是我自己教他们。差不多吃了二十年的苦,才把他们带到这么大。现在他们什么事都用不着我去担心。不过还有一件,我放不了心,就是他们还都没有成家。(余的身子略微地颤动了一下)这一层,我也同吉先生说过好几次,他都不把它当一件事。——我也不知道他到底是什么意思。现在子女的婚姻,本来也用不着父母去管,所以我也只好由他们自己去。(叹了一口气,略顿)我有一个表侄。(余转了一转身子,恢复了自然和呼吸)你大概也认识他,他到医院看过我。他虽然只看见过你几次,但是因为他时常听见我说你怎样的好,所以他很敬重你。他向我说了好多次,托我说媒,我都没有提过。因为我自己儿子的事,我都不管,我哪里有工夫去管旁人家的事?不过他说,他一来不知道你的意思,所以不好向你开口,二来就是想对你说,也没有个好的机会。他,人是一个极好的人,他学的是医道,现在预备自己挂牌行医。他的脾气很好,一点坏的嗜好都没有。——喔,我知道我是一个很腐败的老太婆,说媒的事,是你们现在最不喜欢的。要是这样,我请你不要生气。

余小姐:(如梦初觉)我很感谢老太太的好意,哪有生气的道理?

吉老太太:他还想在我回南之前,得一个回信。我想这也不是立刻就要怎样的一件事,你如要细细想一想,你回去写封信告诉我,我想也没有什么不可以。(略顿)你的意思怎么样?你有什么话,尽可对我说,你知道我差不多把你同自己的女儿一样的看待。

余小姐:(思索了一会,打定了主意)我想我们年轻的人,一点经验没有,什么事都全靠年纪大一点的人到处指点教导。老太太的意思怎么样?

吉老太太:喔,这是你自己的事,总得你自己做主。

余小姐:老太太的意思,如果觉得很好,那自然不会有错。

吉老太太:那我就说你很愿意?

余小姐:不过我想总得写一封信回去,问问父母的意思。

吉老太太:不错,不错,自然应该这样。那你就写封信回去,等你接到家里回信之后,再说吧。

余小姐:我想单由我写信去,还不十分妥当。

吉老太太:那有什么不好?

余小姐:可以不可以请吉先生写一封详细的信,把老太太的意思告诉我家里,我再另外写一封,一齐寄去?

吉老太太:不错,不错,应该这样。回来我对吉先生说一说,叫他写起一封信来。写好了,我叫一个人送给你,你说好不好?

余小姐:老太太的主意很好。

吉老太太:我们还是坐一会,还是就到公园去?

余小姐:老太太的意思怎么样?

吉老太太:我们就去好不好?我叫他们去请吉先生去。(走去压电铃)

余小姐:我借你们的电话用一用。

吉老太太:在那边的院子里,你知道。(余由右门出,仆人由左门入)你去请吉先生,就说我们现在到公园去了。(仆人由左门出。老太太坐回原处,若有所思)

吉先生:(由左门入,手里拿了照片,装好了框子。进来之后,将照片放在书架上,看了一看,移动一回)余小姐哪儿去了?

吉老太太:(沉思中)打电话去了。

吉先生:(坐到小椅上,取了一块牛奶糖,慢慢取其外皮,随便地问)你的媒做得怎么样,问了她没有?

吉老太太:问过了。

吉先生:她怎么样讲?(将糖送至嘴边)

吉老太太:她很愿意。

吉先生:(将糖由嘴边拿回)她很愿意?她说很愿意么?她怎样说?

吉老太太:她没有说什么。

吉先生:她没有说什么,你怎样知道她很愿意?

吉老太太:这用不着说的。

吉先生:喔,不错,这一类的事是用不着明说的,是不是?同天气一样,只要看看天色就知道了。(老太太对他严厉地看了一看)那么,已经定了?

吉老太太:她还要写封信回去,问问她的父母,要等……

吉先生:问问她的父母!(解悟)喔!(把一块糖投入口中)

吉老太太:你笑什么?你笑她把她的父母太看重了,是不是?我听了很欢喜。

吉先生:没有的事!我听了也很欢喜!(又拿了一块放进嘴去)她说了什么时候写信没有?

吉老太太:她要请你替她写。

吉先生:要我替她写!这真奇怪。我又不是她的亲兄弟,亲叔伯,她为什么要请我替她写信,这不是奇而又奇的事?

吉老太太:你看了奇怪么?我看了一点也不奇怪。

吉先生:为什么不奇怪?

吉老太太:因为——因为还没有认出她。她是一个大户人家出来的女孩子,知道什么是应该说的,什么是不应说的。她知道害羞。

吉先生:喔喔!女孩子!害羞!(又拿一块糖放进嘴去)

吉老太太:怎么你向来不吃糖的人,今天爱吃起糖来了?

吉先生:今天的糖特别有味儿!(高兴,即起)你们现在就到公园去么?

吉老太太:等余小姐打完了电话。

吉先生:(想了一想)你不换一件衣服?

吉老太太:不过是到公园去坐一坐,谁再去换衣服?

吉先生:可是天气很凉,不换,也应该加一件。——在哪里,我替你去拿,好不好?

吉老太太:我自己去,你不知道。(吉开右门让老太太走出,将门关好,走到书架,取照片在手,细细地审看。将照片放回,在屋里走了两转。余由右门入)

吉先生:电话打通没有?

余小姐:打通了。(注意老太太不在房内,两人对看了一看)

吉先生:(将长椅向前稍推)老太太到后面取换一换衣服,叫请你在这里等一会。请坐。

余小姐:(由女人的直觉知将有有趣的谈判发生,为准备抵御起见,先摸了一摸头发,理了一理裙子,选了长椅离小椅远的一边坐了。吉坐小椅上)老太太真是一个可佩服的人,那么大年纪,穿的衣服,比年轻的小姐们还要讲究。

吉先生:一个人什么都可以不讲究,惟有衣服不可以不讲究。

余小姐:为什么?

吉先生:因为人是一个社会动物。一个人生在世上,所有的一切物质上的幸福,精神上的愉快,都是社会给他的。所以一个人对于社会,应当尽量的报答。

余小姐:那与穿衣服有关系么?

吉先生:关系大得很!因为报答社会,有种种不同的方法。有职业的,藉他的职业,有技能的,用他的技能。当兵的可以替我们杀人,做律师的可以替我们打官司，做医生的可以替我们治病。不过还有一种人，——就像我们——既无职业，又无技能，最少也应该有几件好看的衣服，才不至于走到人家面前，叫人家看了难过。

余小姐：（笑）哈，我明白了。愈无用的人，愈应该穿好看的衣服，对不对？

吉先生：对，不过有用的人，也不应该着不好看的衣服。社会上没有一种职业，我们可以承认他有不顾装束的权利。一个人，自生至死，也没有一个时期，我们可以承认他有无须掩饰的特权。假若一个女人，因为她已经结了婚，就不管她头发的高低，因为她生了儿子，就不管她袖子的长短，或是一个男人，因为他能够诌几句诗词歌赋，就不洗清他的面孔，因为能够画得几笔山水草虫，就不剃光他的下巴，拉直了他的袜筒，那都是社会的罪人。

余小姐：这样讲，恐怕我们都是社会的罪人。

吉先生：你？喔！（欲言又止）

余小姐：我怎么样？

吉先生：你？两个月前，你冤枉说我发烧的时候，我不是已经对你讲过么？

余小姐：我冤枉说你发烧？

吉先生：自然是冤枉。什么温度三十九，脉跳一百多，那都是你造的谣言，——是的。完全是谣言。——不过我很感激你，假使没有你的谣言，我如何能够住到两个星期？喔！那两个星期！那是我一生最快乐的两个星期！（叹）暖，无论怎么，不会再有的。

余小姐：（同想到那时的景况）是的，也不知说了多少话！从来没有看见过这样爱说话的病人。

吉先生：是的，那都是些极真诚，极平常，极正当的话。为什么平常我们不能讲？为什么要男人装了病，方才可以讲？为什么女人听了一定要冤枉说他发烧？要是现在我说你的眼睛生得怎样的动人，嘴唇怎样的可爱，你会装做没有听见，把我的额角摸一摸，枕头拥一拥，说一声："现在歇一会儿吧。你说话说得太多！"社会真是一个不自然的东西！这一类的话有什么说不得？为什么现在不能说？

余小姐：因为——因为你现在不发烧！

吉先生：你怎么知道我不发烧？我一年到头，没有一天不发烧。你要不相信，你现在替我试一试。（伸手放在长椅边上，余从长椅那一边，移到这一边，先理了一理裙子，然后用右手把脉，同时看左手上的腕表。约数秒针无语）我病的时候，说了很多的话，是不是？（余点头）说了些什么？

余小姐：（余将手缩回）你说中国是一个可怜的社会，男人尤其可怜，除了赌钱，遇不到人家的小姐太太，除了生病，得不到女人的一点同情。所以你一星期要打一次牌，一个月要装一次病。

吉先生：对呀！这像生病的人讲的话么？——发烧不发烧？

余小姐:(犹豫)七十七次。

吉先生:可见得是说谎。

余小姐:为什么?

吉先生:因为你就没有数!

余小姐:喔,一个人可以随便说谎么?

吉先生:自然不能"随便"。不过我们处在这个不自然的社会里面,不应该问的话,人家要问,可以讲的话,我们不能讲,所以只有说谎的一个方法,可以把许多丑事遮盖起来。

余小姐:我们从小就知道,说谎是不道德的。

吉先生:道德是没有标准的,随时代随个人而变的东西,平常"所谓"道德,不是多数人对于少数人的迷信,就是这班人对于那班人的偏见。

余小姐:这样说,世界上没有善恶好坏的标准了?

吉先生:世界上只有脏的习惯是坏习惯,丑的行为是恶行为。

余小姐:所以什么谎都可以说,只要说得好听。做贼,赌钱,都可以做,只要做得好看?

吉先生:一点都不错。不过世界上美神经发达的人很少。做贼同赌钱的时候,大半都是不大十分雅观。说谎,说得好的人很多,不过我最佩服的是你。

余小姐:我向来不说谎,你说我说谎,你有什么证据?

吉先生:对呀!所以佩服你的缘故,就是因为拿不出证据来。不过一个人说谎话说太多了,总有一天,转不过弯来,要露出马脚来。

余小姐:我向来不欢喜说话。

吉先生:好吧,白说是没有用的。我问你一件事。

余小姐:什么事?

吉先生:老太太替你做媒没有?

余小姐:(着急)你不应该问这句话。

吉先生:为什么不应该?

余小姐:因为这一类的话,连自己的父兄都不应该问,朋友更加不应该。

吉先生:喔,新文化!新文化!不过你知道不知道?一个人的婚事,从前,是父母专制,现在因为用不着父母去管,所以用不着父母去问。(吉先生的意见,以为婚姻的事如果不要人帮忙则已,如要帮忙,父母应该是最重要的人物,现在所以不要他们过问,一则因为他们专制,二则也因为他们不能帮忙。这一层似乎还没有人见到,所以附此说明)但是现在的婚姻是朋友专制,要想结婚,非靠朋友帮忙不可,所以你说朋友不应该过问,是完全错误。

余小姐:我去看看老太太去。(起立欲走)

吉先生(起立阻之)不要走,不要走,我还有一件要紧的事,没有对你说。请坐。(两人同坐下)我不在这里的时候,老太太同你讲了很多的话,是不是?

余小姐:是的。

吉先生:她说到我不想结婚的话没有?

余小姐:说了很多。

吉先生:你知道,我不想结婚。

余小姐:为什么不想结婚?

吉先生:因为一个人最宝贵的是美神经,一个人一结了婚,他的美神经就迟钝了。

余小姐:这样说,还是不结婚的好。

吉先生:是的,你可以不可以陪我?

余小姐:陪你做什么?

吉先生:陪我不结婚。(走至余前,伸出两手)陪我不要结婚!

余小姐:(为他两目的诚意与爱情所动)可以。(以手与之)

吉先生:给我一个证据。

余小姐:你要什么证据?

吉先生:你让我抱一抱!(释其手,作欲抱状)

余小姐:(走开)等你再生病的时候。

吉先生:不过我母亲都告诉我,说你已经答应了做她的侄媳妇,那怎么办?

余小姐:(得意)那没有什么,我的父母不愿意我嫁给医生!

吉先生:对,我知道,我们是天生的说谎一对!(趁其不备,双手抱之)

余小姐:(失声大喊)喔!(老太太由右门,仆人由左门,同时惊慌入,吉已释手)

吉老太太:什么事,什么事?(余以一手掩面,面红不知所言)

吉先生:(走至余前,将余手取下,视其面)什么地方?刺了你没有?

吉老太太:什么事?什么一回事?

余小姐:(呼了一口深气)喔,一只马蜂!(以目谢吉)

闭幕

(选自《一只马蜂》,华夏出版社 2009 年版)

【评析】《一只马蜂》是中国现代著名科学家、戏剧家丁西林最著名的作品之一,创作于 1923 年,是描写“五四”后觉醒的青年为争取婚姻的自主而与守旧势力抗战的一部独幕喜剧。篇幅虽小,但情节跌宕起伏,主要通过人物性格来实现戏剧冲突,达到喜剧效果。吉老太太自诩开明又处处操办儿女婚事,吉先生俏皮机智又有点怯懦,余小姐表面腼腆温顺实则富有心机,于是“心口不一”成了他们共同的喜剧性格。两个彼此倾心却又碍于世俗的偏见,不敢公开恋情的年轻人与恪守传统的吉老太太之间的种种误会，孕育了喜剧的内涵。除此之外，该剧在人物对话上体现幽默机智。作者多次在剧中运用比喻和反语，也使作品增色不少。

写作训练

1. 易卜生的《玩偶之家》是“闭锁式”结构的典范，请将其改为“开放式”结构，只要求列出详细提纲。

2. “细节”在戏剧创作中极为重要。戏剧中的细节必须为刻画人物性格、创造有血有肉的人物形象服务。请各用一个细节表现：①粗鲁人；②细心人。

3. 围绕校园生活热点，创作一篇 3000 字以内的短剧，有条件的话在班级内进行小剧专场演出。

拓展阅读

1. 老舍《茶馆》，选自《茶馆》，天津人民出版社 2006 年版。

2. 莎士比亚《罗密欧与朱丽叶》，选自《罗密欧与朱丽叶》，外语教学与研究出版社 1997 年版。

3. 谭霈生主编《戏剧鉴赏》，高等教育出版社 2004 年版。

第二章　新闻文体

新闻文体是一种满足人们对信息的需求，讲究真实、快捷地反映社会生活中有新闻价值的事实的实用类文体。它主要运用具象思维，并较多地使用“倒金字塔展开式”的结构模型。一篇完整的新闻，一般包括五大要素，也就是“五个 W”，即When(时间)、Where(地点)、Who(人物)、What(事件)、Why(原因)。

传统的新闻文体一般分为消息、通讯和报告文学。当今网络时代新涌现的新闻体裁常见的有新闻时评、深度报道和微博消息。本章重点介绍消息、通讯和报告文学。

第一节　消息

理论概说

消息，即狭义的新闻，是对新近发生的事实，用简练的语言进行的迅速、及时的报道。消息是报纸、电台、电视等新闻媒体使用最广泛、使用频率最高的一种文体，是从事新闻写作必须掌握的一种最常规“武艺”，是从事新闻写作的基础。

一、消息的种类

消息的种类很多，可以从不同的角度加以分类。按内容性质来分，可分为农业消息、工业消息、政治消息、外事消息、社会消息、体育消息等；按报道发生的地区来分，可分为国内消息、地方消息、国际消息等；按题材来分，可分为会议消息、成就消息、参观消息、节日消息等；按篇幅长短划分，可分为长消息、短消息、简讯等。

现阶段中国一般根据写作的角度和新闻事实的性质把消息分为四类。

(一)动态消息

动态消息又叫“纯新闻”，是最常见的一种消息类型，也是用以传播信息的主要消息品种。它及时报道正在发生或新近发生的新闻事实，大多是一事一报，时效性最强。动态消息包括的题材范围很广泛，如人物新闻、会议新闻、经济新闻、社会新闻等，还包括大量的简洁明快的简讯。

（二）经验消息

经验消息，也叫典型消息，又称典型报道，是向受众报道某地、某单位贯彻执行政府方针政策的某一方面的典型经验、成功做法的一种消息。它的指导性强，它要通过典型经验的报道，达到以点带面、推动某方面工作的目的。如《一切依靠群众自己的创造——首钢十年改革的一条基本经验》。它报道的事实不是突发性的，其变动时态并不表现在“一点”（某日某时），而是有个渐变过程，所以，又叫静态新闻。它不像动态新闻那样，强调“今日”或“昨日”，时效性要求相对宽松一些。

（三）综合消息

综合消息，也叫综合新闻，是把发生在不同地点、不同单位、各具特色、性质相同的事实综合在一起，并体现一个主题的报道。它的特点是在综合、概括事实的基础上，进行分析，提出见解，揭示规律。如《滥砍树木南亚三国水灾仍频，亡羊补牢印北方帮助植树》。综合消息是综合同类性质又各有特点的新闻事实的一种报道形式；这类消息所综合的事实大多是动态性的，有时也可以是经验性的。其特点在于其事实不受空间限制，报道面广。

（四）述评消息

述评消息又称“记者述评”、“新闻述评”，是一种兼有消息与评论作用的新闻。它是在陈述事实的基础上，穿插评论或抒发感慨，从而分析说明所报道事实的本质和意义。这种消息接近评论文章，尤其接近“新闻述评”。当然，作为新闻，它仍然首先应当是事实的报道，以报道事实为主，以评论事实为目的。写法上以“述”为主，述评结合，夹叙夹议。

二、消息的特征

（一）真实准确

真实，就是事实真实，所写的人物、时间、地点、事情发生发展的经过不能虚构，哪怕是所引用的背景材料、数字，都要完全真实可靠。准确，就是每个事实，包括细节在内都准确无误。真实性是消息最基本的特征。消息必须完全真实地反映客观事实，用确凿的事实来教育影响读者，绝不允许虚构和添枝加叶。如果一条消息失真或有差误，不仅会减低其新闻价值，失信于民，而且还会损害党和人民的事业。

（二）内容新鲜

新闻贵在新，并有认识、启迪和指导意义。消息只有新，才能引起读者的注意，以求先睹为快。新，不仅要把新人物、新事件、新经验报道给读者，而且要选择有意义、有价值，给人以启迪，有指导性的事物。因此，新闻工作者应摒弃一味追求猎奇的"狗咬人不是新闻，人咬狗才是新闻"的观点。

（三）讲究实效

消息在反映现实的速度方面居于各种文体之首，实效性强是它的又一突出特点。时效，就是速度要快，内容要新。对新人、新事、新情况、新问题，要敏锐地发现，尽快地了解，迅速及时地反映。消息报道速度迟缓一般会降低消息的价值，如果"新闻"变成了"旧闻"，也就失去了新闻价值。

（四）短小精粹

简短是消息区别于其他文体的主要标志。所谓简短，就是"三言两语，记清事实，寥寥数笔，显出精神，概括而不流于抽象，简短而不陷于疏漏"，用笔要简洁利落，内容集中精练，一般为数百字。

综上所述，我们可以把消息的特点归纳为：内容真实，具有准确性；迅速及时，具有时效性；内容新鲜，具有价值性；简明扼要，具有精练性。

三、消息的结构

消息在其演化过程中逐渐形成了比较固定的结构方式，大致可以归纳为三种，即倒金字塔结构、金字塔结构和散文式结构。

（一）倒金字塔结构

这种结构的特征是，开头突出新闻事实的要点，把最重要、最新鲜的新闻事实放在最前面，然后按照"重要—次重要—次要"的顺序安排其他事实材料。这就像一座倒放的金字塔，塔底在上，塔尖朝下，头重脚轻。这是消息特有的也是最基本的结构形式。它符合新闻时效性的要求，利于快速传播最有新闻价值的事实，便于编辑处理稿件和制作标题，利于吸引受众的注意。例如：

第 63 届"奥斯卡金像奖"揭晓

新华社华盛顿日电洛杉矶消息：第 63 届美国电影艺术科学学院奖 25 日晚揭晓，美国西部史诗片《与狼共舞》成为捧走奥斯卡最佳影片的第一部西部片。自制自导自演该片的凯文·科斯特纳荣获最佳导演奖。

该片以清新的格调、严肃的情节和理性的笔法，描述了一个被印第安人称为“与狼共舞”的美国白人军官在奉命开拓西部据点时与印第安人的生死冲突，以及化干戈为玉帛、与印第安部落首领的养女结亲的动人故事，同时还揭示了美国政府军掠夺印第安人土地和围杀印第安人的不光彩历史。

该片还同时获得最佳摄影、改编、音响、配乐及剪辑等5项大奖。主演《命运的逆转》一片的英国演员杰米里·艾恩荣获最佳男主角奖；获最佳女主角奖的是主演《苦闷》的凯西·贝茨。喜剧演员戈德伯格由于在影片《幽灵》中的出色表演而荣获最佳女配角奖；最佳男配角奖被性格演员佩希获得，他获奖的影片是《好家伙》。

最佳外语片奖出人意料地被瑞士影片《希望之旅》夺走。

——《光明日报》

最佳故事片奖和最佳导演奖往往是人们最关心的、分量最重的两个奖项，所以在这篇消息中，记者把它们放在导语中表达。接着是对最佳故事片的介绍，因为它是主体中最重要的内容。其次，交代最佳男女主角奖获奖者和他们的作品，这也是比较重要的信息。其他奖项则按其重要程度的不同一一在后面列出。

（二）金字塔结构

该结构一般按照新闻事实发生发展的时间顺序安排材料，往往没有导语。事件的开始和结束，就是消息的开头和结尾。它适合报道那些内容比较单一、故事比较强的新闻事件。例如：

两名大学生玩命

《北京晚报》1月24日报道　1月22日下午7时，北大分校物理系18岁学生吴某，与三名女同学到学校附近的铁路边散步。吴某对女同学说，国外曾有人趴在铁轨中间，火车过后安然无恙。

这时，一列火车正好从西直门方向驶来。吴某和一名女同学欲亲身一试。他们迎着火车趴在路轨中间。

火车司机发现后，立即采取制动措施。车头和一节车厢从他们上面驶过之后停了下来。

女同学从车下爬出，侥幸留下了性命。吴某却没有出来，他的脑颅受到严重损伤，已经丧生。

(三)散文式结构

所谓散文式结构，是指消息写作中的一种比较轻松、自由的结构方式。它有别于倒金字塔和金字塔结构，在层次段落的安排以及文字的表达上会适当吸收散文的写法。开头可以描绘有关场景、气氛，或抒发见闻感触、设置悬念，再以较生动的笔触写出新闻事实。有人认为，这还不是成熟的消息结构方式，只是形式上的尝试。

需要说明的是，许多消息并不只采取单一的结构方式，而是用多种结构，如把倒金字塔和金字塔相结合等。

三、消息的构成和写作

一条完整的消息一般由这几个部分组成——标题、消息头、导语、主体、背景、结尾。其中，“背景”不是消息结构的独立部分，而是从属部分。

(一)标题

标题是消息的眼睛，拟写得好，可以吸引读者；反之，一篇好消息也会被埋没。由此可见，标题有着向读者推荐的作用。消息的标题必须简明，准确地概括消息内容，帮助读者理解报道的事实。

消息标题有主题(正题)、引题(眉题、肩题)、副题(次题)三种。主题，概括与说明主要事实和思想内容。引题，揭示消息的思想意义或交代背景，说明原因，烘托气氛。副题，提示报道的事实结果，或作内容提要。标题出现在报刊上有如下几种情况：

1. 多行标题

多行标题，一般有三行，即中间一行是正题，是标题的核心，用来揭示主题或提示重要事实；正题上面一行是眉题，用来引出正题，说明事实，交代背景，烘托气氛，揭示含义；正题的下面一行是副标题，用来补充说明情况或说明正题或依据。例如：

告慰先人　激励今人　教育后人　催人奋进(引题)

香港回归祖国纪念碑隆重揭幕(正题)

国家副主席胡锦涛发表热情洋溢的讲话(副题)

2. 双行标题

其一，出现正题和眉题。如：胡锦涛参加“5・9”庆典(眉题)俄学者称政治意义重大(正题)。其二，出现正题和副题。如：

成都电讯局花钱“买”批评(正题)

在报上登“公告”欢迎群众对通讯服务工作进行监督(副题)

双行标题和多行标题有虚、实之分。虚题是摆观点,或点明主题思想,或表现政策精神的题目;实题是揭示新闻事实的题目,多用一句话报告新闻事实。例如:

榜上无名脚下有路(正题,虚标题)

京津自学青年代表明起交流经验(副题,实标题)

3. 单行标题

单行标题只有正题,也都是实标题。如:胡锦涛接受《朝日新闻》社长采访。

消息的标题,具体采用哪种标题,要酌情而定。制作消息标题时:一要传神。应该使读者望题而知文意,不能题不对文。二要具体确切。标题必须包含若干新闻要素,一般应该将何人何事在标题上明白交代。三要简练生动。消息标题要字少、意明,朗朗上口。消息标题若又有文采,也能增色不少。

(二)消息头

报纸上刊登的消息,其开头部分往往有“本报讯”或“××社××地××月××日电”的字样,这就是消息头。消息头是消息的标志,它使消息与其他文体相区别,正规的新闻报道不可忽视消息头的运用。

消息头的形式主要有“讯”和“电”两大类。“讯”,主要指通过邮寄或书面递交的形式向报社传递的新闻。报社通过自身的渠道获得的消息一般都要标明“本报讯”。“电”,主要指通过电报、电传或电话等形式向报社传递的新闻,如“本报雅典8月23日电”。它一般由发布新闻单位的名称(多数是简称)、时间和地点这三个要素组成。

(三)导语

导语是消息特有的,它是消息的开头部分(不一定是第一句或第一段),紧接在消息头后面,由最重要、最精彩的内容组成。“导语”即导读之语,这是它的功能,分开来说,它的功能在于两点:一是概述新闻精华;二是抓住读者的注意力。如果没有做到这两点,就不能算是好的导语。

导语的写法多种多样,不拘一格。根据表达方式的角度,可以有如下写法。

1. 直叙式导语

直叙式导语是指以直接叙述的方法,把消息中最关键、最精华的内容,开门见山、简明扼要地叙述出来。新闻写作史上将路透社的经典消息——《中国爆炸第一颗原子弹》的导语看作是直叙式导语的典范:

路透社北京1962年10月16日电　今天,格林威治时间7时,中国爆炸了一枚原子弹,从而闯进了核俱乐部。

2. 描写式导语

描写式导语是指对新闻人物、现场或事实进行绘声绘色的描写，给人身临其境的感觉。如高兴华、胡晓梦采写的《奥运健儿凯旋》（新华社北京1996年8月6日电）：

仿佛为了迎接中国奥运体育代表团的凯旋，明媚的阳光今天终于驱散遮盖北京多日的乌云，天空一片灿烂。下午5点15分，满载奥运体育健儿的专机缓缓降落在首都机场停机坪。

3. 述评式导语

述评式导语是指在导语中既有对新闻事实全过程的叙述，又有对新闻事实意义的评论。这一类导语既要像直叙式导语那样简明扼要，又要像评论式导语那样画龙点睛。如第12届中国新闻一等奖作品《洞庭湖长大了五分之一》的导语：

本报讯　洞庭湖变大了！经过3年规模空前的综合治理，洞庭湖面积扩大了五分之一。这个自明清以来不断萎缩的湖泊，终于出现了历史性的转折。

4. 评论式导语

评论式导语把对新闻事实的评论开门见山地摆出来，消息的主体就是对这个评论的印证。如法新社的报道《俄罗斯经济仍是一片冬天景象》的导语：

法新社莫斯科1997年12月22日电　从年度总结来看，1996年是俄罗斯经济令人失望的一年，它使人们对苏联解体后政府执行的那种政策的正确与否产生了怀疑。

除此以外，还有设问式、引语式、比喻式等多种导语形式。

（四）主体

主体是消息的主干部分或主要内容，它紧承导语，用具体的材料展开、印证导语中已经点明的新闻事实，并阐明消息主题。可以说，主体是导语内容的具体化，是对导语的解释、说明和补充。主体的展开方式有以下几种：

（1）以事实的重要性程度递减为顺序展开。把最重要、最新鲜的事实安排在主体的前面，最次要的放在最后，形成倒金字塔结构。这种结构方式的优点有三：一是便于记者快速写稿；二是便于编辑编稿和排版，吸引受众；三是便于其用比较少的时间获得更多有用的消息。它一般适合于动态消息的写作。

（2）按时间顺序展开。按事件发生、发展的顺序安排层次，先发生的放在前面，后发生的放在后面；事件的开头就是消息的开头，事件的结尾就是消息的结尾。重大的事件消息、社会新闻和故事性比较强的消息多采用此方式。这也被称为金字塔式结构。

(3)按逻辑顺序,即事物的内在联系、逻辑关系(如因果关系、并列关系)安排层次。动态消息、经验消息、综合消息、述评性消息多采用此方式。

也有把几种方式结合起来展开主体的。无论何种方式,主体写作都要求:内容充实,材料具体;层次清楚,逻辑严密;与导语的文字避免重复。

(五)背景

它是烘托新闻事实的材料,是对新闻事件发生的历史、环境和原因的说明,用来解释事件发生或者人物成长的主客观条件及其实际意义,为烘托和强化新闻主题服务,或增强知识性、趣味性。消息的背景材料通常分为说明性材料、对比性材料和注释性材料三种:

(1)说明性材料。它是有关新闻事实的政治背景、历史演变、地理环境以及新闻人物的身份、经历、特长等的说明,有历史背景、地理背景、人物背景之分。

(2)对比性材料。用过去的、彼地的或反面的有关材料与新闻事实作对比,以衬托主题,加深受众对新闻事实的认识。

(3)注释性材料。此材料是对有关名词术语、产品性能、科技知识的注释。

背景材料没有固定的位置,标题、导语、主体中均可含背景材料,而且它不一定独立成段,而是可以分布在全文,就如天女散花。但是不论怎样分布,在写作背景时需要注意:一是背景必须与新闻事实有关,可突出新闻事实的意义,表现主题;二是材料不宜过多,文字要简约凝练,防止喧宾夺主;三是力求写得生动有趣。

(六)结语

结语是消息的最后一段或一句话。它阐明消息所述事实的意义,使读者对消息的理解、感受加深,从中得到更多的启示。消息的结尾方式有小结式、评论式、希望式等。有的消息,事实写完,文章就止住了,结尾就在事实之中,不必非要加上一个尾巴。写作消息的结尾应注意不要与导语和主体重复。

例文评析

野猪闯入闹市　民警数枪击毙

5月20日晚上8点左右,在沿江东路市水利局附近,一头野猪在马路中间横冲直撞,撞到了一辆出租车受惊后,又窜进了炮营山一居民家中,将室内家具撞坏,并将该居民撞翻在地。事发后,安庆市公安局立即调集市特警支队、水上公安分局、人民路派出所民警赶往现场处置。经过民警现场勘查,野猪从居民家出来后,躲藏在炮营山社区一折迁工地的围墙拐角处,随时可能再次冲向现场围观的群众。

了解情况后，防暴警察携带武器爬上工地围墙，慢慢靠近野猪的躲藏处；其他民警则迅速疏散现场围观的群众。就在防暴警察举枪准备射击时，野猪突然向围观人群冲去，为避免群众受伤，民警不顾自身安危将野猪赶离人群。

情况紧急，防暴警察在距离野猪30米处连开4枪，受伤的野猪嚎叫着窜进旁边一巷道内，防暴警察立即追赶上去，在野猪奔跑状态下再开数枪将野猪击毙。民警随后将野猪尸体带离现场做无害化处理，据了解，这头野猪有200多斤重。

（来自安庆新闻网）

【评析】该消息用短短的二百六十八个字为读者报道了一个内容新鲜，具有一定价值的真实事件。新闻的六要素（时间、地点、人物、事件、原因、结果）很完备，标题极富有吸引力，主体部分内容充实，结构严谨，层次分明。这是一篇成功的新闻报道。

又一曲见义勇为的颂歌

共产党员徐洪刚与歹徒英勇搏斗

解放军某部中士班长、共产党员徐洪刚，8月17日探亲返回部队途中与歹徒搏斗身负重伤，谱写了又一曲见义勇为的颂歌。

家住我省彝良县的徐洪刚，1990年入伍，现在河南某部服役，因探亲期间乘车返回部队。8月17日上午，客车行驶到四川筠连县巡司木材检查站，车上3名歹徒调戏同车的女青年吴某，还施以暴力，抓破吴某的衣服。遭到吴某反抗后，几名歹徒欲将她推出车窗。在这危急关头，徐洪刚挺身而出，立即上前制止歹徒的不法行径。歹徒凶相毕露，其中两人抓住徐洪刚，在搏斗中另一人又拔出匕首朝徐的胸部、腹部和背部连续猛刺14刀，致使徐满身是血。歹徒见势不妙，慌忙跳出车窗逃跑。徐洪刚强忍住巨大的伤痛，以惊人的毅力从车窗跳下追捕歹徒。但他终因流血过多，体力不支倒在地上。这时，筠连县税务局的一辆小车路过此地停下，徐洪刚出示证件后急忙对车上的人说："别管我，快去抓歹徒！"税务局的同志追了一段路，未见歹徒踪迹，又火速返回出事地点，将徐洪刚送往医院抢救。目前，作案的1名歹徒已被抓获，另有两人负罪在逃。

徐洪刚住院期间，筠连县群众自发地前往探望，并主动捐献5000多元现款和价值5000多元的物品。徐洪刚苏醒后，马上要求将这些钱物转送给敬老院的老人。四川宜宾地委、行署和军分区领导闻讯，前往医院慰问徐洪刚。我省昭通地委、行署、彝良县委、政府也派出慰问团到医院慰问。

（选自《1993年全国省、自治区党报新闻奖获奖作品集》，
湖北人民出版社1995年版）

【评析】这是获得第二届全国省、自治区党报新闻奖一等奖的消息佳作。它具有以下两大特点：一是既快又新。这是一篇在省级以上党报中最早登出的关于徐

洪刚英雄事迹的消息，及时生动地宣传了徐洪刚见义勇为、勇斗歹徒的新鲜事实。二是既短又活。虽然仅500来字，但它的主题集中，记叙生动，引人入胜。

写作训练

1. 从报纸上自选一篇消息，把题目盖上，然后仔细阅读分析，根据其内容，请从不同角度拟2～3个标题，再与原标题进行比较，看哪个标题拟得好，并分析原因。

2. 下面这条动态消息，写得极其简练，仅用了一百多字就报道了“百万雄师过大江”这一伟大的历史事件。请你认真阅读这条消息，然后分析一下哪是导语部分，哪是主体、背景、结尾部分。

我三十万大军胜利南渡长江

新华社长江前线二十二日二时电　英勇的人民解放军二十一日已有大约三十万人渡过长江。渡江战斗于二十日午夜开始，地点在芜湖、安庆之间。国民党反动派经营了三个半月的长江防线，遇着人民解放军好似摧枯拉朽，军无斗志，纷纷溃退。长江风平浪静，我军万船齐放，直取对岸，不到二十四小时，三十万人民解放军即已突破敌阵，占领南岸广大地区，现正向繁昌、铜陵、青阳、荻港、鲁港诸城进击中。人民解放军正以自己的英雄式的战斗，坚决地执行毛主席朱总司令的命令。

3. 写消息必须学会的第一件事就是写好它开头的一段(导语)。请写一段三句话的导语，内容自定。

4. 留心你身边发生的事情，选择有报道价值的事情进行采访，写一则动态消息。

拓展阅读

1. 彭朝丞《获奖消息赏析》，人民日报出版社2013年版。

2. 张浩主编《新编消息写作技巧与获奖消息赏析》，北京工业大学出版社2013年版。

3. 常秀英《消息写作教程》，中国广播电视出版社2008年版。

第二节　通　讯

理论概说

通讯，是运用叙述、描写、抒情、议论等多种手法，具体、生动、形象地反映新闻事件、典型人物、工作经验、地方风貌等的一种新闻报道形式。它和消息一样，要求及时、准确地报道生活中有意义的人和事，但两者也有如下几点区别：(1)从容量上看，通讯容量大、事实详细，一般篇幅长；消息容量相对小些，事实概括，一般篇幅短。(2)从报道对象看，通讯选材相对较严，消息选材范围宽。(3)从结构上看，通讯灵活多变，而消息相对稳定。(4)从表达上看，通讯以叙述描写为主，表达比较灵活自由，而消息以叙述为主。(5)从报道时效上看，通讯不如消息快。

一、通讯的种类

通讯的类型一般有两种分法：一是按报道内容分，有人物通讯、事件通讯、工作通讯、概貌通讯；一是按报道形式分，有访问记、专访、特写、大特写、新闻小故事、集纳、巡礼、侧记、记者来信等。前一种分类是我们最常用的，也是报纸上见得最多的。

(一)人物通讯

人物通讯是用来展示新闻人物事迹与形象的一种新闻文体。在所有的通讯写作中，人物通讯是最常见、最突出的。

(二)事件通讯

事件通讯是详细报道社会上发生的新闻事件的通讯，重在记述和再现新闻事件发生、发展的相对完整的过程，显示事件的内在逻辑和社会意义。

(三)工作通讯

工作通讯是以记“工作”为主，主要反映不同领域中的新情况、新办法、新经验、新矛盾、新问题或新趋势，从中找出某些规律性的东西，以此指导、推动实际工作的新闻文体。

(四)概貌通讯

概貌通讯又称为“旅行通讯”，是着重描绘社会变化、时代风尚及风土人情的报道，它的形式比较多样，“见闻”、“巡礼”、“散记”、“纪行”、“侧记”、“掠影”、“游记”、“印象记”等都是风貌通讯。由于它继承了中国历代山水游记的文体特征，因此，有学者主张风貌通讯应该叫“文化通讯”。

二、通讯的写作

（一）通讯的主题

通讯的主题除了遵循一般文章提炼主题的要求，如正确、深刻、新颖之外，还要求做到反映时代的精神。如果一篇通讯不能及时反映这一时代人民群众的精神风貌，也就失去了通讯的时代意义和应有的教育作用。

（二）通讯的结构

通讯的结构方式常见的有三种：

一是纵式结构。即按单纯的时间发展顺序、事物发展的顺序（包括递进、因果等）、作者对所报道事物认识发展的顺序、采访过程的先后顺序等来安排层次。

二是横式结构。即按空间变换或事物性质的不同方面来安排层次。它往往不是孤立地写一个中心人物和中心事件，而是让这些不受时空限制的人和事在一个主题的统领下形成报道。

三是纵横结合式结构。即将纵式和横式结合起来，既注意事件发展在事件上的连贯性，又重视不同事件、不同人物在同一主题统领下的统一性。此结构多用于事件复杂而时间跨度大、空间跨度广的通讯，如《为了六十一个阶级弟兄》等。

（三）几种常见通讯的写作要点

1. 人物通讯

人物通讯可写一人，也可写群相；可写人的一生，也可写一个阶段或某个侧面；可写正面人物，如先进人物、英雄人物、有突出贡献的人物等，也可写反面典型；可写典型人物，也可写普通老百姓。

写好人物通讯的关键是写好人物。而写好人物，首先要注意人物的选择。选择人物的条件是：能体现时代精神，反映社会面貌；有能构成新闻的较充分的事迹；生命形态和生活轨迹有一定的独特之处；人物有鲜明的个性，能给读者留下深刻的印象。其次是塑造人物。塑造人物的方法有：通过写具体事迹来表现人物；在矛盾冲突中表现人物；抓住人物特点，通过典型言行、细节，表现人物个性形象。同时要注意：人物必须真实可信，合情合理，切不可写人好则“好绝”，写人坏则“坏透”。如《嘱托》：

…………

一天，吴吉昌离村走了五六里，来到北街大队。眼前是一片棉田，绿油油的棉苗正在疯长，他多么想去提醒社员注意啊！但他想，以自己当时的"身份"和处境，人们会不会听他的话，会不会因此招来新的祸害呢？一连两天，他围着棉田看了又看，转了又转，内心斗争非常激烈。

直到第三天，当社员走出棉田，围着一棵大树下面休息时，他终于鼓起勇气凑了过去。人们用同情和关切的眼光看着他，沉默着。半晌，吴吉昌好像自言自语地说道："棉苗长得不错呵。"队长立刻回答说："就是挂桃少。"老汉说："那是因为后期管理没跟上。"这时候，一位中年女社员冲口说："吴劳模，你给指点指点吧！"吴吉昌凄然一笑，摆摆手说："好妹子，不敢再称劳模了。"那位女社员噙着眼泪回答："老大哥，俺们心中有数……"

在这篇人物通讯中，作者把人物放在具体的环境中去还原，"以事写人"，并在语言和行动中刻画出吴吉昌的个性。

2. 事件通讯

事件通讯虽以写事为主，但同时不能忽略写人，不要见事不见人。事件通讯在写作中应注意以下几点：

(1)要抓住一个或几个关键性场面或情节来写。事件通讯一般要再现事件全貌，但又不能从头至尾、事事俱现，记流水账。这就要求在写作中能抓住对事件的表现、对主题的揭示起关键作用的一个或几个关键来写。如《雷州"7·11"海难追踪》：

雷州市水产局副局长——写在BP机和电话中的3次指示："你们救人可以，但一定要先收足钱才能开船！""救人可以，但要有钱才能开船。""关于救难的事，一定要收费才能开船，而且死尸不能放进船里。"

44岁的普通渔民黄妃赤——记者问他在自身难保的情况下怎么还敢下海救人，有些腼腆的黄低声回答说："见死不救我做不到！"

(2)"故事"必须有起伏转折。叙述事件要有起伏，否则事件就是"死"的，会显得平淡无味，让人觉得很无趣，故应调动多种手法，不惜笔墨，写活写好。如《寻觅"吵架的"》：

儿子作业→到最热闹的花园路→市中心"二七"广场(郑州最集中的购物中心)→文化路太平洋商场开业，海鲜、水产便宜酬宾→印象中最乱的五里堡集贸市场→儿子埋怨老师布置的作业。

(3)在写事的同时，写好关键人物。事件是事件通讯的核心，而事件又终究离不开人。写好关键人物，又有助于把事件写活。

(4)在记事的基础上，既要恰到好处地点出事件的意义，也要善于寓情于事、寓理于事。

3. 工作通讯

工作通讯侧重于对工作中出现的新情况、新经验、新问题的探讨和研究，有较强的针对性和指导性。工作通讯写作的要求有三点：

(1)要有现实针对性，切合当前工作需要。如社会前进过程中新冒出来的问题，实际工作中长期积累起来而未引起注意的问题，长期存在但悬而未决的问题，人民日常生活中经常要注意的问题等，都是有现实性的问题。

(2)要具体、透彻地阐述问题和经验，忌写成高、大、空的工作总结。在写作时，必须遵循新闻写作的规律，扩充过程的描写，使其能顺利地得出经验。经验的得出最好是自然的、含蓄的，否则会给人强烈的说教感。如：

我到江苏省江阴县访问养猪模范李仁林。

我说："猪为六畜之首，养猪工作太重要了！"

他说："种田不养猪，等于秀才不读书。不养猪，就要荒田。"

我说："养猪，饲料问题是第一位的。"

他说："人不给猪吃，猪就不给人吃。"

我说："这猪养得真好！又肥又大。"

他说："你看这猪，滚瓜溜圆，肚子拖地。看见人走到跟前，都懒得动弹。"

…………

(3)夹叙夹议，有理有据。或用议论作点睛之笔，点出问题之所在；或是运用背景材料同事实对比，进行有说服力的分析；或是作者直接发表意见。无论采用哪种方式，其议论应求深入浅出、有理有据。

4. 概貌通讯

概貌通讯题材广泛，有的侧重于写社会风貌，有的侧重于写自然风貌，有的二者兼而有之。其报道对象，既可是一国一省之类的大题材，也可是一村一店之小题材。其形式也灵活多样，报上常见的有"见闻"、"巡礼"、"纪行"、"侧记"等。

概貌通讯写作的基本要求是：

(1)抓住特点，突出"新"和"变"。概貌通讯重写作者见闻，而这"见闻"又须是新的见闻，能提供新的信息、反映新的变化。因此，着眼于"新"和"变"，写出事物的新情况，揭示事物的新变化，是此类通讯的重要特征。

(2)善用对比衬托。要写新，要突出"变"，通常运用背景材料，选择事实和数字，作今昔对比，这是较常用的一种手法。有时还可用民谚、故事来衬托事物的变化。

(3)丰富知识，增添趣味。风貌通讯常运用历史、地理、文化、科学等方面的知识来增强知识性和趣味性。但也应注意以紧扣主题、关联现实、恰到好处、避免冗杂。

(4)叙论结合、情景交融。风貌通讯可灵活调动多种表达方式。可以边叙边议,叙论结合;也可写景抒情,情景交融。

例文评析

900 架“超级堡垒”给日本人最后一击

(1946 年普利策国际电讯奖获奖作品)

霍默·比加特(Homer Bigart)

收音机里传来消息:战争结束了。然而在我所在之处,这个消息却被怀疑为是一个谣传。因为就在几分钟之前,即凌晨 1:32,我们还轰炸了位于东京以北关东平原边缘上的一个小工业城市熊谷。和平也并未得到日本人的正式承认,因为他们还击了我们。(这个城市是星期三早晨一次袭击行动中,被至少 400 架 B29 轰炸机轰炸的日本 3 个目标之一。这些轰炸机是停战 24 小时之内已经出动去攻击敌人本土的 1 000 架飞机的组成部分。)

其他的飞机猛烈轰炸了关东平原上的另一个城市伊势崎。当我们掠过富士山的东面山脚时,詹姆斯·杜利特尔中将指挥的 B29 轰炸机从冲绳岛的第 8 航空队基地起飞,去执行他们的第一次战斗任务,轰炸熊谷。

我乘坐的这架“索科城(注:缅因州一城市名)”号飞机,是由空军中尉西奥多·拉姆驾驶的。他 28 岁,来自昆斯市里奇蒙希尔区莱弗茨大街 103 - 21 号。像所有其他人一样,拉姆机组在让这架“超级堡垒(注:B50 轰炸机)”着陆时,也表现出最近 5 天里对于那份让人心里没底的停战协定的紧张心情。他们曾经以为战争结束了。他们的大部分时间都是陪伴着收音机度过的,希望总统正式宣布停战协定。他们并不明白裕仁天皇是否掌权对整个事件关系巨大。难道我们的宣传没有把天皇描绘成一个傀儡吗?那么好吧,我们也能像军阀们摆布他一样去摆布他。

昨天上午,第 314 轰炸联队接到警报。下午 2:20,飞行员、导航员、投弹手、无线电报务员,以及炮手们一齐聚集在简易棚屋里,得知战争仍在继续。他们的攻击目标是一个并不怎么起眼的可怜的小城市。他们的指挥官,来自得克萨斯州登顿的卡尔·斯托里尔上校费尽口舌向他们解释,为什么非要让熊谷 49 000 个生灵涂炭。斯托里尔说,这个城市里有中岛飞机制造厂的几个配件分厂,另外,它还是一个重要的铁路枢纽。

没有人愿意在战争即将结束之时死去。联队随军牧师,来自蒙大拿州斯普林菲尔德的本杰明·施米德克上尉让士兵们祈祷。然后,一名指挥官跳到一个平台上，大声说道：“这是最后的一次轰炸任务，我们要力争把它完成得最出色。”斯托里尔上校将驾驶一架长机，投放4枚1 000磅重的高爆炸弹，把该城躲在建筑物里或地下的守军轰出来，然后再由紧随其后的80架飞机投放燃烧弹来收拾他们。“把炸弹堆放在投弹口旁一码线上，然后把它们丢下去。”上校鼓舞他的士兵。“这可能是这场战争的最后一次轰炸任务了。让你们的炸弹命中目标，明天世界就将获得和平。”

即使在飞行员们得到最后的出发指示之后，他们中的大多数人仍在希望乃至期待着在5:30正式行动之前，会收到一个正式停战通知。他们注视着自己的手表，还有两个半小时。你可能会想象这些人会闷闷不乐，有抵触情绪，或者心情沉重，然而他们的士气却出奇地高涨。“看看我流的这些汗，”来自布鲁克林区巴尔迪克大街458号的威廉·马切西少校大声说，“我还从来没有像这次这样吃力地完成一项任务。”

几分钟之前，关岛电台突然中断了该台正常节目，摘要广播了日本同盟通讯社发表的声明，裕仁天皇已经接受了和平协定。整个营地立即骚动起来，而就在这片嘈杂声中，猛然传来一声厉喊：“你们想干什么？想动摇军心吗？那条消息只是一个谣言。”于是飞行员们都穿上跳伞装备——救生衣和防弹服，然后跳上卡车出发去机场。下午4:30，我们来到了“索科城”号飞机前，此时离我们出发的时间还有将近一个小时。这架飞机作为这些轰炸机的领航飞机马上就要出发了。

我们都很紧张。还能听到营地里电台传来的广播声。只是因为收音机远离我们半英里之外，我们只能听到“裕仁”和“杜鲁门”等词。我们都明白，战争已经结束。一名司令部的军官跑来，告诉拉姆中尉：为了等待华盛顿将发表的一些声明，延迟30分钟起飞。当时我们没有一个人愿意飞往日本，但同时我们也明白，如果停战消息得不到很快证实，我们还必须起飞去完成这项任务，接着可能就是一阵连续投弹，而只有“犹他、犹他、犹他”的信号传来我们才能返航。“犹他”是杜鲁门总统宣布停战时取消作战行动而约定的代码。

5:45，拉姆机组的成员开始发动螺旋桨，我们都登上了飞机。

“伙计们，今天我们将炸死一大群鱼。”来自缅因州索科城的卡尔·L.布雷利中士说道。把炸弹一齐投入大海是一种昂贵的捕鱼方式。我们所装载的炸弹要让纳税人破费60 000美元。我们在收音机里收到旧金山的广播电台：“我希望所有在海外服役的小伙子此时和我们一样的高兴。”播音员说道，“人们都在欢呼雀跃，汽笛长鸣。”“哦，”一名机组成员不满地说，“他们正在欢庆胜利，而我们却在飞赴战场。”我们是6:07起飞的。

我们飞临日军阵地上空，没有见到白旗。在座舱的尾部，无线电报务员，来自得克萨斯州埃尔帕索的小罗森多·德尔瓦尔准尉正竖着耳朵等待“犹他、犹他、犹他”信号。如果这个信号及时传来，就会挽救一到两个机组的生命，也可能挽救数千熊谷居民。然而这个信号一直没有传来。随着时针的转动，我们越来越逼近敌军海岸。我们不放过任何一条消息，我们耐心地听了杂七杂八的数个小时的广播，目的就是期望播音员突然插播命令我们返航的消息。

日本的海岸线一如既往的黑暗与令人生厌。日本仍处于战时状态，因为在人口密集的东京平原上竟没有一盏灯光。拉姆是向北飞往霞浦湖，然后转一个直角，朝西飞往小城熊谷。事情已经无可挽回，几分钟后炸弹将倾泻到熊谷。

熊谷位于利根河以南 5 英里的一片毫无特色的平地上。用雷达很难测到它的方位。通往熊谷的路仅有两条，一条位于城市正北方向，是横跨利根河的一座宽孔桥；另一条路是位于南面 1/4 英里的一座跨越新河的大桥。雷达观测员，来自伊利诺斯州坎卡基的哈罗德·蔡斯勒及时发现了这两座桥，随之我们开始投炸弹。一阵轰炸过后，便使得整个城市硝烟弥漫。透过若有若无的云缝，我可以看见两架前面的领航飞机投下的炸弹激起一些小火花。

日本人很机警。探照灯光打在我们身下的云层上，两门高射炮向上发出微弱的、时断时续的火力。在该城以北 30 英里，我们发现日本的探照灯和高射炮正在搜寻进攻伊势崎的另一联队的轰炸机。幸运的是，离开攻击目标时仍有 80 架“超级堡垒”随队飞行。我们突然转向正南沿富士山的东部山基飞行，到达海岸线。曾有那么一个时刻，我们仅距东京大约 10 英里，该首都笼罩在一片黑暗之中。我们每个人都松了一口气。我们试图接收到旧金山传来的消息，可惜事未如愿。炮手们拿出他们的妻子和女朋友的照片，说：“但愿这是最后一次，我的宝贝儿。”

这篇文稿是在关岛写成的。它记载了这场战争的最后一次袭击。我们在诺斯菲尔德着陆后才知道这件事。空袭的结果，我们是从跟在我们后边在目标上空飞行的飞行员们那里得知的，漫天的大火吞噬了熊谷和伊势崎。日本对和平协定的迟钝反应使它付出了两个城市的代价。

（选自《纽约先驱论坛报》，1945 年 8 月 15 日）

【评析】这篇通讯报道了二战结束的当日仍发生的一件本可避免但又无法阻止的战争惨剧。通讯的最后一句话点破了这件事的新闻真相和历史底蕴——“日本对和平协定的迟钝反应使它付出了两个城市的代价”。结尾的这一句话对前面 2 000多字的叙述做了让人深思的概括。通讯中几个人物的语言、行动以及读者的内心情绪情感有非常具体的描述，因而能够很好地满足读者的阅读心理，启发读者的历史思考和对事件本相的探寻。

写作训练

1. 比较下面两段新闻，试着分析消息和通讯主要的不同。

【消息】

体操世锦赛单项决赛展开

董震获吊环金牌

[本报天津10月15日电](记者吕恒文)在这里进行的世界体操锦标赛，今晚开始了10个单项决赛。来自天津的选手董震不负众望，勇夺吊环比赛金牌。在团体和全能比赛中一直状态低迷的俄罗斯选手，今晚有上乘表现，他们夺走了今晚决出的另外四项比赛的金牌。

【通讯】

天津小伙真棒——记勇夺世锦赛吊环金牌的董震

本报记者：吕恒文

静静地悬垂在两条钢丝上的吊环，引起了天津观众的极大兴趣。因为今晚参加这个项目决赛的八名选手中，有一名中国国家队的选手董震，他就是"咱们天津人"。

董震这次得以入选中国体操队进入世锦赛主力阵容，与他在吊环这个项目上的实力突出有很大关系。在资格赛中，他在这个项目上的得分就排在八名决赛选手之首。由于中国男队在全能决赛时意外失误，今晚的单项决赛，教练组希望董震不受外界干扰，稳定发挥，拿下这枚金牌。

晚9时30分，当现场解说员报出"董震"的名字时，全场观众爆发出热烈的掌声。第五个出场的董震稳住情绪，手握双环，成十字水平，再接向后翻成倒十字，整套动作连环巧妙，标准到位，编排独特，最终得到了9.775分，当董震稳稳地落地后，无论是他身边的教练，还是现场的观众，都长长地舒出了一口气。大家知道，这枚金牌已属于董震了。

22岁的董震是中国队参赛选手中年龄最大的。苦练体操多年，是天津世锦赛给了他一战成名的机会。董震今天的成功，源于他的实力和难得的自信。正如他所言："我的力量和连接经过这么多年的苦练，可以说是处于世界前列，只要不出重大失误，以一颗平常心去参加角逐，就一定能够赢得比赛。"

天津体育馆的万名观众再次以热烈的掌声，向走上领奖台的天津小伙董震表示祝贺。这掌声代表着一个共同的心愿，激励着董震向2000年悉尼奥运会挺进。

2. 阅读通讯《冰河英雄》，分析它们的结构特点和立意方式。

3. 阅读一些概貌通讯，从中学习借鉴它们的写作特点与方法，写一篇反映本校或本班学习新风气的通讯。

4. 查阅报纸上“凡人新事”新闻栏目类文章，仿照其写法，写一篇类似的人物小通讯。

拓展阅读

1. 肖文键编著《通讯员写作精要与范例实用全书》，中国华侨出版社 2011 年版。

2. 刘海贵主编《中国现当代新闻业务史导论》，复旦大学出版社 2002 年版。

3. 廖广莲编著《新闻通讯传媒写作技巧与范例》，北京联合出版公司 2015 年版。

第三节　报告文学

理论概说

报告文学是以文学的方式，及时地报告现实生活中意义重大的人物、事件、现象等的一种新闻文体。它融文学和新闻于一体，是处于新闻和文学之间的一种边缘文体，但新闻性是它的主导方面。

一、报告文学的分类

报告文学从内容上大体可以划分为以下几类。

(一) 人物类

以人物为重点描写对象，以人带事。写人时可以着重写一个人，也可以同时着重写几个人。

(二) 事件类

以事件为中心，以事带人。文中的人物是围绕事件的发生发展而展开活动的。

(三) 问题类

这一类既不是以刻画人物形象为主，也不是为了报道一个事件，而是从生活的一个侧面去探讨某种社会现象。

(四) 见闻类

这类是作者围绕一个主题把直接观察到的生活片段组织起来，以现场见闻为主。

二、报告文学的特点

（一）新闻性

作为新闻样式中的一种，报告文学也要讲究真实性、时效性，并要有时代感。因为它迅速及时地反映现实生活，报告的又是生活中确确实实存在的真人真事，所以，作品往往能产生极强的可信力、冲击力和感染力。

（二）文学性

文学性是报告文学与一般通讯的最主要区别点。报告文学可以运用文学上除了艺术的虚构和夸张以外的其他一切手段。如在刻画人物时，可以借助具体生动的细节描写；在运思时，可以充分地进行联想、想象等。而经过文学的方式处理后的作品，则更具有感染力。

（三）政论性

报告文学还有一个重要的特点就是作品中大都有鲜明的政论性。它在描写人物和叙述事实的同时，总会对人物或时事作明快、尖锐、犀利的剖析和评论。但报告文学中的评论不像一般理论文章那样借助于逻辑思维，而是在形象的描述和丰富的感性材料基础上，阐发自己的独到见解。

三、报告文学的写作

（一）要安排艺术结构

在获得大量原始采访材料的基础上，作者就要提炼主题，选择表现角度，剪裁组合材料，构思全文结构。因为报告文学描写的是真人真事，不能像小说那样虚构，所以要通过精心地剪辑调度组合，使那些散乱着的材料得以完整、连贯地表现出来，而作者可以根据报告文学的实际内容采用各种各样的充满创造性和创新性的结构。如：“横中有纵”结构、“由点到面”结构、“日记体”结构、“蒙太奇”结构、“全景式”结构，等等。

（二）要塑造人物形象

新闻性的特点决定报告文学中的人物必须是生活中真实的人物，同时，我们可以运用多种艺术手法，刻画出有血有肉、栩栩如生的人物形象。报告文学常常借助于人物语言、动作、外貌、心理等细节来突出人物的独特个性。报告文学还往往借助自然合理的想象，来增强文学性。

如柯岩的《美的追求者》中一段关于韩美林的细节描写。

“可千万不能动呵！”组长说。

“我紧紧地攥着。”小韩答应。

“现在还没有相哩，知道不？”

“你一说，我不就知道了么。”

可从四里山到城里有四里路呢，四里路一个人走且得走一阵呢！走着走着小韩心里痒痒起来了，攥得紧紧的，手心也出汗了。“他们又逗我玩哩，没有相？哼！没有相不白照了半天？”“不能看，为什么不能看？”“好吧，我不看他们，光看看自己还不行？”小韩像被谁拉住了似的，停在山坡上，脚也挪不动步子了。四边看看，风吹着，太阳晒着，一个人也没有。一只小鸟歪着头冲着他唱，小韩挥挥手赶走了那只小鸟，十分敏捷地打开了包胶卷的黑纸：“嘚儿”拉开了一卷，真的什么也没有；“嘚儿”再拉开第二卷，还是什么也没有。哼，骗人，还想让我空跑一趟哩！小韩气鼓鼓地跑回去了。

在这一个片段中，作者通过极具个性特点的细节描写将一个好奇心强，什么事都想知道、都想亲自看看的既无知、淘气又可爱的小孩子，栩栩如生地展现在读者面前。

例文评析

包身工

夏　衍

旧历四月中旬，清晨四点一刻，天还没亮，睡在拥挤的工房里的人们已经被人吆喝着起身了。一个穿着和时节不相称的拷绸衫裤的男子大声地呼喊：“拆铺啦！起来！”接着，又下命令似地高叫：“‘芦柴棒’，去烧火！妈的，还躺着，猪猡！”

七尺阔、十二尺深的工房楼下，横七竖八地躺满了十六七个被骂做“猪猡”的人。跟着这种有威势的喊声，充满了汗臭、粪臭和湿气的空气里，很快地就像被搅动了的蜂窝一般骚动起来。打呵欠，叹气，叫喊，找衣服，穿错了别人的鞋子，胡乱地踏在别人身上，在离开别人头部不到一尺的马桶上很响地小便。女性所有的那种害羞的感觉，在这些被叫做“猪猡”的人们中间，似乎已经很迟钝了。她们会半裸体地起来开门，拎着裤子争夺马桶，将身体稍稍背转一下就公然在男人面前换衣服。

那男子虎虎地向起身慢一点的人的身上踢了几脚，回转身来站在不满二尺阔的楼梯上，向楼上的另一群人呼喊：“揍你的！再不起来？懒虫！等太阳上山吗？”

蓬头，赤脚，一边扣着钮扣，几个还没睡醒的“懒虫”从楼上冲下来了。自来水龙头边挤满了人，用手捧些水来浇在脸上。“芦柴棒”着急地要将大锅子里的稀饭烧滚，但是倒冒出来的青烟引起了她一阵猛烈的咳嗽。她十五六岁，除了老板之外大概很少有人知道她的姓名。手脚瘦得像芦柴棒一样，于是大家就拿“芦柴棒”当了她的名字。

这是上海杨树浦福临路东洋纱厂的工房。长方形的用红砖墙严密地封锁着的工房区域，被一条水门汀的小巷划成狭长的两块。像鸽笼一般，每边八排，每排五户，一共是八十户一楼一底的房屋，每间工房的楼上楼下，平均住宿三十多个人。所以，除了“带工”老板、老板娘、他们的家族亲戚和穿拷绸衣服的同一职务的打杂、“请愿警”等之外，这工房区域的墙圈里面，住着二千个左右衣服破烂而专替别人制造纱布的“猪猡”。

但是，她们正式的名称却是“包身工”。她们的身体，已经以一种奇妙的方式包给了叫做“带工”的老板。每年——特别是水灾、旱灾的时候，这些在日本厂里有门路的带工，就亲身或者派人到他们家乡或者灾荒区域，用他们多年熟练了的、可以将一根稻草讲成金条的嘴巴，去游说那些无力“饲养”可又不忍让他们的儿女饿死的同乡：“还用说？住的是洋式的公司房子，吃的是鱼肉荤腥。一个月休息两天，我们带着到马路上去玩耍。嘿，几十层楼的高房子，两层楼的汽车，各种各样好看好用的外国东西……老乡！人生一世你也得去见识一下啊！——做满三年，以后赚的钱就归你啦！我们是同乡，有交情。——交给我带去，有什么三差两错，我还能回家乡吗?”

这样说着，咬着草根树皮的女孩子可不必说，就是她们的父母，也会怨恨自己没有跟去享福的福分了。于是，在预备好了的“包身契”上画上一个十字，包身费一般是大洋二十元，期限三年，三年之内，由带工的供给食宿，介绍工作，赚钱归带工的收用，生死疾病一听天命，先付包洋十元，人银两交，“恐后无凭，立此包身契据是实。”

福临路工房的二千左右包身工，属于五十个以上的带工所管。她们是替带工赚钱的“机器”。所以，每个带工所带包身工的人数，也就表示了他们的排场和财产。少一点的三十五十，多一点的带到一百五十个以上。排场大的带工，不仅可以放债，买田，造屋，还能兼营茶楼、浴室、理发铺一类的买卖。

四点半之后，当晨光初显的时候，水门汀路上和巷子里，已被这些赤脚的乡下姑娘挤满了。她们有的在水龙头旁边舀水，有的用断了齿的木梳梳掉紧粘在头发里的棉絮，有的两个一组两个一组地用扁担抬着平满的马桶，吆喝着从人们身边擦过。带工老板或者打杂的拿着一叠叠的名册，懒散地站在正门出口——好像火车站剪票处一般的木栅子前面。楼下的那些席子、破被之类收拾了之后，晚上倒挂在墙壁上的两张板桌放下来了。十几只碗，一把竹筷，胡乱地放在桌上，轮值烧稀饭的就将一洋铅桶浆糊一般的薄粥放在板桌中央。她们的伙食是两粥一饭，早晚吃粥，午饭由老板差人给她们送进工厂。所谓粥，是用乡下人用来喂猪的豆腐渣加上很少的碎米、锅巴等煮成的。粥菜？这是不可能有的。有几个“慈祥”的老板到菜场去收集一些菜叶，用盐一浸，这就是她们难得的佳肴。

只有两条板凳，——其实，即使有更多的板凳，这屋子也不能同时容纳三十个人吃粥。她们一窝蜂地挤拢来，每人盛了一碗，就四散地蹲伏或者站立在路上和门口吃。添粥的机会，除了特殊的日子，比如老板、老板娘的生日，或者发工钱的日子之外，通常是很难有的。轮着擦地板或倒马桶的，常常连一碗也盛不到。洋铅桶空了，轮不到盛第一碗的还捧着一只空碗。于是老板娘拿起铅桶到锅子里去刮一下锅巴、残粥，再到自来水龙头边去冲上一些冷水，用她那刚梳过头的油手搅拌一下，气烘烘地放在这些廉价的“机器”们前面。

“死懒！躺着死不起来，活该！”

十一年前内外棉的顾正红事件之后，尤其是四年前的“一·二八”战争之后，日本厂家对于这种特殊的廉价“机器”的需要突然地增加起来。他们大量用这种没有“结合力”的“包身工”来代替普通的自由劳动者。据说这是一种极合经济原理和经营原则的方法。

第一，包身工的身体是属于带工老板的，所以她们根本就没有“做”或者“不做”的自由。她们每天的工资就是老板的利润，所以即使在她们生病的时候，老板也会很可靠地替厂家服务，用拳头、棍棒或者冷水来强制她们去做工。就拿上面讲到过的“芦柴棒”来做个例吧（其实，这样的事倒是每个包身工都会遇到的），有一次，在一个很冷的清晨，“芦柴棒”害了急性的重伤风而躺在床（其实这是不能叫作床的）上了。她们躺的地方，到了一定的时间是非让出来做吃粥的地方不可的。那一天，“芦柴棒”实在不能挣扎着起来了，她很见机地将身体慢慢地移到屋子的角上，缩做一团，尽可能地不占屋子的地位。可是在这种工房里面，生病躺着休息的例子是不能开的。一个打杂的很快地走过来了。干这种职务的人，大半是带工的亲戚，或者是在地方上有一点势力的流氓，所以在这种地方，他们差不多有生杀予夺的权力。“芦柴棒”的喉咙早已哑了，用手做着手势，表示没有力气，请求他的怜悯。

“假病！老子给你医！”

打杂的一手抓住“芦柴棒”的头发，狠命地把她提起来往地上一掷。“芦柴棒”手脚着地，打杂的跟上去就是一脚，踢在她的腿上，照例又是第二、第三脚。可是打杂的很快地就停止了。据说那是因为“芦柴棒”那突出的腿骨，碰痛了他的脚趾。打杂的恼了，顺手夺过一盆另一个包身工正在摸桌子的冷水，迎头泼在“芦柴棒”头上。这是冬天，外面在刮寒风，“芦柴棒”遭了这意外的一泼，反射地跳起来。于是在门口刷牙的老板娘笑了:“瞧!还不是假病!病了会好好地爬起来?一盆冷水就医好了!”

第二,包身工都是新从乡下出来,而且大半都是老板的乡邻,这在“管理”上是极有利的条件。厂家除了在工房周围造一条围墙,门房里置一个请愿警,门外钉一块“工房重地,闲人莫入”的木牌,使这些乡下小姑娘和外界隔绝之外,将管理权完全交给了带工老板。这样,早晨五点钟由打杂的或者老板把她们送进工厂,晚上六点钟接领回来,她们就永远没有和外头人接触的机会。所以包身工是一种“罐装了的劳动力”,可以“安全地”保藏,自由地使用,绝没有因为和空气接触而起变化的危险。

第三,那当然是工价的低廉。包身工由带工带进厂里,厂方把她们叫做“试验工”和“养成工”。试验,意思是试验有没有工作的能力;养成,意思是将一个“生手”养成“熟手”。最初,工钱是每天十二小时大洋一角至一角五分,工作是不需要任何技术的扫地、开花衣、扛原棉、送花衣之类。几个星期之后就调到钢丝车间、条子间、粗纱间去工作。一些在日本通常是男工做的工作,在这里也由这些工资不及男工三分之一的包身工们担负下来。

五点钟,上工的汽笛声响了。红砖“罐头”的盖子——那扇铁门一推开,带工老板就好像赶鸡鸭一般把一大群没锁链的奴隶赶出来。包身工们走进厂去,外面的工人们也走进厂去。

织成衣服的一缕缕的纱,编成袜子的一根根的线,穿在身上都是光滑舒适而愉快的。可是从原棉制成这种纱线的过程,就不像穿衣服那样的愉快了。纱厂工人的三大威胁,就是音响、尘埃和湿气。

没有人关心她们的劳动条件!这大概是自然现象吧,人在这三种威胁下面工作,更加容易疲劳。但是野兽一般的“拿摩温(工头)和“荡管”(巡回管理的上级女工)监视着你。只要断了线不接,锭壳轧坏,皮辊摆错方向,乃至车板上有什么堆积,就会遭到毒骂和毒打。包身工是“拿摩温”和“荡管”们发脾气和使威风的对象。在纱厂,活儿做得不好,罚规大抵是殴打、罚工钱和“停生意”三种。那么,从包身工所有者——带工老板的立场来看,后面的两种当然是很不利的了。罚工钱就是减少他们的利润,停生意非特不能赚钱,还要贴补二粥一饭,于是带工头不假思索地爱上了殴打这办法了。每逢端节重阳年头年尾,带工头总要送礼给“拿摩温”们。那时候他们就会拍马地说:“总得请你帮忙,照应照应。我们的小姑娘有什么事情,尽管打,打死不要紧,只要不是罚工钱停生意。”

打死不要紧,在这种情形之下,包身工当然是“人得而欺之”了。有一次,一个叫做小福子的包身工整好了烂纱没有装起,就遭了“拿摩温”的殴打,恰恰运气坏,一个“东洋婆”(日本女人)走过来了,“拿摩温”为着要在主子面前显出他的威风,和对东洋婆表示他管督的严厉，打得比平常格外着力。东洋婆望了一会，也许是她不欢喜这种不“文明”的殴打，也许是她要介绍一种更“合理”的惩戒方法，走近身来，揪住小福子的耳朵，将她扯到救火用的自来水龙头前面，叫她向着墙壁立着；“拿摩温”跟着过来，很懂东洋婆的意思似地，拿起一个丢在地上的皮带盘心子，不怀好意地叫她顶在头上。东洋婆会心地笑了：“这个小姑娘坏得很，懒惰！”

“拿摩温”学着同样生硬的调子说：“这样她就打不成瞌睡了！”

这种“文明的惩罚”，有时候会叫你继续到两小时以上。两小时不做工作，赶不出一天该做的活儿，那么工资减少而被带工老板殴打，也就是分内的事了。殴打之外还有饿饭、吊起、关黑房间等等方法。

在一种特殊的优惠的保护之下，吸收着廉价劳动力的滋养在中国的日本纱厂飞跃地膨大了。单就这福临路的日本厂子讲，一九〇二年日本大财阀三井系的资本收买大纯纱厂而创立第一厂的时候，锭子还不到两万，可是三十年之后，他们已经有了六个纱厂，五个布厂，二十五万个锭子，三千张布机，八千工人和一千二百万元的资本。美国的一位作家索洛曾在一本书上说过，美国铁路的每一根枕木下面，都横卧着一个爱尔兰工人的尸首。那么，我也这样联想，日本纱厂的每一个锭子上面都附托着中国奴隶的冤魂！

“一·二八”战争之后，他们的政策又改变了，这特征就是“劳动强化”。统计的数字，表示着这四年来锭子和布机数的增加，和工人人数的减少。可是在这渐减的工人里面，包身工的成分却在激剧地增加。举一个例，杨树浦某厂的条子车间三十二个女工里面，就有二十四个包身工。一般的比例，大致相仿。即使用最少的约数百分之五十计算，全上海三十家日本厂的四万八千工人里面，替厂家和带工头二重服务的包身工总在二万四千人以上。

两粥一饭，十二小时工作，劳动强化，工房和老板家庭的义务服役，猪一般的生活，泥土一般地被践踏，——血肉造成的“机器”，终究和钢铁造成的不同；包身契上写明三年期间，能够做满的大概不到三分之二。工作，工作，衰弱到不能走路还是工作，手脚像芦柴棒一般的瘦，身体像弓一般的弯，面色像死人一般的惨，咳着，喘着，淌着冷汗，还是被压迫着做工。比如讲“芦柴棒”吧，她的身体实在太可怕了，放工的时候，厂门口的“抄身婆”（抄查女工身体的女人）也不愿意用手去接触她的身体：“让她揩点油吧？骷髅一样，摸着她的骨头会做恶梦！”

但是带工老板是不怕做恶梦的！有人觉得她太难看了，对老板说：“比如做好事吧，放了她！”

“放她？行！还我二十块钱，两年间的伙食、房钱。”他随便地说，回转头来对她一瞪，“不还钱，可别做梦！宁愿赔棺材，要她做到死！”

“芦柴棒”现在的工钱是每天三角八分，拿去年的工钱三角二分做平均，两年来带工老板从她身上实际已经收入二百三十块钱了！

像“芦柴棒”一般的包身工，每一分钟都有死的可能，可是她们还在那儿支撑，直到被榨完残留在皮骨里的最后的一滴血汗为止。

看着这种饲料小姑娘谋利的制度，我不禁想起孩子时候看到过的船户养墨鸭捕鱼的事了。和乌鸦很相像的那种怪样子的墨鸭，整排地停在船上，它们的脚是用绳子吊住了的，下水捕鱼，起水的时候船户就在它的颈子上轻轻地一挤，吐了再捕，捕了再吐。墨鸭整天地捕鱼，卖鱼得钱的却是养墨鸭的船户。但是，从我们孩子的眼里看来，船户对墨鸭并没有怎样虐待，而现在，将这种关系转移到人和人的中间，便连这一点施与的温情也已经不存在了！

在这千万被压榨的包身工中间，没有光，没有热，没有温情，没有希望……没有人道。这儿有的是二十世纪的技术、机械、体制和对这种体制忠实服役的十六世纪封建制度下的奴隶！

黑夜，静寂得像死一般的黑夜！但是，黎明的到来，毕竟是无法抗拒的。索洛警告美国人当心枕木下的尸首，我也想警告某一些人，当心呻吟着的那些锭子上的冤魂！

（选自《上海屋檐下》，华夏出版社 2011 年版）

【评析】《包身工》是夏衍在上海工厂区进行了两个多月实地调查以后写成的。作品以饱含着血泪的笔墨，真实地反映了包身工这种“现代奴隶”的非人生活和惨绝人寰的遭遇，深刻揭露了帝国主义与中国封建势力狼狈为奸，残酷压榨劳动人民的罪行。

作品从吃、住、做工等各个侧面，选取了不少有特征性的场景，进行包身工的群像刻画，显示出她们作为人形机器的共同命运。她们一律死灰般的面容，褴褛的衣衫，在繁重的劳动和野蛮的虐待下哀哭无告，以致几乎消失了表情和个性。同时，作品中也有许多细节，描写“芦柴棒”、小福子等的悲惨遭遇，更加深了读者的印象。另一方面，作者又恰当地穿插评论，作细密的分析，并证之以一些统计数字，有力揭示了包身工苦难的原因，那就是“带工”、“拿莫温”、“东洋婆”对她们进行超额的剥削，并且暗示，这种剥削是在外国资本家和国民党反动当局的勾结下进行的（如文中写道：“在一种特殊的优惠的保护之下，吸收着廉价劳动力的滋养在中国的日本纱厂飞跃地膨大了。”）。由于作品将鲜明的形象描写和细密的逻辑分析糅合在一起，因而具有雄辩的说服力和强烈的艺术效果。

写作训练

1. 请认真阅读报告文学《包身工》，并按报告文学的“三性”要求，分析其写作特点，写一篇短评。

2. 下面这段文字是徐迟在报告文学《哥德巴赫猜想》中描述陈景润在数学崎岖山路上艰难跋涉的情景的。试分析作者写作时采用了哪些文学表现手法？

……他跋涉在数学的崎岖山路，吃力地迈动步伐……他就像那些征服珠穆朗玛峰的英雄登山运动员，爬呵，爬呵，爬呵！而恶毒的诽谤，恶意的污蔑像变天的乌云和九级狂风。然而热情的支持为他拨开云雾，爱护的阳光又温暖了他……他只知攀登，在千仞深渊之上；他只管攀登，在无限风光之间。一张又一张的运算稿纸，像漫天大雪似的飞舞，铺满了大地。数字、符号、定理、公式、逻辑、推理，积在楼板上，有三尺深。忽然化为膝下群山，雪莲万千。他终于登上了攀登顶峰的必由之路……

3. 选择本班或本校一件较有典型意义的事件，写一篇以写事为主的微型报告文学。

4. 请从最近出版的报刊上选取一两篇有较大影响的报告文学作品，组织阅读，写好发言提纲，而后邀请其他的评论者，一起开一场作品专题讨论会，讨论该作品，并汇总成综合评述。

拓展阅读

1. 徐迟《哥德巴赫猜想》，人民文学出版社 2017 年版。

2. 朱子南《中国报告文学史》，百花洲文艺出版社 1995 年版。

3. 雨辰编著《报告文学与写作》，新疆美术摄影出版社 2015 年版。

第三章　理论文体

所谓理论文体，就是指以抽象思维为主要思维方式，以议论为主要表达方式，以分析事理为旨归，具有强烈的思辨色彩而直接作用于人的思想认识的一类文体，主要有社会评论、文学评论、学术论文等。

第一节　社会评论

理论概说

一、社会评论的含义和分类

（一）含义

社会评论是一种初级形态的理论文体，评论对象涉及政治、经济、思想、文化等各种社会现象，面对的读者是社会大众，旨在帮助人们明辨是非，提高认识。它是报纸杂志、广电传媒、互联网等信息媒体较常使用的评论性文体之一。

（二）分类

社会评论的内容十分广泛，现实生活中的重大事件或人民群众关心的日常问题如社会生活、社会事件、社会风气等均可为评论对象，范围涵盖新闻、科技、教育、外交、娱乐、民生万象等，无所不包。我们可以按照评论的倾向与立场，将社会评论大致分为如下几种。

1. 引导型

如“十八大”召开在即，《人民日报》就刊出评论员文章《满怀信心迎接党的十八大》。该文通过对当前改革与发展情势的分析，进一步肯定成绩，明确目标，展望未来，号召各族人民共同努力，实现中华民族的伟大复兴。

2. 讨论型

如吕绍刚《〈三国〉、〈红楼梦〉等名著翻拍如何取悦于民?》一文提出翻拍名著的标准和底线问题，既肯定其创新的成分，又对文化产业的强势话语权提出商榷，说理通透，发人深省。

3. 答疑型

如丁刚《美国会腾出手来对付中国吗?》一文，分析美伊战局和美国的对华政策，使读者客观、理性、辩证地看待中美关系及美国现状。

4. 褒奖型

如陆志坚《敬一丹的“不安”令人敬佩》一文，通过敬一丹担任金话筒奖评委时，认为颁奖典礼过于辉煌，为获奖主持人是否当得起如此荣誉而不安的细节，反映了新时代女性的精神风采。

5. 指斥型

如吴晓林《到了向“过度娱乐”宣战的时候了!》一文针对湖南卫视“娱乐主打”的“快乐招牌”，旗帜鲜明地提出了“打倒过度娱乐”的主张。

除此以外，社会评论还可以按所论内容分为政论、思想评论和文化评论。按表现形式分为专论、短论和杂谈等。

二、社会评论的特征

(一)针对性

正所谓“文章合为时而著”，以现实生活中的客观事物作为评述对象的社会评论，针对性表现得尤为明显。它往往是针对某一现象、某一问题或某种思想倾向，有的放矢地发议论、谈看法。

(二)时效性

有人认为社会评论是社会舆论的“及时雨”，是社会现象的“巡逻兵”。因为社会评论主要通过对社会现象和思想动态的分析解剖，帮助人们明辨是非。因此，及时地发现有代表性的社会动向和思想苗头，抓住时机，并给予正确的引导，就显得十分重要。

(三)大众性

社会评论要面向广大读者，在论述方式上就要符合大众的口味。这就要求社会评论一方面要做到思想内容与读者接近，评论大家当前关心的问题；另一方面还要注意知识性和趣味性，在写作形式上要尽量生动活泼、丰富多彩、通俗易懂，为大众所喜爱。

三、社会评论的写作

(一)选择评论对象

1. 及时发现热点

很多时候,是生活激发了写作者写作的愿望和动机,酝酿了他们写作的情绪和感受。因此,对周围世界保持一种新鲜感和敏锐感,明确自己对社会的一份责任,善于创造性地发现和提出问题,是写好社会评论的前提。

2. 评析对象价值

评论家肩负着引导社会舆论的使命,必须能根据文化传统、意识形态和时代特征对社会现象作出综合性判断,通过分析其蕴含价值的性质、高低、大小与真伪,来回答或提出当今社会关注的一些问题,从而对现实产生影响,引导读者提升人生境界。

3. 挖掘思想深度

社会评论的思想深度决定社会评论的力度。评论文章的出彩往往不在于反映了什么,而在于发表了什么,取决于材料背后的那双眼睛、那颗心灵所折射出的思想的光辉。比如毕晓哲《孙猴子有没有故里,专家别昧良心"忽悠"!》一文,针对当前令公众诟病的名人故里之争,提出专家身为学术研究者,理应遵循学术研究的客观公正理念,而不应为了商业利益而失去操守。

获取评论对象的途径大致有两种:一是现实生活,二是各种传播媒介。

(二)构思评论内容

一是"责任"。它是评论的旗帜。这需要写作者具备强烈的"受众意识",真真切切地为人民说话,为群众解惑,而非自顾自地浅吟低唱。我们在构思内容时,只有心中装着正义和人民,才能透过非个人化的书写产生应有的社会效应。如"华南虎照"事件起初只是一个科学问题,正是网民的参与促使它走向公共事件,引发了跌宕起伏的"真假之辨"。

二是找准切入口。社会评论往往集中解决一个问题,切忌面面俱到。比如"小三"问题,涉及婚姻、道德、情感、法律等多个领域,而《追究"小三"就能保卫婚姻?》一文就从法律角度指出,在制定惩戒"小三"侵犯配偶权的法规时,既应该尽可能地保护好婚姻家庭应有的权利,又要谨防走入立法的误区。

三是就事论理。虽然社会评论是从具体的现象入手,但它的特质与精髓在于"评论"与"裁判"。这需要写作者深挖材料,或追溯现象背后的特定原因,或者深究表象深处的本质与内涵，或者分析事件造成的影响，或者把详尽的现象汇结整合，最终把问题“说透”，把现象“看穿”，把材料背后的那个事理揭示出来。

（三）表达评论观点

1. 说理有度

由于社会评论涉及的范围广阔，并且紧密联系民生，其言论倾向的把握是个敏感点，切不可泄己之私愤。“度”的把握体现了写作者的政策水平与心胸气度，也决定着其评论的思想倾向。不要做评论久了，都成“愤青”了，换言之，写作者心境与品格的修炼非常重要。

2. 说理有法

说道理要让人心悦诚服，自然不能是教条式的摆架势。首先，要“标题显义”，阅者读题即可知纲要，这也符合受众浏览一般评论的习惯。其次，摆事实，就要铁证如山；讲道理，就要深明大义，才能把道理讲得入脑入心。最后，要做到立场明确，观点鲜明，切不可模棱两可，从而对舆论起到积极的导向作用。

3. 说理有序

首先，简单概括复述现象，再对现象进行是非评价，比如指出其积极意义或者危害，然后分析现象产生的原因，最后指出治理该现象的方针。

例文评析

大学生就业难是社会综合征

鄢烈山

一则新闻，成了今年两会一号提案的佐证。广东省教育厅举办的“到农村从教供需见面会”上，一位林姓女生闯到正接受媒体采访的教育厅官员面前问道：不是说农村缺教师吗，为什么对我这样的大专生一点机会也不给？这位女生，读了5年英语师范专业，英语过了六级，教师资格证也即将拿到，但一上午走了若干个摊位，没有一家愿接收她的简历，都说只要本科生。

这个戏剧性的场景，极其真实地印证了当下就业问题特别是大学生就业难的严峻性；这也是今年两会政协的一号提案，为什么是致公党中央提出的关于解决就业问题的现实背景。能否就业不仅关乎经济来源，也关系到求职者的尊严即心理感受和社会地位。一般地说，就业问题关系社会安定；而应届和往届积沉的上千万待业的大学毕业生若找不到工作，那就更可能是一个社会危机信号。致公党现任9位主席和副主席，有7位担任过大学校级领导，他们绝不是“杞国无事忧天倾”。在我看来，大学生就业难尤须重视，不仅是他们比失业的农民工更集中、能量更大因而“更可怕”，而且因为他们投资更多、期望值更高而“退路”和抗挫折经历更少。特别是穷人家苦读出来的孩子，背负着一家人“翻身”的希望和债务，又无力选择读研避过经济衰退周期，就业不成更着急。

两会会场内外，大家都在为解决大学生就业难问题支招儿。有近期措施建议，如修改《劳动合同法》关于不得随意解雇员工的规定；有中长期措施建议，如延长大学和高职学制一年，第一年搞军训。这类建议我看很不靠谱儿：前者不愿正视劳资关系早该调整，不如搞岗前培训、见习等方式兼顾劳资又切实可行；后者采用的拖延战术，回避不了现实矛盾，反而加重贫困家庭学生的负担和怨尤。大学生就业难是社会综合征，必须找准并发的病因和症结，长短期疗效结合，用“复方”下药治疗。

据我粗略的观察，学校的盲目扩招和专业设置、学生的就业观念、经济结构的不合理、民营企业的发展不顺利、社会权利的不公不平，都是造成大学生就业难的因素。

林姓女生质问“为何当初要培养那么多大专生”，其实问题提得不准。是因为大学本科生扩招得太多，“盖”着了大专生，才使她想到农村基层(包括偏远小学)任教也不得。而你看只要是个大学都成立了新闻系，无非因为办学成本极低，它们的毕业生好找工作那倒不正常了。

央视的倪萍和崔永元在两会上“斗嘴”，一个说大学生的就业观念有问题，应该放下身段；另一个说是社会招人有问题，例如懂四门外语的女生求职宾馆前台服务员也不可得。他们说的各有一定道理。大学生“转变”了观念又怎样？他不是想“就业”，而是像李嘉诚、王永庆一样自己去创业，这就遇到两个问题：一个是中国民营经济研究会会长、原全国工商联副主席保育钧所讲的，国家为扶持中小企业出台的一系列政策，在地方上并没有取得预期的效果，政府应对这次经济危机的产业振兴策略，可能使民营经济更加边缘化。另一个是郎咸平一再讲过的，中国偏重的制造业附加值低而且不需要中高级人才，服务业大发展才能大量吸收知识型人才。歧视民企和忽视第三产业发展之外，当然还有政府工作人员从管制寻租向公共服务转型的问题。创业环境不改变，想“自雇”创业谈何容易？

大学生想到国企做个工人，比如愿意“放下身段”做个公路收费站的员工，容易吗？不必讳言，不少国企和事业单位存在“世袭”现象，本系统本单位的子女优先，底层特别是农村出来的毕业生再优秀也竞争不过人家。除了非国家统考不可的职位之外，有个有权有势的“毕姥爷”，一个电话就把位置给占了，“气死你”……

医治这些阻碍大学生就业的综合征，应该从现在就着手，中长期生效的措施并不会妨碍当前的对策。否则，问题越积越多，经济危机过去了也还会有青年失业困扰，比如这次金融危机爆发前的法国和希腊。

（摘自《中国青年报》，2009 年 3 月 11 日）

【评析】这篇社会评论文章，文字冷静理性。作者是《南方周末》的编辑，著名的社会评论作者。对于大学生就业这个尖锐的社会问题，他不是义愤性的抨击，而是冷静客观地进行深入剖析，将问题的来源、社会的反响、个案的分析、本人的认识汇集在一起，有理有据、有条不紊地展开论述。令人读来并不血脉贲张，而是深深思索；不会生出消极而盲目的否定情绪，而是生出积极而健康的解决问题的意识。这种态度本身就是"在江湖之远，则忧其民"的中国风格。

在写法上，作者的视野也较开阔，广征博引，文章气度很"综合"。先从广东省教育厅的一次见面会，到一位大专学生的质问，再到当年两会的提案，又到两会期间会上会下的广泛议题，还提到崔永元与倪萍的"斗嘴"，最后点出这个问题后面有制度层面的矛盾，如不解决，后果将很严重。一篇千五百字的小文，内容丰富，见解深刻，论述有力，立场鲜明，思想积极，真不愧为"名编"手笔。

写作训练

1. 为以下材料拟定一个社会评论标题，做到"标题显义"。

某大学五千多名新生报到，却有两万名家长和亲属陪同。送子女进京的家长使北京清华大学周边的宾馆爆满，有上百名家长只得露宿在足球场上或教学楼的门廊走道上。学校负责接待的领导说，如今要在新生中寻找独自上学的，一年比一年难了。

——引自《环球时报》2007 年 2 月 12 日第 11 版

2. 石悦(《明朝那些事儿》的作者)在接受"面对面"访谈时谈到"一本书凭技术是可以受欢迎的。但是它要受到尊敬，它必须有灵魂"。这个观点对于写作社会评论同样适用。请就以下材料，选取一个角度，写一篇社会评论，800 字左右。

学校放暑假了，读高二的李明想到假期有两个月，天天在家里呆着又实在无聊，刚好他了解到父亲的单位光华食品厂大门口的冰柜需要承包出去，单位可提供一个冰柜并供应电力，每月只上缴 400 元人民币。李明想到这个地方正处于繁华地段，冷饮生意一定红火，打算承包这个冰柜，既可利用空余时间完成假期作业，又能学到课本以外不少东西，还能减轻家里的经济负担。于是他连忙去征询食品厂经理的意见，经理只说不太放心，不过还是要他问问家里的意见。李明回家后，兴冲冲地把自己的想法告诉了父母亲，没想到他们听后非常生气。父亲认为家里又不缺钱花，不如多看点书；母亲觉得沿街吆喝，生怕儿子受了委屈，坚决不让去。一腔热情得不到理解，李明越想越伤心，连夜写了一封信给父母就离家出走了。

拓展阅读

1. 王天夫、严飞《清华社会学评论(第十一辑)》,社会科学文献出版社 2019 年版。

2. 顾东辉《社会工作评论》,上海人民出版社,2019 年版。

3. 曹林、王昱《北大熏出来的评论》,北京大学出版社,2016 年版。

第二节　文学评论

理论概说

一、文学评论的含义

文学评论又称文学批评,是对文学活动现象进行探讨、分析、研究、评价的评论文章。这是一种专业形态的理论文体,面对的读者主要是文学工作者,兼及社会大众,所追求的是得失判断及理论的实践指导意义(包括创作与鉴赏实践)。文学评论包括作家作品评论以及一定历史时期文学运动、文学思潮和各种文学流派的分析与评价;或者是探讨和归纳文学现象的规律问题,以建立健全有关创作实践的普遍原理。

二、文学评论的特点

(一)审美性

文学评论以鉴赏为基础,既有理性的判断,又有对作品及艺术形象的审美感受,其实质上对文学作品及艺术形象的审美性具有延伸、补充和再创造的作用,这就使得文学评论具有了审美性的特点。

(二)主体性

所谓主体性,就是个体创造性。一千个读者就有一千个哈姆雷特。文学评论是精神劳动的产物,受写作主体世界观、文学观的支配,是一种见仁见智的创作活动。主体创造性主要表现在三个方面:一是人无我有,二是人有我新,三是对旧说或通说的商榷。

(三)科学性

文学评论的科学性,一是指要正确反映评论对象的客观规律和艺术本质,二是写作中要做到概念准确,判断恰当,证明充分,推理合逻辑。做到以上两点,离不开作者深厚的理论修养。

三、文学评论的类型

(一)按表现形式划分

按表现形式划分,主要有三种。

一是论文式文学评论。按一般理论文章的格式和要求撰写的文学评论文章,具有准确严密、具体翔实,理论色彩浓、逻辑性强等特点。它是最常见的一种文学评论样式。

二是文艺随笔。即杂谈随感,包括漫谈、漫评、赏析等。这类文章构思精巧、行文自由、语言生动活泼。它通常避免从正面系统地论述问题,往往通过联想、类比、例证、推理等,将道理说得令人信服。

三是文学短评。这是一种篇幅短小,内容比较单一、集中,专门议论有关文学问题的小文章。它往往要求切入视角要新,有独到之处,抓住一点,深入开掘,对所谈的问题要有自己的深切感受,不旁征博引,做到少而精,短而美。

(二)以评论方式的角度划分

以评论方式的角度划分,主要有简要评介式、全面分析式、局部分析式、借题发挥式等。

四、文学评论的写作

(一)内容的发现

1. 选择评论的对象

这需要具备四个条件:一是典型性。即选择在某一方面很突出和具有一定代表性的对象。二是新颖性。要么是新观点、新材料,要么是新动向,或者三者兼备等,这样才有写作价值。三是方向性。要注意抓住那些代表了发展方向的文学现象或是阻碍文学发展方向的予以评论,这也是文学评论的任务所在。四是问题性。比如错误的创作倾向,比如艺术魅力的弱化等,都需要文学评论写作予以科学引导。

2.发现写作内容

论文的具体内容分四个方面：一是关于对象内容方面的，包括题材、形象及深蕴的美学理想、审美情趣、社会意义、历史价值及作家的审美感知图式和心理组织模式等。二是关于对象形式方面的，包括结构模式、语言特色和艺术表现等。三是文学思潮及流派的评论。四是文学理论的归纳。

3.考虑写作方法

一是采取新角度，即选取观察事物、看待问题的出发点。二是选择新方法，比如纵横开阖、逆向反思，多维观照、立体透视，宏观把握、微观深入等。三是运用新理论，比如20世纪八九十年代，西方现代哲学和文学理论被介绍到中国，不仅使中国万马齐喑的文学创作焕然生彩，也使中国的文学评论熠熠生辉。

（二）写作的构思

1.知人论世和顾及全篇

无论从哪个角度、哪个点入手评论文学，都要站在作者的生活、写作背景下，以全篇为出发点，才可能准确、全面地把握评论对象的本质与规律。

2.确定体制和确立标准

根据表达的需要选择随笔、杂谈或论文式等写作文学评论。一般从艺术和思想两个方面确定评论的标准，较多采用思想内容和艺术形式的辩证融合。因为内容和艺术形式很难断然割裂开来分论。

3.实事求是和辩证分析

评论的目的在于揭示本质和规律，这就要求写作者要客观、公正，既不溢美，也不贬抑。

（三）文学评论的表达

在充分掌握了具有说服力的材料（包括作品中的材料和其他的事实材料、理论材料）之后，我们就要进行文学评论的写作表达。

1.写好评论的各个部分

（1）标题的确立。标题应朴实、简洁、明了。比如洪子诚的《文学焦虑症》、杨义的《〈韩非子〉还原》等。

（2）引论的鲜明。引论也叫引言或导言等，文学评论的开头主要有三个功能：一是扣题、破题。二是点出论题。三是“引”出本论，为本论部分打下坚实基础。如《批评的生成》的引论：

> 文艺学是实践属性突出的理论学科，它向实践敞开，以实践为理论建构的根据。这种情况决定了它的批评功能的极为重要。而眼下的问题是

> 批评并没有被文艺学界普遍确认为理论的构建形态与有机成分，一些研究者偏激地热衷于非现实批评语境的西论导入，或者倾情于非批评针对性的概念游戏。这种倾向不加以改变，文艺学则有可能成为一门没有理论锋芒的不伦不类的学科。

这个引论言简意赅。第一句话为全文的核心观点，很好地达到了“立片言以居要，乃一篇之警策”的要求。接着就明确点出问题所在：“批评并没有被文艺学界普遍确认为理论的构建形态与有机成分”，“一些研究者偏激地热衷于非现实批评语境的西论导入”等，对核心观点的提出给以初步印证。最后一句，谈问题的严重危害。整个引论一气呵成，逻辑性强，达到了引论的写作要求。

还有的引论说明文学评论选题的背景、理由、目的、意义；或引出中心，阐释论点的内涵与外延，对论点进行必要限制等，形式有很多。

(3)本论的充分。本论是论文的核心，既要有理论高度又要有文采。《陈忠实小说创作流变论》运用大量真实而典型的材料和多重论证方法及推理形式，充分而深刻地揭示了陈忠实小说创作“经历过三次叙述形态的嬗变”：一是新时期伊始“采用的‘政治—人格’叙述和‘政治—人性’叙述；二是1982年以后“他转向了‘社会—个性’和‘文化—国民性’两种启蒙叙述形态”；三是1985年以后，“陈忠实终于越过经典的启蒙叙述，寻找到了属于自己的‘文化—心理结构’视角的新叙述形态”。这个本论部分的论证清晰、鲜明、充分，说服力很强。

本论部分的逻辑顺序有并列、因果、递进以及以时间为序安排结构等。

(4)结论的有力。结论有两种写法：一是扣住主题、呼应开头，总括本论，进一步点出和强化中心。二是本论部分已经结论，此处常常是本论的附加部分，对本论有关问题进行必要的说明或补充等。

假如本论都已经做了说明，此处不要结论，戛然而止也是不错的处理办法。

2.遵循文学评论表达的原则

(1)准确概括和具体分析相结合。如《以写作反抗“幻灭”与“虚无”》是有感于《王蒙自传》而写的文学评论，其中有如下一段。

> 引述鲁迅的话，不全是站在读者的立场，由于无从考察传主的人生细节，便一定要“幻灭”，其实也可以收获其“真”；我感到鲁迅的话还有一层含义，即真实与幻灭的关系。《活动变人形》和《王蒙自传》的真实性在于，王蒙以这样的写作，顽强地反抗来自社会变革、人生转变时期，时时活跃、散布在我们周围的幻灭与虚无的幽灵，正如他和自己患抑郁症的孩子一起，寻找一个真实的自我，为那只茫茫大海上孤独无助的小船，寻找由过去通向今天和明天的“罗盘”和“海图”。在此意义，写作首先是作家反抗幻灭与虚无的一种自救方式。

这段议论，前面是分析，并运用引证法、例证法，特别是运用比喻等，来分析研究《王蒙自传》中所说的创作境遇是多么"艰难"、"幻灭"、"虚无"和"反抗"，在此分析的基础上，最后一句予以概括并得出结论："写作首先是作家反抗幻灭与虚无的一种自救方式。"进而完成了段落性的议论。这是文学评论写作的重要规律。

(2)复述和议论相结合。复述不是简单的重复原文，而是评论者的再创造，不仅包含着评论者独到的发现以及评论者较高的理论水平和深刻的思想领悟，并且在复述中熔铸着对评论对象的分析和证明，也就是议论。好复述，必然与议论水乳交融。复述是评论的基础，不可或缺。如孙桂荣的《个人性·时代性·文学性》就是复述很浓的文学评论：

> ……尤其是贾平凹2005年出版的书写乡土中国衰败与裂变的《秦腔》，一经推出好评如潮并最终获得茅盾文学奖。有人曾将《秦腔》视为贾平凹"对《废都》的唤醒与逃离"。《秦腔》中引生偷了白雪的胸衣被人暴打后自我阉割这个"去除欲望之根的动作"是"对庄之蝶欲望历史的割裂"。"不再书写欲望的器官历史"的贾平凹转向"可以放开来表达"的无根的欲望。无论如何，《废都》被禁毕竟不是因为纯粹的政治原因，贾平凹的后期努力与他在文学及学术场中的巨大感召力为《废都》的再版发行打下了坚实的基础。

这段主要由复述构成，从"无论如何"到最后是议论。而前面的复述中也渗透着作者的议论，一是其复述中有肯定《废都》的倾向，二是字里行间渗透着作者的态度，显得评论者具有广阔的阅读面和深厚的理论视野。

(3)语言锤炼和讲究文采相结合。文学评论自然要讲究概念准确、判断恰当，也需要一字千钧、力透纸背。它或逻辑性与形象性相结合；或寓诗情哲理于字里行间，激情浓郁；或幽默诙谐，寓庄于谐。其在语言上要千锤百炼，准确形象，并富于文采。

例文评析

老舍早期作品中的家庭书写与家庭观念(节选)

——以《离婚》为中心的讨论

陈千里

…………

在《离婚》中，老舍围绕若干家庭的悲喜剧，含蓄地表达了自己的婚姻观念和家庭观念。当然，他只是在讲故事，带着几分幽默、几分调侃。他的观念主要渗透在故事中。

如前所述，故事中的人物都喜欢就婚姻和家庭说上几句，张大哥与老李说的尤多。而这些人的议论经常是彼此冲突的。那么，作者的观点如何？又以怎样的方式表现出来？老舍在《事实的运用》一文中曾谈到自己的创作心得："我们不仗着事实本身的好坏，而是仗着我们怎样去判断事实……由事实中求得意义，予以解释，而后把此意义与解释在情绪的激动下写出来"（《老舍文集》第15卷）。在此我们探询老舍的家庭观念，主要渠道就是通过作品的叙事态度和叙事安排，考察作者是如何"判断事实"、寄寓了哪些"意义与解释"的。另外，前文提到老舍与小说人物老李之间既是造物主与创造物的关系，同时也构成了"此在"与"镜像"。小说写老李的各种体验细致入微，叙述者常出入于人物内心，给读者造成二者彼此认同的感觉。为此，我们有理由说，老李的家庭观念一定程度上反映了作者的看法。除此之外，个别地方作者直接表达了自己的观念性见解，但那未必十分重要。

老舍作品中反映出来的家庭观念，主要包括以下几个方面：

其一，建立在现行的婚姻制度上的家庭，对于所有的人都是一种无奈的宿命。"离婚"意味着摆脱枷锁的努力，而小说中各色人等虽然大多都有这种努力的冲动，最终却都只有选择放弃。小说结尾处，作者递进式地安排了两端略带戏剧性的情节。一段是"方墩"和"牙科展览"的来访。这两个曾经气壮如牛要和丈夫离婚的女人态度一百八十度转弯，在"现实"面前退缩了。如果说这一段是充分喜剧化的，那么第二段则是沉重的悲剧。老李寄予了无限"诗意"幻想的马少奶奶，十分轻易地回到了丈夫——一个最为无聊的小丑的怀抱。她的妥协终结了老李的"诗意"，使之为自己的挣扎画上了句号。与此同时，传达出作者倾向于悲观的家庭观念。这也是老舍在《离婚》中所呈现的最基本的婚姻观和家庭观。

其二，老舍的家庭观念又是充满矛盾的，各种思绪总是纠结在一起。他把婚姻看作是家庭制度的基础，而合理的婚姻制度是美好家庭的前提与保证。所以，他透过老李的追求表达出自己的看法：应该有"诗意"的婚姻和家庭，而所谓"诗意"，就是超越物质生活和精神生活，包括二人之间的契合，也包括互相理解的精神的/审美的追求。但同时他又狠下心来承认，现实的婚姻是建立在物质基础上的，包括物质性的社会环境与物质性的家庭关系。小说描写的每个人、也包括老李，实际上都陷溺在这样的环境与关系之中，都要服从这样的"真实"。

其三，老舍在小说中极力使自己的家庭观念显得高于作品中的人物，具有现代意识，理性而全面。于是，老李也好，老张也罢，都在一定程度上被叙述人俯视，被调侃着讲述。但是，老舍自身也有习焉不察的偏颇，即性别视角的局限。以下主要就此加以分说。

当涉及对女性的评价时，老舍总是试图避免落入"封建意识"的泥沼，因而不时插入几句肯定女性的评语，但随后却又忍不住将它解构。更能说明问题的，是他在不自觉的情况下，叙事中所流露的男性中心意识和男性本位立场。他着力描写的女性，往往是经由男性眼光充分“他者化”了的：

再看那些太太们，张大嫂，方墩，孙太太，邱太太，加上自己的那一位，有一个得样的没有……在臭地方不会有什么美满生活，臭地方也不会出完好的女子，即使能恋爱自由又能美到哪儿去？

这些都出于老李的心中和眼底。老舍意欲写出老李性别观念的矛盾，所以描写他受启蒙思想和现代教育的影响，理论上承认应该男女平等，应该尊重女性；可是现实的女性让他失望，于是不断质疑那些观念。这既是小说中老李所处人生矛盾的表现，又是作者性别观念的流露。因为正是作者通过笔下女性形象的塑造，赋予老李产生“质疑”的正当性。换言之，在这部小说中，作者笔下的女性都是令人失望的，包括马少奶奶。尤其是大部分“太太”，仿佛都是为了对男人施以折磨才进入家庭。作者透过老李的眼看到的，都是精神上俗不可耐、形象上丑陋不堪的女性。

这一点在叙述的口气中有着明确的透露：首先是对谈话者的称呼，诸如“方墩”、“牙科展览”、“穿着别人衣裳的”等，嘲讽之意近于刻薄，渗透在字里行间；其次是“比苏格拉底一辈子所讨论的都有意思的多”之类的评价。这既是对谈话中女人自我感觉的夸张式刻画，又是身为男性，自居于精神制高点，以精神贵族的傲慢来俯视女性的反话。

老舍家庭描写中的性别偏见，还有一个隐微但不可忽视的地方，就是对中年女性的厌恶和对少女的偏爱。在谈到心目中的理想女性时，老李说：

我要追求的是点——诗意……我要——哪怕是看看呢，一个还未被实际给教坏了的女子，情热像一首诗，愉快像一些乐音，贞纯像个天使。

这里没有出现姑娘、处女之类的字眼，但是“还未被实际给教坏”的真实含义，指的是女子尚未进入现实的婚姻家庭。试看老舍笔下秀真姑娘的形象：

她像一朵半开的莲花，看着四周的风景，心里笑着，觉得一阵阵小风都是为自己吹动的。风儿吹过去，带走自己身上一些香味，痛快，能在生命的初夏发出香味。左手夹着小蓝皮包，蓝得像一小块晴天，在自己的腋下。右手提着把小绿伞。袖只到肘际，一双藕似的胳膊……

这也可以看作是以写实笔法描绘初恋中的少女的自我感觉。但毋庸讳言，作者的欣赏之意十分明显。其实，老舍原本给秀真的性格特点是虚荣、浅薄，但是写着写着，青春少女就成了基调。这很容易让人想到《红楼梦》中贾宝玉的著名见解：女儿都是可爱的，结了婚沾了男子的气息就都变得讨厌了。男性本位，莫过于此。当时的老舍虽经现代思潮的洗礼，在这一点上也还是未能有所超越。

（摘自《南开学报》（哲学社会科学版），2009 年第 6 期）

【评析】这篇文学评论从选题上来讲，做到了典型性与问题性的统一。作者选择的研究对象乃是中国现当代文学史上最著名的作家之一——老舍先生。同时，文本探讨的又是具有时代意义的婚姻家庭问题，从而使得评论富有新颖性。评论紧扣《离婚》的小说文本，围绕论题进行阐述，前一部分论述“家庭书写”，节选的部分论述其中所呈现出的“家庭观念”。在论文的表达过程中做到了三个结合：既能准确概括又有具体分析，将复述和议论相结合，语言精准而富有文采，使得论证有理有据、深入人心。更为可贵的是，论者还能站在超越作者的高度，挖掘到作者文字背后的成因，展现了一个文学评论者的洞见。

写作训练

欣赏陈千里先生的文学评论：《老舍早期作品中的家庭书写与家庭观念——以〈离婚〉为中心的讨论》(节选)，为小短文《爱》写一篇 1 000 字左右的短论。

爱

张爱玲

这是真的。

有个村庄的小康之家的女孩子，生得美，有许多人来做媒，但都没有说成。那年她不过十五六岁吧，是春天的晚上，她立在后门口，手扶着桃树。她记得她穿的是一件月白的衫子。对门住的年轻人同她见过面，可是从来没有打过招呼的，他走了过来，离得不远，站定了，轻轻地说了一声：“噢，你也在这里吗？”

她没有说什么，他也没有再说什么，站了一会，各自走开了。

就这样完了。

后来这女子被亲眷拐了卖到他乡外县去作妾，又几次三番地被转卖，经过无数的惊险的风波，老了的时候她还记得从前那一回事，常常说起，在那个春天的晚上，在后门口的桃树下，那年轻人。

于千万人之中遇见你所遇见的人，于千万年之中，时间的无涯的荒野里，没有早一步，也没有晚一步，刚巧赶上了，那也没有别的话好说，惟有轻轻地问一声：“噢，你也在这里吗？”

拓展阅读

1. 《世界文学评论》编辑部《世界文学评论》(第 12 辑)，世界图书出版公司 2018 年版。

2. 中国社会科学院文学研究所《〈文学评论〉六十年纪念文选》，社会科学文献出版社 2017 年版。

3. 陈坚《现当代文学评论》,浙江大学出版社 2017 年版。

第三节 学术论文

理论概说

一、学术论文的含义和种类

(一)含义

学术论文又叫科学论文、研究论文,是一种高级形态的理论文体,论及对象包括社会的各个方面,但专业性更强,是面向各学科领域进行科学研究和表述研究成果的载体,面对的读者是高层次的学术群体,所追求的是真伪判断,是理论的深度与探索的新度。

(二)种类

论文种类按研究领域、对象划分,可分为自然科学论文、社会科学论文和人文科学论文。按研究方式分,可分为实验型论文、理论型论文、描述型论文和设计型论文。按写作目的和功能划分,可分为交流性论文和考核性论文。本节就高校学生常用种类进行介绍。

(1)学年论文。这是高等院校学生的一种独立作业。目的在于使学生在教师的指导下初步学会科学研究的方法,培养科学研究能力,为撰写毕业论文打好基础。

(2)毕业论文。毕业论文是高等院校应届毕业生的终结性的独立作业。它是对学生运用所学知识解决实际问题的能力的综合检验。这种论文通过指导老师的审查及答辩委员会的答辩,即合格,称为毕业论文。

(3)学位论文。这是学位申请者在从事科学研究中取得了创造性的成果或有了新的见解,撰写而成的、作为提出申请授予相应学位时供评审用的论文。学位分为三级:学士、硕士、博士,故学位论文也相应地分为学士论文、硕士论文、博士论文。

(4)技术报告。科学技术报告或描述一项科学技术研究的结果或进展,或描述一项技术研制试验和评价的结果;或论述某项科学技术问题的现状和发展。

二、学术论文的特点

(一)科学严谨

它主要表现为内容准确和表述科学。这需要立论者尊重客观实际,依据合理的逻辑推断得出符合实际的结论。只有做到无偏见、不妄断,在充分占有材料的基础上,论者才有可能得出让人信服的结论。

(二)创见新颖

具有创造性是衡量一篇学术论文价值的重要标准。学术论文集中体现论者的思想和研究成果,如果只是重复别人的见解,那么便无法推动该学术洞见在该领域的创新作用,自然也就使其研究工作变得毫无意义。换言之,将创造性看作科学研究的生命是一点也不为过的。

(三)理性思辨

好的学术论文绝不是材料的堆砌,而是对大量事实和材料,或分析或归纳,从而由感性认识提升到理论的高度。因此,学术论文都具有思辨性,其内容必须符合唯物辩证法的相关规律,做到有的放矢,实事求是。唯有如此,学术论文所呈现的成果才能丰富该领域的理论内涵和学术建构。

三、学术论文写作

(一)发现写作论题

1. 搜罗论题

学术研究的论题一般有两种:一是说前人没有说过的话;二是在前人研究的基础上做进一步开拓。前者因为缺少可占有的资料,缺乏可借鉴的方法,从而难度较大,但更具有开创的意义。后者在理论提升的空间上相对小些,但可操作性强。具体有三种方法:一是补充、深化;二是批驳、修正;三是诠释新意。

2. 选定论题

确定论题要综合考量几个方面的因素:一是该论题研究的历史;二是该论题研究的现状;三是已有相关研究的状况。除了这些客观因素,我们还要考虑研究者的主观因素,比如自己的专长、对论题的兴趣、自己已有的理论水平是否能够把握相关论题以及自身占有资料的情况。这些都决定了论题的可行性。

(二)准备相关材料

在材料准备阶段,我们要做好如下几个方面的工作:一是搜集资料。这包括自己的知识储备、论题研究综述、可参照的理论知识体系等。二是分析资料。既要考量资料产生的背景、可信度和社会反响等,又要从量化的角度对已有资料进行数据分析和统计处理,实现对资料的验证和评价。在分析材料的时候,一定要注意辩伪存真、整体把握与局部联系相结合。

(三)进行写作构思

1. 提炼观点

在占有大量的现实材料、理论论据、文献资料、相关佐证的基础上,通过比较、分析、归纳、综合等方法推出结论。然后将每一个部分的分论点整合形成一个科学的论断,即文章的中心论点。论点的得出要求准确全面、深刻独到、鲜明突出。

2. 拟写提纲

提纲有简略和详细之分。只概括地提示论文的中心论点和分论点,即简要提纲。详细提纲比较适用于初学者,一般要求既写出各层次的大小论点,还要把材料安排、论证方法、主体段落及详略调配等细目列出,有利于论者整体把握。

(四)论文行文表达

1. 起草初稿

初稿的写作没有特定的顺序要求,只要每个板块布局合理、结构完整即可。初稿既可以完全遵照提纲拟写,也可以根据需要在原有思路上做进一步完善修改。

2. 修改定稿

文章的修改包括内容和形式两个方面。前者涉及论点是否明确,观点是否突出,论据是否科学准确,论证是否合乎逻辑,结论是否精辟等。后者包括篇章的结构、字词句标点等。

3. 规范格式

论文主要包括标题、署名、单位、摘要、关键词、正文和附录等要素。

(1)标题。标题一般不宜超过 20 字。尽量做到用词确切、简约、醒目,不用不常见的缩略词、首字母缩略词、字符、代号和公式等。

(2)署名和单位。作者姓名署在标题正中间下方,工作单位排印在署名下方。标注在地脚或文末的,应该用“作者单位”或(作者单位)作为标识。如果不止一位作者,署名之间用逗号隔开。对于工作单位不同的作者,要在姓名右上角用数字序号注明,并在其工作单位名称之前加上与之相同的序号。

(3)摘要和关键词。摘要是论文内容的精要概括,使读者不阅读全文,也能获得必要的信息,同时也可以为文摘、索引、出版转载提供便利。摘要部分应说明研究的目的、方法、结果和最终结论等,主要是结果和结论。3000 字以上的论文,中文摘要一般为 200～300 字。摘要用第三人称表述,不用"本文"、"作者"作为主语。

每篇论文应选取 3～5 个词语或术语作为关键词,用来表示全文主题内容信息。

(4)正文。正文由绪论、本论和结论三部分组成。其中,绪论是文章的开头和导引,既可以交代写作缘由及背景,也可以指出该课题的研究意义和价值,也可以综述该课题的研究现状,展现论者对研究资料的占有与分析,为下文的论述奠定基础。

本论是学术论文的核心和主干,不仅占的篇幅很大,而且要求条理清晰、论证严密,决定着整篇论文的质量,也综合体现论者水平。

结论即论文的结尾,是论者对研究对象所作的总结性看法,也是对本论部分的精要概括。但要注意的是,不要将结论变成本论的简单重复,而应有更进一步的提升。

(5)附录。附录包括注释和参考文献等内容。

为了说明论文中的引文出处,或对论文中的相关问题予以解释,就要用到注释。加注的方式有尾注、脚注和夹注。注释的引文如果来自期刊,要依次注明:作者、篇名、期刊号、年份、期数、页码。引文如果来自著作,要注明:作者、书名、出版社、出版年份、版次、页码。

参考文献是用来标识对论文有参考价值的专著或论文,表明论文写作的主要思想和资料来源,也从另一方面表现论者研究的深度和广度。列参考文献不可随便凑数,要注意代表性和本论文的相关性。论文应注明作者、篇名、期刊名、年份、期号;著作应注明作者、书名、出版社、出版年份、版次。

参考文献一般为正式出版物,非正式出版物可在文内或地脚注释列出。所用参考文献 80%以上应为近 5 年出版的文献。

各类文献类型和标志代码如下:普通图书(M);会议录(C);汇编(G);报纸(N);期刊(J);学位论文(D);报告(R);标准(S);专利(P);数据库(DB);计算机程序(CP);电子公告(EB)。

电子文献载体和标志代码为:联机网络(OL);磁盘(DK);磁带(MT);光盘(CD)。

例文评析

反对父权体制的祭典(节选)

——张爱玲小说论

林幸谦

张爱玲的女性主体意识可说自然流露于文本之中。在她的女性叙述中,女性人物的主体性和其从属性一样都和男性人物有着密切的连锁互动关系。讨论张爱玲小说的女性主体性问题,最有效的途径便是同时分析张爱玲笔下对于男性人物的书写模式。

在大量书写女性压抑主题的同时,我们其实不难在张爱玲文本中找到作家意图颠覆父权的意涵。在此双重意义的女性叙述中,张爱玲的文本既能演绎"儒家女性"(注:"儒家女性"术语的使用,在此具有中国特有的宗法性别政治思想。在三纲五常的大主轴之下,儒家典籍中有关三从四德的性别文化秩序和尊阳贬阴、男尊女卑、男主女从的道统,在文化与性别层次上把传统女性贬为压抑符码。但除了压抑概念之外,儒家女性一语其实也具有某种程度的主体性和女性意识。因此,严格而言,儒家女性的概念,是一种含有双重性质的、矛盾性概念。有关论点,在笔者的博士论文中已另文探讨。这里不拟赘述。)的从属与压抑问题,亦具备讲述女性主体的能力。此种同时具有承载女性压抑和颠覆父权的女性书写,正是女性文本的空隙、沉默与简缺的意义所在。

本文即将探讨张爱玲文本中的女性主体如何借助去势父亲的书写策略而被突显出来。在张爱玲所提供的文本模式中,女性的内囿、焦虑、丑怪与疯狂,被安置于男性/父亲的去势、阉割的现实里,丝毫没有维护父亲权威和男性传统形象的迹象。这样的叙述布局暗藏了女性文本中的反父权意识。而这种反叛父权文本的女性书写,乃和作家的女性主体关系密切。

张爱玲对于男性家长或男性人物的描写,主要有以下两方面的特点:其一是构成"无父文本"(注:"无父文本"问题,笔者已另文专论,此处不拟赘述。)的书写,即是把男性家长排除/放逐在文本之外,而形成女性家长当家作主的文本模式;其二,则是文本所要探讨的男性"去势"与"阉割"的书写现象。在传统"父之法"(Law-of-the-Father)下,女性主体往往遭受父权意识的压迫,而被"结构"在"他者"之中。然而,此种作为他者的沉默群体(muted group),却在张爱玲的"杀父书写"和其对于男性/父亲人物的"阉割去势"中,得到替代性的补偿。一方面,男性角色成为被阉割去势者;另一方面,女性家长则取代了男性家长的位置。传统父权的性别主体,在作家的书写中被其叙述语言所盗取。

如此一来,传统儒家女性在历史中遭受的精神迫害和文化扭曲,在张爱玲的书写中，便通过阉割去势的书写模式，反过来落在男性身上。在这种书写模式中，张爱玲企图把女性的历史创伤转移到男性角色中，并成为攻击传统父权的来源。这些在张爱玲小说中被排挤出局的男性家长，成为女性作家抗衡父权压抑的文本策略。

张爱玲小说中有关父亲的缺席，以及作为说话主体的女性家长的出现，在这里成了干扰父权象征秩序的符号。男性家长的缺席和去势父亲的书写，因而涉及女性对于父权象征秩序的反串，同时也可被视为一种反串历史、文化现象的女性书写模式。而女性家长的确立，则表明作家拒绝把女性角色永远安置在从属地位上。

张爱玲的此种书写策略，显然刻意将女性家长替代了男性家长的缺席。而在这些男性家长缺席的“无父文本”中，恰恰宣告了女性家长的主体性身份。除了“无父文本”和女性家长的确立之外，张爱玲对于父亲权威的遗弃和对于父权的反抗，更强烈的表现在文本的书写模式之中。

大体而言，张爱玲笔下的丑恶男性形象，主要表现在肢体残缺、猥琐无能、狂嫖烂赌、昏庸懦弱的遗老遗少身上，乃至丧尽父权精神人格的畸型男性人物身上。这些去势男人自然也包括了狂嫖滥赌的败家子和浮华浪人。他们充斥在张爱玲的许多作品之中。

张爱玲小说中这种充满丑陋父亲形象的描写，显然有着重要的颠覆意义。如果进一步追溯，不难发现从她的中学少作《牛》开始，其实就已经构思笔下第一个猥琐男人：禄兴。禄兴作为她对传统父亲形象的理解，可说奠下日后描写男人的一个初型。

在《牛》一文中，禄兴以一个丈夫的身份耗尽妻子的嫁妆与钱财，自己落得一穷二白，山穷水尽。这正是日后张爱玲在小说中最乐于塑造的男性形象。此类男人不事生产，专门用女人的钱，通常是妻子的钱，其中自然也有花费母亲钱财的男人。此类男人亦包括无能养家靠妻子赚钱持家的丈夫。如《花凋》中的郑先生，即是一个“哄钱用的一等好手”(《第一炉香》)。其他如《创世纪》的匡霆谷，《桂花蒸——阿小悲秋》中阿小的男人，《沉香屑——第一炉香》中的乔琪，《秧歌》中月香的丈夫谭金根等。

除了哄骗妻子的钱财嫁妆外，另一些则是花母亲或女儿的钱财。前者大部分是靠祖产过活的遗少，如《金锁记》里的姜季泽和姜长白，《创世纪》的匡霆谷和匡仰彝父子，《小艾》中的席五老爷；后者如《多少恨》的虞老先生即视女儿为摇钱树。除此，张爱玲的作品从《沉香屑——第一炉香》开始，到后期的《半生缘》、《相见欢》等篇的男性角色，大部分都有堕落、猥琐男人的写照，反复嘲弄，也反复反讽现实男性/父亲的阴暗面。

事实上，张爱玲小说中的男人形象，都含有她父亲的影子，甚至可以说就是张廷重的化身或投影。身为显赫世家的末代遗少，张廷重的淫靡荒唐、强权霸道作风，对张爱玲日后反叛父权、恣肆讽嘲父亲角色和男主角的书写有着重要影响。

在此种对于男性人物的书写中，父亲形象备受张爱玲的恣肆贬抑与嘲弄。传统“宗法父权”(注：在中国传统男女两性秩序的文化编码中，由于儒家经典中的两性伦理观念扮演着重要的规范角色。因此，这里为了进一步区分中国的父权特质，提出“宗法父权”的概念。“宗法父权”一词在此含有双重的概念，意图结合中国宗法礼教和西方父权体制。此词相信颇能代表/讲述东方的父权文化体制，以期进一步标榜中国父权体制和儒家典籍中有关性别规范和道德礼教的特色。儒家在此因而不只是一种学说的概念，也指涉及父权为中心的文化形态。)社会中的英雄气概和男儿本色，不但在她的文本中消声隐迹，反而突显为猥琐无能、贼头贼脑、狂嫖烂赌、玩世不恭等形象。这些毫无责任感的男人充斥在她的大部分小说中，几乎无一幸免。父权文化下的腐败荒唐，都集中在他们身上。他们的人生态度和生活恶习，在张爱玲的再三强调之下，格外突显了传统父权社会的荒唐和淫靡本质。

张爱玲文本中有关父亲形象的构图，和女性主体的建构，实有密切的关系。由于这些女性家长/人物的出现，乃是在压抑现实的基础上被建构为一种文本策略，非但讲述了女性自身的压抑性质和他者处境，同时以自身的焦虑与歇斯底里去颠覆男性主体。这种反父权的书写模式，看似隐而不显，实则显而易见。

【评析】林幸谦是香港浸会大学中国语言文学系的教授。他不仅从事学术研究，也写诗与散文，是个学者兼作家的全才。林幸谦曾在香港中文大学读哲学博士，“张爱玲论”是他博士论文的选题，他的相关研究论文先后在多家刊物上发表，并且集成专著《荒野中的女体——张爱玲女性主义批评Ⅰ》、《女性主体的祭奠——张爱玲女性主义批评Ⅱ》等。

在众多张爱玲及其作品的研究者中，林幸谦可谓独树一帜。他以女性主义为切入点，通过性别、权力和情欲等角度，分析女性所具有的双重特质。发表于《文学评论》1998年第4期的《反父权体制的祭典——张爱玲小说论》一文分四大部分，共万余字，节选部分是其中的第一部分。在这篇论文中作者认为张爱玲小说中的男性形象在精神与肉体上都是猥琐、堕落、无能、丑陋的，揭示了传统父权社会的淫靡本质，体现了张爱玲的女性主体意识。林幸谦通过大量的文本分析来佐证张爱玲文本中意图颠覆父权的描述，借以表现张爱玲的反父权思想及其内在的焦虑、恐惧等潜意识。

论述中，林幸谦在学理上多参照的是20世纪下半叶的欧美文论，但他又能大胆地使之与中国文论传统有机融合，前香港大学中文系教授黄继持先生对此评价得很恰切，他认为林幸谦的论文“在术语汉译基础上，酌量铸造新词。诸如‘父权’上冠以‘宗法’，‘女性’、‘疯女’、‘他者’上冠以‘儒家’、‘政治’、‘话语’，‘身体’上冠以'闺阁'，骤观不免使人错愕。'儒家'一词用得过度宽泛，'闺阁'一词用得略带谐拟，但这显然对张爱玲的中国女性文本，力求有所照应，以免混同于西方文本。还有'铁闺阁'形象之提出，更企图与中国现代文学发动时期'铁屋子'的象征接轨。这类新词，无论为得为失，都见出铸造者的创造思维与历史感受"。

确实如此，林幸谦对张爱玲作品的论述不仅观点新异，资料翔实，逻辑性强，而且语言丰富，文采斐然，令人仰慕。

文本意义、教学价值与课程目标

梅云霞

摘　要：文本意义的多元性和动态性，决定了文本意义并不是在任何时候都具有相应的教学价值，而是需要根据课程目标进行必要的选择。因此，我们期待更为明晰的语文课程目标体系的建立与完善。

关键词：文本意义；教学价值；课程目标

文本意义的多元性和动态性，决定了文本意义并不是在任何时候都具有相应的教学价值，而是需要根据课程目标进行必要的选择。因此，我们期待更为明晰的语文课程目标体系的建立与完善。

文本意义具有多元性和动态性

文本是作者以语词形式给读者单向传输信息的载体，由于语词意义的"疏略性"、"不确定性"和"游移性"，及其与读者思维的"伴随性"，[1]所以文本具有作者原意、文本本意和读者解释三个层面的意义。作者原意是作者所想要表达的意义，文本本意是作品实际蕴含的意义，读者解释是读者建立在自身学养基础上的可理解意义。其中，作者原意和文本本意具有相对的确定性，而读者解释则会因为读者的原因而具有不确定性。正如钱理群先生所说的，"文学的本性决定了对它的理解、阐释必然是多元，甚至无穷尽的，而且随着阅读对象、时间、空间的变化而不断地发展。"[2]

《老王》是杨绛先生于1984年3月完成的一篇记叙散文，最早发表于1985年《随笔》第1期，并收入杨绛散文集《杂忆与杂写》"忆旧"部分，而后分别入选课程标准语文教科书人教版八年级上册和苏教版高中必修三，自此，《老王》的意义吸引了广大语文教师的持续关注，中学语文教学杂志也相继刊登了多篇研讨文章。如，《语文建设》在2003年第1期发表《面对卑微者的不幸人生——解读〈老王〉》之后，分别于2006年第9期和2007年第1期发表了《是人物的颂歌，更是灵魂的拷问——对〈老王〉主旨的探索与思考》和《也谈对〈老王〉主旨的探索与思考——兼同怀宁先生商榷》等文章，而后又于2007年第11期发表了《体验老王的情感世界——解读〈老王〉的另一把钥匙》。《中学语文教学》2006年第12期发表《〈老王〉之败笔》之后，2007年第2期又发表了《对〈老王〉的另一种解读》的文章，而后还发表了《阅读教学应有价值考量——

以〈老王〉教学为例》、《跟着杨绛读老王》和《作为一个“存在”的价值判断——对〈老王〉的再解读》等文章。事实上，不同读者对同一文本所形成的意义，虽然会有重合，但更多的是部分交叉。这就是所谓的“一千个读者，就有一千个哈姆雷特”。

另外，即使是同一读者对于同一文本，随着读者年龄的增长，以及生活状况、社会阅历、人生经验和个性心理等方面的变化，读者意义也会有所变化。毕淑敏《常读常新的人鱼公主》就充分表明“一千次阅读，就有一千个人鱼公主”。[3]毕淑敏第一次读《海的女儿》，大约是8岁，还是个小学生，当时她“最疼她的哑”，希望医生能使她说话，或者以她自己的聪慧学会写字，“用文字把自己的身世写给王子看”；大约18岁的时候，“也许是情窦初开，这一次很容易地读出了爱情”，并且“思来想去，只有赞同人鱼公主对待爱情的方法，宁可自己痛楚，也要把幸福留给自己所爱的人……”；“到了28岁的时候，我已经做了妈妈”，所以“竟深深地关切起人鱼公主的家人来了”，觉得“人鱼公主的勇气和聪慧，包括无比善良的玲珑之心，都不是从天上掉下来的，诸多得益于她的祖母”；“到了38岁的时候，因为我也开始写小说”，所以“不由自主地探讨起安徒生的写作技巧来了”，从而产生疑问——“干吗把救赎工作，交到每一个读过人鱼公主的故事的小孩子身上啊？是不是太沉重了”；“现在我48岁了”，在写作上渐入佳境，所以能够“心平气和，仿佛天眼洞开，有了一番新的感悟”，觉得“这是一篇写灵魂的故事”，认为“在一个接一个严峻的考验之后，在肉体和精神的磨砺煎熬之后，人鱼公主谁都不再依靠，紧紧依赖着自己的精神，踏上了寻找不朽灵魂的漫漫旅途”。总之，毕淑敏的每一次阅读，总能把“我”放进作品之中，从而“常读常新”。所以，她希望到58岁、68岁乃至108岁时还能读出“深长”的意义。

文本意义并不都有教学价值

解读文本的基本策略，包括“回到语言本身，发掘文本语言所蕴含的丰富意义；解析‘意象’和‘故事’，发掘其中所隐含的深厚内蕴；寻找文本的隐秘处，发掘其中隐藏的深刻意义”[4]。杨绛先生的《老王》入选课程标准语文教科书之后，随着广大语文教师对文本解读的逐渐深入，各种观点与主张交相呈现，文本承载的意义也变得越来越丰富。

首先，《老王》是“我”叙述老王，老王是作者着力描述的对象，整个文本都是围绕老王展开的，所以，解读《老王》首先便是揣摩老王这一人物形象，包括老王的生存状态、为人处世和性格特点等等；另一方面，由于“我”是《老王》中的叙述人，因此，解读《老王》还要理解“我”对老王有怎样的情感态度。这样所得到的文本意义，是对以老王为代表的底层劳动人物“在不幸生活中不改善良淳朴天性”的讴歌，同时也是作者对自己灵魂的拷问。[5]其次，虽然《老王》是“我”叙述老王，但也可以揣摩老王对“我”的态度。其中，老王对“我”的态度取决于“我”对老王的态度，或是取决于老王和“我”相互之间的态度——平等、同情、怜悯和关怀。当生活不幸的老王感受到来自“幸运者”的温暖时，便报以自己的关爱与感激。这样，“老王的情感世界因此更加丰富了，老王的形象也更加丰富了，‘我’对老王也更加‘愧怍’了。”[6]另外，还可以从作品存在的社会意义上进行分析。“杨绛之所以写《老王》是因为自己从老王身上看到了人性最为质朴的美仍然存在于这个民族的基层；杨绛因老王的存在拥有了道德的鼓舞，感到了温暖，看到了希望。杨绛在《老王》中，表面写老王的善良、正直和自己没有更好地善待、理解老王的愧疚，实际是写普通民众在特殊年代对道德良知和光辉人性的坚守，是歌颂，同时也是批判。老王、杨绛和《老王》的存在是民众道德与精神高度的标志，我们从这样的存在里感受到了一种精神的温暖，这种温暖是良知与道德普遍匮乏时代的一缕春风，更是知晓道德依然存在于民间后所拥有的一份力量和希望。”[7]

从课程标准语文教科书的编写意图看，人教版八年级上册将《老王》编在第二单元，由于“在七年级下册已经安排了一个写杰出人物的单元，让学生领略了世界杰出人物的风采”，上一单元又“恰恰是一个写战争的单元”，使学生感受到了“震惊与悲痛”，“再也不能让人类之间的残杀延续下去了，应该让世界充满爱”，于是这一单元以“爱”为主题，其中鲁迅的《阿长与〈山海经〉》、朱自清的《背影》、李森祥的《台阶》、杨绛的《老王》、余秋雨的《信客》等“几篇课文都在诉说对普通人，尤其是对弱者的关爱”。所以，教学时我们要让学生“从课文中感悟到‘爱’这种博大的感情，从而陶冶自己的情操”，并且熟读课文，“从中了解叙述、描写等表达方式，揣摩记叙文语言的特点”，以提高相应的写作能力。[8]苏教版高中必修三将《老王》编在“号角，为你长鸣”专题的“底层的光芒”板块，与其并列的板块还有“烈士的抉择”和“殉道者之歌”。其中《老王》是“作者叙述与一位人力车夫的交往，写底层劳动者在不幸的生活中不改善良纯朴的天性”，表明“只要人格高尚，凡人也和伟人一样，他们的精神如同日月星辰，在历史的苍穹中永远发光”，其写作手法具有“对人物的刻画，着笔不多，真实生动，对话描写展示了人物的内心世界，凸显了人物性格”的特点，教学时我们“要注意作者的选材和立意，关注作品的时代环境和人物的社会地位，注意文章所表现的作者的思想感情，研究其写作方法”，以便学生在写作实践中能“写出人物鲜明的个性”。[9]

虽然阅读教学的实质是促进学生对文本意义的生成，但并不要求学生生成文本的全部意义。比较诸多语文教师对《老王》文本深入解读所形成的意义和教科书编写者的意图可以发现，从《老王》中的人物关系解读文本，体会其中人类的善良本性和人物的性格特征，以帮助学生陶冶思想情感，提高写作能力，才是教科书编写者的意图。另外，《海的女儿》是安徒生的著名童话，现被语文出版社编入义务教育课程标准实验教科书语文六年级上册，上文列举的毕淑敏在不同年龄阶段阅读《海的女儿》所形成的意义中，只有童年时的感受是最适合于小学语文教学的。换言之，虽然许多文本所蕴含的意义非常丰富，但并不一定在任何时候都具有相应的教学价值。

课程目标是文本意义教学选择的依据

面对多元而部分交叉的文本意义，如何进行选择并实现其应有的教学价值，是解决语文教学“教什么”的关键问题。由于学生在八年级已经学习过《老王》，高中时再遇《老王》，相同的学生（时空已经发生变化），不变的文本，一样的意义，实践中老师们探索出了从不同角度重新选择或组织教学内容的一些具体做法。[10][11] 对此，我又想起了叶圣陶先生的一句名言，那就是“语文教材无非是个例子”。

关于“语文教材无非是个例子”，过去经常是从学科特点的角度进行理解。那就是“数学、物理、化学等课本，材料是一定的，各科的课程标准（原文中是‘教学大纲’，下同）都规定好了，语文课本的材料是课文，课程标准并未规定，也无法规定”，所以语文教材只是从学生“现在或将来需要读的同类的书中举出来的例子”，学生“如果能够了解语文教材里的这些篇章，也就大概能阅读同类的书，不至于摸不着头脑”。换言之，课文只是“举一”，要让学生读了以后能够“反三”。[12] 其实，“一纲多本”教科书政策下的语文教材更应该是个例子。随着新课程的实施，我国全面推行了“一纲多本”的教科书政策，这一政策使我们认识到，教科书是使学生达到课程标准所规定的目标要求的内容载体，是将课程理念和课程内容按照一定的逻辑体系和一定的呈现形式加以展开和具体化、系统化的材料。教科书对课程理念的体现和对课程内容的落实，并不是只有一种逻辑体系，也并不是只有一种呈现风格，也就是说，课程内容可以按照多种逻辑关系加以具体化，从而形成多种版本的教科书。目前，经国家中小学教材审定委员会审查通过的普通高中语文课程标准实验教科书共有7套，分别由人民教育出版社、江苏教育出版社、语文出版社等单位正式出版。有人曾就7套教科书中文言课文的编排情况进行过比较，结果发现在课文数量和编排方式等方面都存在着较大的差异。[13] 这些不同版本、不同课文的语文教科书，能实现同一课程标准所规定的目标要求，不仅是教科书编写者的观点，也是国家中小学教材审定委员会在审查教科书时所认同的，这表明一组不同的课文可以具有相同的教学价值，从而实现相同的课程目标，同时这也充分表明不同版本语文教科书中的课文都是承载课程目标的同类中的“例子”，而不是“唯一”。

过去“一纲一本”的教科书政策容易将教科书神圣化，导致基于教科书的课程实施取向。新课程倡导的是基于课程标准的课程实施取向，与其相适应的“一纲多本”的教科书政策隐含着教师不再是“教教科书”而是“用教科书教”的理念，其中不同版本的教科书只不过是针对相应学段学生所进行的普适性的预设，任何一种版本的教科书不再是课堂教学的唯一依据。我们面对作为“例子”的同一学段不同版本教科书中的课文，或像《老王》那样不同学段教科书中的同一课文，首先应该理清课程标准的要求和教科书编写者的意图，并选择与课程目标相匹配的文本意义，再进行贴近“学情”的教学设计，以确定教学的知识脉络和学生的认知脉络，使教学设计既有合理的目标，又贴近学生的思想情感、知识基础和思维状态。例如，《林黛玉进贾府》是多种版本课程标准高中语文教科书中的课文，在人教版教科书中处于必修三第一单元，由于人教版教科书对应的课程内容是“欣赏人物形象”，所以教学活动要选择相应的文本意义，使学生体会到作品是“以现实主义的细腻笔法，真实而客观地展现了当时的社会环境与人物风貌”，而涉及“木石前盟”或“红学”研究的其他文本意义在此就没有教学价值可言。但是，语文学科的课程特点决定了课程标准中的课程目标还显笼统，为此有人呼吁，语文课程应该与其他课程一样，具有严谨规范且自成体系的课程教学内容。[14]确实，只有语文课程目标由大到小、由宏观到微观地细化为具体的课程教学目标、学段教学目标、学年教学目标、单元教学目标，甚至是课文教学目标和课时教学目标等项目时，我们才能相对准确地从课文所承载的意义中选择适宜的成分，实现其既符合课程目标，又符合文本意义的教学价值。所以，我们期待更为明晰的语文课程目标体系的建立与完善。

参考文献

[1]刘宓庆. 翻译与语言哲学(修订本)[M]. 北京：中国对外翻译出版公司，2007：281-290.

[2]钱理群.《雷雨》的多种阐释[M]//王丽. 中学语文名篇多元解读. 广州：广东教育出版社，2006：148.

[3]李仁甫. 一千次阅读，就有一千个“人鱼公主”——《常读常新的人鱼公主》赏析[J]. 语文教学通讯，2001，(20)：42-43.

[4]李安全. 文本解读：意义的发现[J]. 名作欣赏，2009，(2)：4-9.

[5]怀宁. 是人物的颂歌，更是灵魂的拷问——对《老王》主旨的探索与思考[J]. 语文建设，2006，(9)：53-54.

[6]艾会波. 体验老王的情感世界——解读《老王》的另一把钥匙[J]. 语文建设，2007，(11)：45.

[7]张克中. 作为一个“存在”的价值判断——对《老王》的再解读[J]. 中学语文教学，2010，(3)：46-48.

[8]课程教材研究所中学语文课程教材研究开发中心. 义务教育课程标准实验教科书语文八年级上册教师教学用书[M]. 北京：人民教育出版社，2002：71-74.

[9]丁帆，杨九俊. 普通高中课程标准实验教科书语文必修三教学参考书[M]. 南京：江苏教育出版社，2006：36-54.

[10]唐修亮. 当高中生再遇杨绛的《老王》[J]. 语文教学通讯，2010，(1A)：29.

[11]朗笑. “旧文”如何“新教”——以《老王》的教学为例[J]. 语文教学通讯，

2011,(1A):21－22.

[12]徐龙年.论叶圣陶与我国的语文教材建设[J].南京社会科学,2006,(6):121-125.

[13]童志斌.关于普通高中语文教材中文言课文编排与教学的思考——7种版本高中语文新课标必修教材比较[J].教育理论与实践,2009,(6):17－19.

[14]刘祥.文本价值最大化与语文有效教学[J],中小学教师培训,2009,(6):33－35.

【评析】本文作者系江苏省南通师范高等专科学校教授,在《中国教育学刊》、《教育理论与实践》等刊物发表《语文教学反思的多重路径》、《语文教学设计的几个重要环节》等论文20多篇,主要从事语文课程与教学论研究。这篇论文最初发表于《教育导刊》2011年第9期,后被《复印报刊资料:高中语文教与学》于2012年第1期全文转载。

就结构布局而言,该论文具有如下特点。首先,标题的选择简约精准。文章紧扣文本意义、教学价值与课程目标三者的内涵及关系展开论述,故标题也就由三个关键词组构成,让人一目了然。其次,文章的引论部分简要概括了作者的核心观点,为下文展开详细论述提供了逻辑思路。再次,整篇行文自然流畅,结构清晰,每一个章节均由观点鲜明的小标题统领,具有编排的美感。最后,参考文献翔实充分,可见作者治学的严谨。

从该论文传递的学术内涵而言,我们至少可以从中获得如下启示。首先,选择自己研究和关注的课题,切莫人云亦云。这篇论文中翔实生动的文本解读,均来自于作者几十年的教学研究与积累。其次,不屈从权威,用批判与发展的眼光来分析问题,才有可能实现一篇论文的真正价值。作者的身份虽为教师,却没有刻板地遵从课程标准,而是为了更充分地实现文本意义,从有助于学生切实发展的角度,呼吁课程目标体系的建立与完善。最后,以小见大,窥斑见豹。优秀的学术论文,绝非连篇累牍、面面俱到,恰恰都是因为切口小、挖掘深而让人津津乐道。此文列举的是语文课程教学中的文本解读,其实论文话题的大背景乃是文本的创作与传播,即文本解读过程中的再创造问题。

总之,这篇论文给教育工作者尤其是从事文科教学的老师们以很好的借鉴与启迪。

写作训练

结合自己所学专业,选一个论题进行研究,写一篇2 000～3 000字的学术论文。

拓展阅读

1. 周淑敏、周靖《学术论文写作》，清华大学出版社 2018 年版。
2. 王雨磊《学术论文写作与发表指引》，中国人民大学出版社 2017 年版。
3. 张江《高校学术论文写作教学探究》，《西部素质教育》2019 年第 7 期。

第四章　应用文体

所谓应用文，就是用来处理事务、解决问题，以实用为目的的应用文章。一般可以分为通用应用文和专用应用文两大类。通用应用文是指各行各业都普遍使用的应用文，包括党政机关公文、事务应用文、一般应用文等三个具体类别。专用应用文是各行业、各系统内部使用的文体，如经济应用文、文教应用文、司法应用文等。

第一节　党政机关公文写作

理论概说

一、党政机关公文的概念和特点

(一)概念

党政机关公文是党政机关实施领导、履行职能、处理公务的具有特定效力和规范体式的文书，是传达贯彻党和国家的方针政策，公布法规和规章，指导、布置和商洽工作，请示和答复问题，报告、通报和交流情况等的重要工具。

(二)特点

党政机关公文具有如下特点：(1)法定的作者。这指的是依据法律和有关规定成立的能够行使职能的组织或单位。(2)严格的政策性。这是由其反映的内容决定的。(3)法定的权威性。这主要体现在三个方面：一是国家政权赋予发文机关或单位法定的地位和职权；二是国家从法律和行政措施上对党政机关公文的权威性给予可靠的保证，要求受文者做到令行禁止；三是党政机关公文内容的合法性。(4)体式的规范性。这种规范性是公文的权威性和法定性的具体体现，也是公文处理的客观需要。

二、党政机关公文的种类

(一)按照行文关系和行文方向分类

按照行文关系和行文方向的不同,党政机关公文可分为三种。

一是上行文,是指下级机关向所属上级机关呈送的公文。如报告、请示等。

二是平行文,是指平行机关或不相隶属的机关送交的公文。如函等。

三是下行文,是指上级机关向所属下级机关的发文。如命令(令)、决定、公告、通告、通报、批复等。

(二)按照保密程度分类

按照保密程度来分,党政机关公文可以分为绝密文件、机密文件、秘密文件。

(三)按照具体职能分类

按照具体职能分类,党政机关公文一般可以分为六种。(1)法规性公文;(2)指挥性公文;(3)报请性公文;(4)知照性公文;(5)联系性公文;(6)实录性公文。

三、几种常用党政机关公文的写作

(一)决定

适用于对重要事项作出决策和部署、奖惩有关单位和人员、变更或者撤销下级机关不适当的决定事项。决定属于下行文,一般用于上级机关对下级机关,有时本单位内部也可使用。

1.决定的特点

(1)强制性;(2)广泛性。

2.决定的种类

(1)对重要事项作出安排的决定;(2)对重大行动作出安排的决定。

3.决定的一般写法

(1)标题。决定的标题包括发文机关名称、事由、文种三者缺一不可。如在报纸上公开发表的决定,成文日期应标在标题之下。

(2)正文的写法。决定正文包括决定因由、决定事项两个部分。

决定因由,即作出决定的原因,有时讲述事件经过及其意义。这部分行文要求简明扼要,逻辑严密,用语准确。

决定事项,通常有以下几种表达方式:一是一段到底式,即不分段,一口气写到底。这种方式适用于内容单一、篇幅简短的决定。二是分条标项式，即把决定中涉及的若干问题按照主次列成若干条项，并用数码标出。这种形式适用于牵涉较多具体问题、事项的决定。三是小标题式，即把决定中每条的中心内容归纳成小标题，分列于每一部分之前。这种写法条理清晰，内容突出。四是分部分表述式，即把全文分成若干部分，每一部分表达一个中心意思，用中文数码标明各部分的顺序。

决定的最后，可根据决定事项提出执行决定的要求、意见。表彰性的决定，则提出希望和号召。在行文上，可作为全文的单独一段来写，也可作为主体部分的一条来写。

4.决定的写作要求

(1)要有政策或法律依据；(2)要事实准确，语言严谨。

5.例文

关于表彰××××—××××学年度共青团系统
优秀青年及青年群体的决定

各团总支、直属团支部：

××××—××××学年度，我校基层团组织和广大团员青年，在校党委的正确领导下，坚持以邓小平理论和“三个代表”重要思想为指导，认真落实科学发展观，充分发扬光荣传统，不断开拓进取，在思想育人、组织育人、文化育人、服务育人和实践育人等方面取得了可喜的成绩，涌现出了一大批先进青年群体和个人。为继承五四光荣传统，弘扬五四爱国精神，激励我校各级团组织和团员青年奋发向上，再创佳绩，经各学院民主评议，学校各级团学组织推荐，校团委严格评审及校内公示，决定授予生命科学学院团总支等5个单位为××××年度“共青团工作先进集体”称号；授予×××等5名同志为××××年度“优秀团总支书记”称号；授予政治学院中国特色社会主义理论体系学习研究会团支部等18个团支部“五四红旗团支部”称号；授予××等10名同学“十佳优秀团员”称号，×××等1011名同学“优秀团员”称号；(略)希望这些先进集体和个人谦虚谨慎，戒骄戒躁，继续发扬优良作风，在我校的各项建设中发挥先锋模范作用。同时，希望全校各级团组织和广大团员青年以他们为榜样，勤奋学习，锐意进取，在我校形成崇尚先进、学习先进、争当先进的良好氛围，努力推动我校团工作再上新台阶。

附件：某大学××××—××××学年度共青团系统优秀青年及青年群体名单

共青团某大学委员会

××××年×月×××日

【评析】该决定结构完整，正文内容翔实。决定的主体部分既交代了决定这次表彰的因由及意义，又全面细致地罗列了表彰的事项，在结尾处还发起号召，使决定充实完备。

(二)通告

1.通告的用途

通告适用于公布社会各有关方面应当遵守或者周知的事项。

2.通告的特点

(1)内容的广泛性。通告的内容可涉及国家的法令、政策，也可以用来公布社会生活中的一些具体事务，如更换自行车牌照等。

(2)范围的局限性。通告只能在一定范围内公布，让一定范围内的人民群众遵守和周知事项。

3.通告的种类

通告，按其作用的不同，可分为事项性通告、法规性通告两种。

4.通告的一般写法

(1)标题。通告的标题由发文机关名称、事由、文种三部分组成；有的省去事由；内容简单或难以概括标题的，只写"通告"二字。

(2)正文。通告的正文一般由三部分内容构成。首先写清楚发布通告的目的和法律的依据。接着以"特此通告如下"作为过渡语，转入第二部分内容即通告的具体事项。第二部分一般采用分条列项的方法写出(通告事项单一的可例外)。最后单列一段提出希望和要求，或说明实施期限和告知有效范围。

(3)结语。通告的结语一般采用"此告"、"特此通告"等语。

5.通告的写作要求

(1)语言通俗易懂，准确明白。

(2)注意通告与公告的主要区别。

一是重要程度不同。公告用来宣布国内外关注的重大事件；通告多用于宣布一般性的事项。

二是受文对象不同。公告范围很广，向国内外宣布，全国公民乃至全世界周知；而通告则是就某一部分的某项问题发布的，它只适用于某一限定范围内。

三是发布权限不同。公告是国家领导机关使用的公文，一般部门和单位不得使用这一文种；而通告是基层企业单位、事业单位、街道、村民委员会等均可制作、使用的一种公文。

(3)注意通知与通告的区别。

从使用范围看，"通知"适用于批转下级机关的公文，转发上级机关和不相隶属机关的公文，传达要求下级机关办理和需要有关单位周知或者执行的事项，任免人员等；而“通告”则适用于公布社会各有关方面应当遵守或者周知的事项。

从受文对象看，通知的对象一般是机关或单位；通告的对象一般是社会公众。

从行文要求看，通知的事项一般需要办理和贯彻执行；而通告的事项只需遵守和知晓即可。

6. 例文

××××年××××××学校招聘教师通告

一、学校简介

××××××学校创办于清光绪二十八年(1902)，隶属于××市政府，是我国第一所独立设置的公立简易师范学校，同时也是一所培养五年制专科层次人才的市属、公办高校。（以下略）

二、招聘岗位简介

岗位名称	岗位类别	岗位等级	招聘对象	人数	专业	学历	其他条件
助教二级	专技	12	不限	1	文艺学、学科教学(语文)	研究生	本科阶段所学专业为师范类汉语言文学，非应届生须具备助理级专业技术资格
助教二级	专技	12	不限	1	学科教学(地理)、自然地理学	研究生	自然地理学专业应聘者的本科阶段专业为师范类地理，非应届生须具备助理级专业技术资格
助教二级	专技	12	不限	1	学前教育学、教育学原理(学前教育方向)	研究生	本科或专科段专业为学前教育(或幼儿教育)，非应届生须具备助理级专业技术资格
助教二级	专技	12	不限	1	音乐教育、音乐学、音乐表演	本科及以上	全日制普通高校毕业，钢琴十级证书，非应届生须具备助理级专业技术资格
讲师三级	专技	10	非应届	1	学前教育	本科及以上	全日制普通高校毕业，具有中级及以上专业技术资格

三、相关说明

1. 请有意报名的人员将个人简历发至我校招聘信箱，以便届时我们协助进行提醒等力所能及的工作，更有利于应聘者的应聘。

2. 本次招聘考试采用网上报名的方式进行，具体要求详见《××市市属部分事业单位××××年春季公开招聘工作人员简章》。

3. 招聘考试网上报名时间：××××年×月××日 09:00—×月××日 16:00。

网址：www.ntpta.gov.cn

四、联系方式

学校地址：××省××市××路×号

联系人：某老师

联系电话：(略)

传真：(略)

电子邮箱：(略)

学校网址：(略)

【评析】这是一则招聘通告，标题完整，让人一目了然。在通告的正文部分，介绍了招聘单位的基本情况和招聘的相关岗位及联系方式，信息齐全。

(三)通报

1. 通报的用途

通报适用于表彰先进、批评错误、传递重要精神或者情况。

2. 通报的特点

(1)真实性。情况真实是通报的生命。通报所表扬或批评的情况，要求准确无误，不允许有任何虚假成分。其次，通报的真实还在于其典型性，反映的材料要能代表事物的本质特点。

(2)及时性。通报具有指导现实工作的作用，因此在时间上要求对所发生的典型事件作出及时迅速反映。

3. 通报的种类

按照内容和用途的不同，可以把通报分为三类：(1)表彰性通报；(2)批评性通报；(3)情况通报。

4. 通报的写作

(1)标题。通报的标题大致有四种情况：由发文机关、事由和文种组成；由事由和文种构成；由发文机关和文种组成；只写“通报”二字。

(2)正文。通报的正文一般包括如下三个方面的内容：

一是主要事实。包括事实发生的时间、地点、涉及的单位与人员、大致过程、主要情节、结果和影响等。叙述事实的基本情况要真实、准确、扼要。要处理好详略关系，对涉及事实本质，对反映通报意图直接有关的过程、情节等，应该详写，其他可以略写。要让人们从叙述中既可很快掌握事实梗概，又能较快悟出其中的经验教训。

二是分析事实所包含的意义。表彰性通报，需要分析先进事迹的意义和主要人物的可贵精神，主要经验和值得发扬与学习的优点，号召大家向先进学习的具体要求等。批评性通报，应分析产生问题的主客观原因、主要教训，以及指出防止和杜绝今后发生类似事件的措施等。情况通报要围绕某个问题，列举各个方面的情况，每种情况又分别以典型材料加以说明。

三是结尾。通报如何结尾，这要根据通报的性质而定。在多数情况下，通报不另加结尾部分，主体写完就结束全文。有的批评性通报，习惯以“希望引起大家的注意”、“特此通报”等词语结束全文。

(3)通报的署名和成文时期。在通报正文的右下方署以发文机关的名称，署名下边写成文的年、月、日。

5. 通报的写作要求

(1)事实必须可靠。

(2)用词与造句必须严谨。

(3)注意通报与通知的区别。通报和通知都是具有沟通情况、交流信息作用的告知性公文，二者区别如下：

第一，目的不同。通知的目的是发布、转发和批转文件、安排部署工作；是要求有关单位或个人必须按照通知的事项要求去做，具有一定强制性。而通报的目的则是表彰先进，批评错误，传达重要情况，树立典型，学习经验，吸取教训，改进工作。

第二，对象不同。通报是对所属人员进行普遍教育的工具，没有特定的对象。通知部署的任务和事项极为明确，具有特定的对象。

第三，时间不同。从制文时间来看，通知是在事前发文；通报则是事后发文。即事前通知，事后通报。

6. 例文

通　报

××××年×月×日，本校学生×××上课时间外出饮酒。其行为已经违反了学校管理制度，影响了学校名誉，也在全校造成了恶劣影响！

现经研究决定，给予×××通报批评一次，以观后效。

希其他同学能引以为戒，认真学习，严格遵守学校各项规章制度。

××学校学工处

××××年×月×日

【评析】这是一则学校对于在校学生逃课饮酒的批评通报。通报主体部分既有对事实的陈述，又有对事件的分析。在公布处理措施之后，还对全体同学提出希望，杜绝此类现象再次发生。

(四)报告

1.报告的用途

报告适用于向上级机关汇报工作,反映情况,答复上级机关的询问。报告属上行文,是公文中使用频率较高的文种之一。

2.报告的特点

(1)陈述性;(2)汇报性。

3.报告的种类

(1)按照内容,报告可以分为例行报告、综合报告和专题报告;(2)按照性质划分,报告有呈转性报告和呈报性报告。

4.报告正文的一般写法

报告的正文主要写明报告的起因和报告的内容。

起因即报告的根据和目的,用简洁的语言进行说明,即为什么报告。起因写完后用“现将有关情况报告如下”作为承启下文的用语。

报告的内容即主体部分是报告的核心,一般为四部分:

(1)基本情况。不论是汇报工作还是反映情况,答复上级的询问,均应实事求是地将具体情况交代清楚,以便上级了解下情,并以此作为依据,妥善地予以处理和指导。

(2)存在问题(或具体意见)。呈报性报告写存在问题,以便于上级了解工作进展的情况,同时为报告的下一部分内容(提出要求)打下基础;呈转性报告也要根据基本情况提出具体处理意见或解决办法,以供上级机关参考。

(3)具体要求或措施。即对今后工作的设想,提出要求或准备采取的措施。

(4)结语。报告的结语,要根据报告的性质和内容而定,不能千篇一律。报告的结语一般用“特此报告”、“以上报告,如无不妥,请批转有关部门贯彻执行”、“以上报告,请审阅”等字样。但也有的报告结尾不写这些用语。

5.报告的写作要求

(1)要注意与“请示”的相区别,“报告”中不得夹带请示事项,结尾不得误用“以上报告妥否,请批示”等语。

(2)内容要真实可靠,做到据实报告,即“好处说好,坏处说坏”,不能“报喜不报忧”。

(3)报告的中心应明确,详略得当,文字简洁、流畅,不拖泥带水。报告中切忌使用套话、废话。

6. 例文

××学院××××—××××学年度校务信息公开情况报告

根据《教育部办公厅关于做好××××—××××学年度高校信息公开工作年度报告工作的通知》精神，学校校务公开工作领导小组做出具体安排部署，各部门、各单位按要求认真填报了××××年9月至××××年8月校务公开调查表。校务公开领导小组进行了认真审核，现将校务公开调查情况报告如下：

一、校务信息公开概况

学校坚持“以公开为原则，不公开为例外”的理念，严格按照《高等学校信息公开办法》(教育部29号令)的精神和要求，切实加强组织领导，扎实推进校务公开工作。学校成立了学校校务公开领导小组，制定了《××学院校务公开实施细则》等规章制度，规范了学校和校内各部门、各单位信息公开各项工作。(略)

二、校内各部门针对主要工作职责和范围公开的事项

1. 党〔校〕办——通过网络、会议公开。主要公开了学校党委、行政贯彻党的教育方针、政策、法律、法规的措施和实施方案；教代会院长工作报告；学校每周工作安排、年度学校工作计划总结、学校重大事项等，通过校园网主页及办公自动化为全校提供政务公开信息平台。

2. 组织部——通过网络、会议公开。主要公开了干部考察预告和干部任前公示；处级干部××××年年度考核结果；××××年4月16日关于四川省出席党的十八大代表候选人初步人选；××××年5月31日关于推荐全国创先争优活动先进县(市、区)表彰对象；校管党费收支情况；全校党员发展和预备党员转正情况等。

3. 宣传统战部——通过网络公开。主要公开了校园网学校要闻237条；校园动态423条；统战工作动态7条；政治学习8次、中心组学习7次等。

…………

三、各二级学院针对主要工作职责和范围公开的事项

通过网络、会议或专栏公开。主要公开了学校划拨经费和创收经费的管理使用情况；各种经费收支情况；绩效工资方案及执行情况；科级以上干部加班费和绩效工资发放；办公费招待费支出情况；领导干部廉政自律；年度考核及评优表彰；学科带头人推荐情况；中层干部教学工作量；学生奖学金、助学金、助学贷款的评定；三好学生、优秀学生干部、优秀团员的推荐评选；师生入党转正等。

四、校务公开工作存在的主要问题

1. 我校校务公开工作存在的问题主要有：一是少数二级单位校务公开工作不够规范；二是个别的校务公开信息不够及时；三是有的二级单位校务公开的内容不够全面。

2. 改进校务公开工作的措施有：一是要进一步统一思想，提高对做好校务公开工作的认识；二是要进一步加强领导和指导，使校务公开工作做到细化和规范；三是要进一步严格要求，加强对校务公开工作的督促检查和管理考核。

××学院

××××年10月28日

【**评析**】这是一则有关校务公开情况的专题报告。开头简要说明了报告的根据和目的，然后分条目介绍了实际情况，有详有略、主次分明。最后分析了该项工作中的存在问题和处理措施，实事求是。

（五）请示

1. 请示的用途

请示适用于向上级机关请求指示、批准。

2. 请示的特点

（1）请求性。请示一般涉及的是本机关、本部门打算办理或迫切需要办理的某种事情，而自己或无权自行决定，或无力去做，或不知应不应该去办，必须请求上级主管部门批准、同意之后才可以去办。

（2）单一性。请示都是一文一事行文简短，着重写需要解决的问题和自己的意见、要求，不涉及其他内容，以便上级尽快答复。

3. 请示的种类

按照请示的性质分类，请示有求示性请示、求助性请示和求准性请示三种。

4. 请示的一般写法

（1）标题。请示的标题一般由发文机关、事由、文种三项构成。也有的省略发文机关只写事由、文种。报告的标题与请示的标题写法相似。

（2）主送机关。即有权接受、批准请示事项的上级机关。一般写在标题与正文之间，单独一行，顶格书写。

（3）正文。请示的正文包括请示的缘由、请示的事项、请示的要求三部分。

一是请示的缘由。这是请示事项的基础和关键。请示的缘由一定要写得有理有据，实事求是，具体明白，否则就很难达到请示的目的。

二是请示的事项。这是请求上级机关批准、帮助、解答的具体事项。阐述要实事求是，引用的数字要准确无误，提出的看法或处理的意见要具体明确、切实可行，符合国家的法律、法规和方针政策，让上级机关看后一目了然，能迅速决断。如涉及其他单位的问题，应当预先征询意见，并将商洽的有关情况在文中予以说明，以供上级机关作出正确判断和指示。

三是请示的要求。在请求的结尾，明确提出要求，请求上级批准、指示。一般都以请示的惯用语作结尾语，如“以上意见是否妥当，请批示”、“妥否，请批复”等。语气中肯、果断，能够令人接受。

5.请示的写作要求

(1)请示应坚持一文一事，并提出倾向性意见，不能多头请示。

(2)分清请示与报告的区别。“请示”和“报告”是两种不同的公文，应分开使用。有人把“请示”写成“请示报告”，这是混淆了两种公文的用法。请示与报告主要区别是：

第一，行文的目的不同。请示是为了解决工作中的具体问题，要求上级指示和批准而写的；报告是为了让上级了解下情，沟通和加强上下级之间的联系而写的。请示必须要求上级表明态度，作出明确答复，而报告则只是“告知”，大多数报告是不要求上级表态和答复的。

第二，行文的时间不同。请示必须在事前行文，在得到上级机关的批准、指示、批复以后方能行事，不允许“先斩后奏”；而报告则可根据实际情况，事前、事中、事后行文皆可。

第三，行文内容不同。请示主要写带有迫切性的，并需要上级机关指示、批准的事项；报告只着眼于汇报工作，反映情况。

正确使用报告与请示这两个文种，关键是要抓住行文目的这一点，需上级机关答复的，用请示；只需上级机关了解情况或批转而无须答复的，则用报告。掌握了这一点，就不致将报告和请示混淆使用了。

6.例文

关于加强免费师范生培养工作的请示

市政府：

近日，从××职业大学了解到，职大已升格为××科技学院，决定从今年起不再招收五年制师范生，也不再招收五年制免费师范生。闻讯后，我们感到非常担忧。这一做法如果实施，预示着××教育教师培养基地的“全军覆没”，将对我市小幼师资培养带来又一次毁灭性的打击。为保证我市小幼师资特别是农村小幼师资的稳定来源，建议××职大不能停止五年制师范生特别是免费师范生的招生培养工作。

一、我市师范教育体系的基本现状

1992年前，我市范围内师范教育体系齐全，有××师范学院、××教育学院以及××和××两所师范学校。现在活跃在××教育教学第一线的骨干教师和执教教师，绝大多数都是这四所学校培养出来的。可以说，多年来，这批院校为我市培养了大批优质师资，促进了我市基础教育的健康发展。

1992年，××师院与农学院等6所高校组建为综合性的××大学，原有的师范教育被严重弱化、边缘化。

2002 年，为适应由三级师范教育向两级师范教育的过渡，我市的两所中等师范学校（××师范学校、××师范学校）并入××教育学院，实施五年制中等师范教育和三年制专科师范教育。

2007 年，××教育学院与××市职业大学合并，筹建××科技学院，逐步成为一所综合性的院校，师范教育的功能被大大弱化。

至此，我市已没有一所独立建制的以中等或高等师范教育为主要办学方向的院校。

二、兄弟城市师范教育体系的基本现状

我省××、××、×××、××、××、××、××等大部分城市，都保留了相对完整的师范教育体系，并在新形势下有所发展。如××市，政府最近划地 300 亩、投资 9 亿多异地扩建苏州高等幼儿师范学校；再如同属××地区的××市，在原有完备师范教育体系的基础上，强化了××大学师范学院、××高等师范专科学校、××高等师范专科学校的办学，现有师范教育体系更加优化。2007 年，××高等师范学校在全省率先开展五年制师范生免费定向培养工作，当年招生 177 人。2008 年，××市又增加××高等师范学校为五年制师范生免费定向培养学校，当年招生 210 人。目前，南通市五年制免费师范生每年招生规模都稳定在 300 多人。2009 年 9 月，省教育厅××厅长在全省师资工作会议讲话中要求各地“实行师范生免费教育试点，吸引优秀青年读师范，鼓励优秀人才当教师”。×厅长到××高等师范学校视察时进一步肯定了××五年制免费师范生培养工作，认为抓好教师培养工作是××教育成功的重要经验之一。

三、我市开展五年制免费师范生培养工作情况

2008 年调研发现，我市小幼特别是农村小幼师资存在年龄结构、学科结构、学历结构不合理，优质师资严重欠缺等问题。根据省委、省政府关于小学师资以五年制师范培养和地方培养为主的要求，市教育局和××职大联合向××市人民政府提出《关于免费定向培养五年制师范生的请示》，2009 年 3 月，市政府出台了《关于开展五年制师范免费定向培养工作的通知》（扬府发〔2009〕58 号），2009 年至今共招收免费师范生 257 人，由××职业大学××学院进行培养。（略）

四、加强免费师范生培养和教师培训工作的几点建议

1. 进一步重视并加强师范生培养，完善师范教育体系（略）

2. 继续开展免费师范生培养，保证农村小幼优质师资（略）

3. 进一步加强在职教师的继续教育，建立教师培训中心（略）

以上请示，当否，请批示。

××市教育局

××××年×月××日

【评析】这则请示专门针对加强免费师范生培养工作，做到一文一请。请示开头简要说明了请示的缘由及诉求。在接下来的主体部分，逐层具体分析了本市师范教育的基本情况，对比兄弟城市，提出了本市开展免费师范生培养工作的重要意义，并给了具体建议。可谓结构完整、条理清晰、情理兼容。

（六）批复

1.批复的用途

批复适用于答复下级机关的请示事项。请示与批复，是正式行政公文中唯一具有相互联系的一种文种。这一特点，决定了在批复的撰写中，应该充分体现出批复对于请示的针对性。因此，可以说批复是一种针对请求的批答公文。它是一种专门解决请示问题的专用公文，其行文受着请示机关和请示内容的制约，行文关系和行文内容都是特定的。

2.批复的特点

(1)针对性；(2)权威性。

3.批复的种类

批复按其内容大致分为两类：(1)指示性批复；(2)决定性批复。

4.批复的写法

批复的结构形式与其他公文相同，有标题、主送机关、正文、批复机关和成文日期等。下面主要介绍批复正文的写法。

批复的正文一般包括三部分内容，即引语、主体和结语。

(1)引语。即批复的开头，一般先引下级来文（请示）的发文字号，以及来文的标题或文件的事由，来文的日期，使受文单位阅后明确批复的针对性。引语一般有这样几种写法："你局×月×日××〔×××〕×号《关于××××××的请示》收悉"、"你市××〔×××〕×号收悉"、"你单位××号文收悉"等。写引语较规范的要求是写明发文字号和标题。

(2)主体。引语之后，即正文的主体部分。这是批复的核心内容。批复中的指示、决定、意见、要求等，都写在这一部分。一般有简明扼要和较为具体的两种写法。简明扼要的批复主要是提出原则性的意见，不作具体的指示。较为具体的批复，对请示的具体事项，要表示其明确的态度。如果同意请示的内容，则在表示同意之后，再进一步阐明之所以同意的理由，以及如何执行等指示性的意见。如果不同意请示的事项，那么在表示不同意之后，还要说明理由，进行必要解释。如果批复的意见不成熟，亦可写上"将另行研究"字样。

(3)结语。结尾语常用"此复"、"特此批复"，可写在正文后面，也可单独占一行，后面加句号。也可视行文需要，不加结尾语，自然终结。

5.批复的写作要求

(1)针对性强。必须针对下级来文(请示)中所提事项逐一答复,既不能答非所问,也不能对某一请示事项避而不答或漏答。(2)具有指导性。(3)答复要明确具体。(4)行文要简洁准确。

6.例文

关于同意××师范学校设置学前教育专业的批复

××市教育局:

你局《关于我市××师范学校增设学前教育专业的请示》(×政教字〔××××〕×号)收悉。根据《国务院关于当前发展学前教育的若干意见》(国发〔××××〕×号)和《××省人民政府关于大力发展学前教育的意见》(×政发〔××××〕×号)要求,以及你市学前教育师资短缺的实际和××师范学校的办学条件,经研究,同意在××师范学校开设学前教育专业,学制三年,招收应届初中毕业生。请你局和学校严格按专业需求,充实师资和办学条件,组织好教育教学工作,确保培养合格的幼儿园师资。

此复。

××省教育厅

××××年×月×日

【评析】这则批复引语规范,主体部分简明扼要,结构完整。

写作训练

1.根据下列材料,以××学院的名义写一份通报。

本学期开学以来,××学院连续发生两起学生酗酒的事件,第一次是3月10日晚上,机电系王××同学在校外饮酒过度,醉倒在路边后沉睡不起,直至半夜时分才被巡警发现并带回警务室,查明身份后通知到所在校,由其辅导员领回;第二次是4月2日,体育系刘××醉酒后趁着酒兴向路过他身边的化生系蒋××同学进行挑衅,蒋××同学也没有避让,双方便打斗起来,结果蒋××眼角被打开裂,缝了三针。

2.体育系同学拟在全校范围内发起成立乒乓球俱乐部,请起草一份请示,并代学校团委会写一份批复。

拓展阅读

1. 胡森林、马振凯《公文高手的自我修养 大手笔是怎样炼成的 理论篇》,北方文艺出版社,2019 年版。
2. 李和忠《新编机关公文写作方法与范例》,中国文史出版社 2016 年版。
3. 陈涛涛《党政机关公文写作实用案例精解》,中国法制出版社 2017 年版。

第二节 事务应用文写作

理论概说

一、事务文书的概念、特点

事务文书是机关、团体、企事业单位为反映事实情况、解决问题、处理日常事务而普遍使用的文书,它具有很强的实用性、事务性和某种惯用格式。从广义上说,事务文书也是一种公务文书,目的是处理公务和传递信息,使用“事务文书”这一名称,是相对于正式公文而言的。

事务文书的特点包括对象的明确性、内容的实效性、一定的程式性和较强的时限性。

二、事务文书的作用

事务文书的作用主要表现为宣传教育作用、沟通和指导工作作用、积累和提供资料作用等几个方面。

三、几种常见事务文书的写作

(一)计划

1. 含义

计划是党政机关、社会团体、企事业单位或个人,为了完成某项任务和实现某项目标而事先做的安排和打算。这是一种用途广泛的应用文体。

2. 特点

(1)预见性。计划是在正确分析现状的基础上,对事物发展的主导趋势、大致情况、可能遇到的困难和出现的问题做出的科学推断和安排。(2)目的性。在计划中,目标规定着工作的方向、重点、规模、速度和实施的具体方法、步骤等。制订一份工作计划,无论是长远规划,还是近期方案,都必须有明确的目标,即在一定时间内完成什么任务,获得什么效益,达到什么目的。否则,计划就失去其存在的意义。

(3)可行性。计划是行动的指南，是要付诸实践的。因此，计划目标的确立要有科学性和现实可能性。

3. 计划的分类

(1)按计划的时间界限来划分，可分为长期计划、中期计划和短期计划；(2)按计划的对象来划分，可分为综合计划、局部计划和项目计划；(3)按计划的内容来划分，可分为学习计划、工作计划和生产计划等。

4. 计划的写法

(1)计划的标题。计划的标题常规写法是由单位名称、适用时间、指向事务、文种四个要素组成。如“××建筑工程安装公司××××年工作计划”、“××大学××学院××××—××××年第一学期教学工作计划”。

除常规写法外，还有一些变通的写法。变通主要表现在要素的省略上。

有些计划，省略单位名称，由适用时间、指向事务和文种组成，如“×××× 年度全民义务植树造林工作计划”。有的计划，省略适用时间，这在专题计划中比较常见，如“××大学第二期教师安居工程工作计划”。有的计划，省略单位名称和适用时间两个要素，由指向事务和文种组成，如“科研工作计划”。省略要素时要注意，越是基层单位的计划，省略要素的情况越普遍，因为涉及范围小，有些要素不说大家也明白。越是大单位的正规的计划，要素越不可省略 。

(2)计划的正文。

1)前言。前言是计划的开头部分，简明扼要表达出制订计划的背景、根据、目的、意义、指导思想等，一般一两个自然段即可。如：

为了进一步贯彻党的十五大精神，落实用邓小平理论武装全党的战略任务，根据中央和省委有关精神，党委决定对在职副处级以上的领导干部继续采取中心学习组的形式，以《讲学习讲政治讲正气教育读本》为基本教材，认真学习马克思列宁主义、毛泽东思想特别是邓小平理论，并同深入开展“三讲”教育相结合，同联系实际、推进工作相结合。

前言有时可以更短小一些，如：

根据省委和县委工作会议精神和会议上具体部署意见，结合我县粮食工作实际情况，为全面完成××××年粮食工作任务，制订工作计划如下。

前言的详略长短，要根据工作的重要程度、内容的多少来确定，总体上以精练简洁为原则。

2)主体。主体部分要一一列出准备开展的工作(学习)、任务，并提出步骤、方法、措施、要求。这是计划最重要的内容，也是篇幅最大的一部分。通常主体部分由于内容繁多，需要分层、分条撰写。常见的结构形式为：用“一、二、三……”的序码分层次，用“(一)(二)(三) ……”加“1. 2. 3. ……”的序码分条款。具体如何分层递进,依内容的多少及其内在的逻辑性而定。

3)结尾。结尾可以用来提出希望、发出号召、展望前景、明确执行要求等,也可以在条款之后就结束全文,不写专门的结尾部分。

计划在结尾之后,还要署明单位名称和制订计划的具体时间,如果以文件的形式下发,还要加盖公章。

5.例文

××学校××××—××××学年第二学期学工处工作计划

一、指导思想:(略)

二、主要工作内容和要求

1.加强德育队伍建设,创新德育管理方式,提高德育管理水平

本学期将加强德育工作队伍建设,建立务实、有效、创新的管理机制,实现学生管理工作的规范化、制度化和科学化,提升学生常规管理水平,并着重抓好以下几个方面工作:

(1)抓好班主任队伍建设。(略)

(2)抓好全员参与管理工作。(略)

(3)改革班主任例会制,创新班主任会新方式,增强班主任会议实效。(略)

(4)创新班主任聘任新形式及学生管理新体系。(略)

(5)加强学生干部队伍建设。(略)

2.拓展"三成"教育渠道,丰富"三成"教育内涵

本学期将继续以"三成"教育为主线,以主题活动为载体,精心设计好本学期的"三成"教育系列活动,以德育研究为手段,加大"三成"教育实践范围,不断丰富"三成"教育成果,拓展"三成"教育内涵,并着重抓好以下几个方面工作:(略)

3.抓实学生养成教育,提升学生综合素养

本学期学工处将通过各项活动抓实抓细学生行为习惯养成、文明礼仪促进、职业道德规范、理想信念引领等内容,全面提升学生综合素养;通过就业创业教育提高学生"创新、创业、创优"能力;通过遵纪守法教育培养学生校规校纪、民主法制意识;通过心理健康教育教会学生积极的心理调适方法,具体如下:

(1)行为习惯教育。(略)

(2)文明礼仪教育。(略)

(3)职业道德教育。(略)

(4)理想信念教育。(略)

(5)就业创业教育。(略)

(6)遵纪守法教育。(略)

(7)心理健康教育。(略)

(8)此外,本学期学工处将特别注重走读生管理,强化走读生安全意识、纪律意识、时间概念等;加强双休日管理,确保双休日留校学生管理规范。

4. 牢固树立安全意识,切实打造平安和谐校园

安全教育是职业学校学生行为规范教育的外延,是学校良好秩序及各项工作开展的保障。本学期学工处将继续加强各项安全工作,不断增强学生的安全意识,提高学生自我保护意识和能力。(略)

5. 重视“三化”引领,丰富校园文化

校园文化是学校办学理念、文明进程的积淀,按照“产业文化进教育、工业文化进校园、企业文化进课堂”要求,以师生为主体创造并形成共识的价值观念、办学思想、专业特色、行为规范,为学生健康成长营造良好的校园环境,切实加强校园文化建设,力争做好以下几方面工作:(略)

6. 积极做好文明风采大赛工作,获奖数量质量明显提升。

由学工处总牵头,班主任、语文组、政治组、计算机组、旅游组等教师全面参与,早布置,早落实,大致计划安排如下:(略)

7. 建立健全各项资料,规范各项资料管理(略)

××学校学工处

××××年×月××日

【评析】这是一则部门工作计划,内容全面具体清晰。文章的第一部分概括了制订计划的指导思想,接着从七个方面具体阐述了工作的实际内容和要求。在每一个小的条目下面又根据需要制订了更为详细具体的细则和措施,方法翔实,且具有很强的目的性和可行性。

(二)总结

1. 总结的含义与作用

人们常常对已做过的工作进行回顾、分析,并提到理论的高度,肯定已取得的成绩,指出应汲取的教训,以便今后做得更好些,将这些内容用书面文字表述出来便是总结了。

从大的方面说,总结能为国家制定各项路线、方针、政策提供重要依据;从个人来说,总结也是不断提高思想、业务水平的一项切实的事情。

2. 总结的特点

它主要有客观性、理论性和指导性。

3. 总结的种类

(1)根据内容的不同,可以把总结分为工作总结、生产总结、学习总结、教学总结、会议总结等等。

(2)根据范围的不同,可以分为全国性总结、地区性总结、部门性总结、本单位总结、班组总结等。

(3)根据时间的不同,可以分为月总结、季总结、年度总结、阶段性总结等。

(4)根据内容和性质的不同,可以分为全面总结和专题总结两类。

4.总结的写法

总结一般包括标题、正文、尾部三部分。

(1)标题。总结的标题大体上有两类构成形式:一类是公文式标题;一类是非公文式标题。公文式标题由单位名称、总结时限、内容范围、文种组成,如“××学校××××年度工作总结”、“××市××××年工会工作总结”,有的只写为“××年教学工作总结”或“工会工作总结”等。非公文式标题则比较灵活,有的为双行标题,如“增强体质,全面贯彻执行教育方针——开展多种形式的体育活动”,有的为单行标题,如“推动人才交流,培植人才资源”等。

(2)正文。总结正文的结构由前言、主体、结尾组成。

1)前言。即正文的开头,一般简明扼要地概述基本情况,包括交代总结所涉及的时间、地点、背景等基本情况,概述基本经验和点明主旨,总述主要成就或主要问题。

前言是为了使读者对全文先有一个大体印象,为主体内容的展开做必要的铺垫,所以要求开门见山,紧扣中心,简明扼要,能统领全文。

2)主体。这是总结的核心部分,其内容包括做法和体会、成绩和问题、经验和教训等。这一部分要求在全面回顾工作情况的基础上,深刻、透彻地分析取得成绩的原因、条件、做法以及存在问题的根源和教训,揭示工作中带有规律性的东西。回顾要全面,分析要透彻。

不同类型的总结,内容有所侧重,全面性总结其主体包括两个层次,即成绩和经验、存在的问题和教训。对于一般的工作总结,重点放在成绩和经验上。专题性总结以经验为轴心去组织材料。

3)结尾。这部分可以概述全文,可以说明好经验带来的效果,可以提出今后努力方向或改进意见。例如:通过上述工作,促使支部书记和班子整体作用的发挥。不少村支部书记提出“任职一届、致富一方”,也出现了一批“舍小家,顾大家”的支部书记先进典型。

(3)尾部。包括具名和时间两项内容,放在正文的右下方。如果在单位总结的标题中已有单位名称,此处只写时间即可。个人小结则要在正文的右下方写上姓名和时间。

5. 例文

××大学图书馆××××年度工作总结

一年来，图书馆在学校党委、行政的正确领导下，根据年初制定的工作计划，紧紧围绕学校中心工作，以建设具有鲜明特色的××大学图书馆为目标，加强资源建设、提高服务水平、改善内部管理，各项工作顺利开展并取得了新的进步。

一、深入开展创先争优活动（略）

二、做好文献资源建设工作

文献资源建设工作是图书馆的中心工作。××××年，图书馆按照大学建制图书指标的要求，坚持馆藏文献资源建设方针，精心筹划，认真实施，使学校的文献资源建设上了一个新台阶。

1. 增加文献资源总量（略）

2. 优化文献资源结构（略）

3. 加快特色资源建设（略）

三、细化读者服务工作

为读者服务是图书馆的本职工作，“读者为本，服务为先”是我馆的办馆理念，“为读者提供满意的读书环境”是我们的服务宗旨。今年，我们在做好规范服务的同时，集中力量，开展专题活动，创新读者服务工作。

1. 举办第六届读书节（略）

2. 开展第四届读者服务月活动（略）

3. 加强数字资源推广服务，提高数字资源利用率。（略）

4. 调整馆舍布局、提高利用率（略）

5. 开展免费文献传递、馆际互借（略）

6. 加强与读者的交流、提升短信服务功能（略）

四、完善内部管理机制

在日常工作中，图书馆不断完善内部管理机制，探索提升工作效能的方式方法。

1. 重新制定图书馆各岗位工作规范和图书馆工作人员行为准则，并以此为准绳严格要求，规范服务，树立形象。实行工作人员挂牌上岗，自觉接受读者监督。

2. 制定采编部各岗位工作规程、图书外包质量管理办法、图书供应商服务水平考核办法、数字资源利用率及供应商服务考核办法等，提高文献采购经费使用效率。

3. 聘请学生监督员，对图书馆的工作进行监督检查，加强读者参与图书馆的管理，完善图书馆服务工作的监督管理机制，提高图书馆服务水平。

五、加强对外交流（略）

六、工作中的不足

一年来，我们的工作有了新的进展，也取得了一些成绩，但还有许多不足：

1. 走出图书馆，走近读者，为读者提供全方位、深层次、个性化服务不够，特别是为高端人才服务不够。资源的宣传推广手段不多，资源利用率有待提高。

2. 文献资源建设水平还有待提高，高水平、学术性强的大型数据库不多，外文图书期刊的数量不足，不能充分满足高端读者的需要。

3. 图书馆的设备进入疲劳期，维护更新工作跟不上，设备故障频繁，影响设备利用率和读者对图书资源的利用。

4. 图书馆馆员队伍建设工作滞后，工作人员结构严重不合理，缺少专业化、知识化的专业人员，服务管理能力不强，服务管理水平有待提高。

××大学图书馆

××××年××月××日

【评析】这则图书馆工作总结先总说一年来取得的成绩，然后分条目具体阐述了工作执行的情况和效果，最后也客观分析了工作中存在的不足。不仅内容翔实，行文规范，也达到了总结的目的，即在回顾过去工作的基础上，及时发现问题，总结经验教训，为今后更好地开展工作创造条件。

（三）调查报告

1. 调查报告的含义和作用

调查报告是对社会上某一问题或事件进行深入实际的调查研究之后，将所得的材料和结论加以整理并形成一定的看法和主张而写成的书面报告。

调查报告的作用：一是反映情况，总结经验，提出问题，使大家提高认识，掌握规律；二是为领导机关和决策人制定政策、措施提供现实的依据。因此，调查报告往往具有特殊的不同一般文章的意义。

2. 调查报告的种类

调查报告的种类很多。从应用范围分，可分为新闻型调查报告和公文型调查报告两类。从内容和作用上分，可分为以下三种：(1)经验性调查报告；(2)问题型调查报告；(3)情况研究型调查报告。

3. 调查报告的写法

调查报告一般由标题和正文两部分组成。

(1)标题。标题一般有三种写法。

“调查内容、对象或范围＋文种名称”。如“关于××区招商引资综合成本及投资环境的调查报告”、“关于××省五年制高师师范生就业情况的调查”等。这种写法中，文种名称除注明调查报告外，也有的用“调查”、“调查与思考”、“调查与研究”

等注明，如“对有偿家教现象的调查与思考”等。

以调查内容、问题或中心观点作标题。如“改进和完善人大选举制度”、“外来务工人员子女的入学问题及对策”等。

正副标题法，即正标题标明调查的中心或内容，副标题标示调查对象、范围，如“高校发展重在学科建设——××××大学学科建设实践思考”等。这种标题的写法是前两种写法的结合，正副标题的内在联系是，前者揭示内容，后者指出对象、范围，不要出现内容的简单重复。

(2)正文。调查报告的正文一般分前言、主体、结尾三部分。

1)前言。前言即调查报告的开头部分，一般有以下几种写法：第一种是写明调查的起因或目的、时间和地点、对象或范围、经过与方法，以及人员组成等调查本身的情况，从中引出中心问题或基本结论来；第二种是写明调查对象的历史背景、大致发展经过、现实状况、主要成绩、突出问题等基本情况，进而提出中心问题或主要观点来；第三种是开门见山，直接概括出调查的结果，如肯定做法、指出问题、提示影响、说明中心内容等。前言的作用在于让读者对调查情况有个总体、概括的了解，以方便对全文的阅读理解。因此，前言要精练概括，不可过细过详。

2)主体。这是调查报告主要部分，通常包括三部分内容，一是基本情况、主要事实，二是对事实的分析预测，三是作者的结论(包括对问题的看法、建议等)。

3)结尾。调查报告不一定有特别的结尾，通常将主体部分写完就自然收尾。有结尾的一般是以下情况：一是在主体部分对事实进行叙述分析后，将结论放在最后，起到收尾的作用；一是附带说明有关情况、材料的，在末尾加以说明。结尾的写法也比较多，可以提出解决问题的方法、对策或下一步改进工作的建议；或总结全文的主要观点，进一步深化主题；或提出问题，引发人们的进一步思考；或展望前景，发出鼓舞等。

另外，调查报告还要署名署时。调查报告作者姓名一般在标题正下方注明，写作日期一般写在正文的右下方。

4. 例文

新闻调查：教育成本不能降低

郑晋鸣

在××大地上采访，无论在×北的县城、×南的集镇还是边远的乡村，学校的硬件都是非常好的，特别是在一些边远的乡村，最漂亮的建筑肯定是学校。多年来“重视教育”的理念已深深扎根在人们心中。然而，在这样的硬件后面，软件即教师的素质又如何？近日记者驱车千里，在该省采访了数十个农村中小学，深深感到教育软件有待加强，地方教育投入不足的问题必须给予重视。

代课教师是教育低成本的产物

××省共有50多万名中小学教师，其中小学教师为32万多人。如今，民办教师在××已成历史，然而谁也没有想到，一夜之间。××全省竟又出现了3万多名代课教师，其中合同代课教师1.4万人。临时代课教师2万人。随着小学教师大专化、中学教师本科化目标的逐步实现，该省所有的中等师范学校已改为五年制，学生毕业要达到大专水平。教育厅的领导为我们算了一笔账，全省每年从师范学校毕业的1万多名学生，按现有教师2%的离退休率补充，这1万多名毕业生的就业应该是不成问题。奇怪的是，师范学校毕业生的就业形势越来越严峻。据知情人士透露，造成这种局面的主要原因：

一是15年前大部分中小学都下放到了乡镇自管，而乡镇财政严重不足，负担不起工资较高的公派教师。据乡镇干部讲，用一位大专毕业公派教师的工资可以聘四五名代课教师。于是，代课教师频频出现，公派教师无法就业。

二是原本土生土长的学生，一旦考到中师又拿到大专文凭，便不再愿意"上山下乡"，于是在城镇里出现了不少师范毕业的打工族。原本可以做教师的人，宁可到城里端盘子刷碗，东游西游也不愿意回农村做教师。

三是有些地方"土规矩土政策"太多。记者采访中发现。不少乡镇口头上也讲愿意接收高层次的教师来任教，但有个条件，就是要收取一定的"上岗费"，少则5 000元，多则1.5万元。××××县××镇的几位教师告诉记者，他们是去年分配来的师范生，当时镇政府要他们每人交5 000元上岗费。他们说，自己读书时已经让家里背了不少债，实在拿不出这么多钱。镇里采取的办法是：教中学的一分工资不发，扣满5 000元再说；教小学的每月只发200元代课金。几位教师说："眼下吃饭都成问题，这书怎么教？"

在××的一个穷县，有近700名代课教师。采访中，我们听了他们几堂课，实事求是地说，不少代课教师有较丰富的教学经验，再加上为"保饭碗"不断自学进修，讲课的水平不比正式教师差。但也确有一些靠打招呼、走后门进来的代课教师，他们的素质让人揪心。

某村一位村干部的女儿，初中还没有毕业，就教起了小学二年级的语文。结果她教出来的学生考试时最高分仅为73分，平均成绩只有四五十分。

××市的一个县，竟有1 000多名代课教师。一位姓陆的语文教师，一堂课教了三个拼音字母，念错了两个，还写颠倒了一个。一些乡村为了节省财力，请教师要"全能"。一位教师既要教语文还要代体育、音乐课，有时还要上美术课。

花了不该花的钱，省了不该省的钱

俗话说，该花的钱不能省，该省的钱不应花。那么究竟什么是该花的钱，什么是该省的钱呢？××省教育厅有句口头禅，叫做"一保吃饭，二保必办"。这比

“一要吃饭，二要建设”多了一些限制，即在保证吃饱吃好饭的同时，再办一些必须办的事。明明是贫困县，财政不能自给，却要拿出大把钞票装点门面。我们在××的一个县采访时发现，这里地处×北丘陵山区却硬要表现出“南国风光”，结果一个音乐喷泉就花了五六十万元，而该县的几个乡镇的教师已三个月没有领到工资。

××县××中学是省级重点中学，教师素质都是不错的，200 多名教师只有为数很少的几位代课教师。一位姓高的物理教师是学生公认的好老师，但是由于家庭负担重，自己又三个月拿不到工资，所以很不安心教学工作。他坦言，一些好教师由于拿不到工资而无心教学。在××镇高桥小学，一听说我们来采访，很快围上来好几个教师。一位姓陈的女老师告诉我们，目前教师素质有问题，主要是省了不该省的钱，花了不该花的钱。她举例说，××镇政府已经有一幢办公楼。由于几个乡镇合并，近日又盖起了一幢办公楼，然而教师的工资却无着落。

在×北一个地级市，六个县有五个县拖欠教师工资，市级财政三年没有大增长，却一味地强调市政建设，将马路原有的水泥隔离带大部分换成了不锈钢护栏，成本翻了几十倍，城市也靓丽了许多，但老百姓的腰包却空了。一些教师告诉我们，领导这样做不外是为了显示“政绩”，他们呼吁，不要用教师吃饭的钱去建“政绩”工程。

正式教师的素质也待提高

在基层跑了一圈，感慨颇深。我们将采访的情况向省教育厅的领导作了汇报，对代课教师、教育投入不足问题，他们认为要尽早解决，同时也指出，目前农村正式教师的素质也待提高。他们认为目前教师素质存在三大问题，需要对照采取措施：

一是文化素养不够。这既包括人文素养也包括科学素养，这主要是由于多年来不重视人文教育形成的，既缺乏科学精神，也缺乏科学方法。学历层次不是文化素养的全部，小孩子崇敬的教师应该是“问不倒”的哥哥姐姐和叔叔阿姨。

二是道德修养不够。“学高为师，身正为范，教师无小节，处处皆楷模”，这不是要求教师都成为圣人，不犯错误，但至少在学校要言行一致，堪为师表。

三是艺术素养不够。就是既要讲科学又要讲艺术，教师的魅力在于其感染力。不能要求每位教师“琴棋书画，吹拉弹唱”都懂，但至少应该有一到两门精通专业和一到两门非专业的爱好。

一些教师的素质存在上述问题，除了教育成本的问题外，高等师范学校缺乏对教师的培养热情，也是一个主要原因。高等师范学校在这些方面应加大改革力度，培养出更多、质量更高的学生以改变这种状况。

（编选自《光明日报》2001 年 4 月 22 日）

【评析】这则调查报告格式完整，内容翔实，篇幅较长。文章开篇就写明调查的目的、地点、对象等，从中引出“教育软件有待加强，地方教育投入不足的问题必须给予重视”的基本结论来；接着就点明了基本情况和主要事实，最后是作者对教师素质问题的看法和建议。调查报告写得真实具体。全文重点突出，层次清晰。

写作训练

1. 请为自己参与或组建的学生社团，拟写一份工作计划或工作总结。

2. 请对班级同学的社会自考情况作一个调查，写一份调查报告。

拓展阅读

1. 夏晓鸣、张剑平主编《应用文写作》，首都经济贸易大学出版社 2018 年版。

2. 张瑞年、张国俊主编《应用文写作大全》，商务印刷馆国际有限公司 2016 年版。

3. 吴慧媛、阮学云、杜云辉主编《应用文写作实训教程》，西南交通大学出版社 2018 年版。

第三节　一般应用文写作

理论概说

一、一般应用文的概念和特点

一般应用文通常指区别于机关事务文书的日常事务文书，是人们在社会交际、社会活动和工作中，为调整人与人之间的关系而使用的一种用途广泛、实用性强并具有一定习惯格式的文体。

一般应用文是一种内容丰富、形式多样的应用文体，其特点主要表现为有特定的对象、有较为固定的格式以及注重礼仪等几个方面。

二、一般应用文的种类与作用

一般应用文在社会生活中用途十分广泛，种类繁多。主要有书信、电子邮件、启事、申请书、介绍信、推荐信、请柬、欢迎词、欢送词、答谢词、贺电、贺信、讣告、悼词、演讲稿等。

一般应用文的作用有：互通信息，联络感情；提供和保存历史资料。

三、一般应用文的写作要求

一般应用文的写作要符合语言得体和格式规范等要求。

四、几种常见的一般应用文的写作

(一)申请书

申请书是单位或个人向领导或有关单位提出请求,或申请解决什么问题而写的专用书信。申请书通常有如下两种格式:

申请书	申请书
×××集团公司:	为申请×××由
××××××××××××××× ×××(正文)	××××××××××××××× ××××××(正文)
此致	谨呈
敬礼	×××集团公司
×××公司 ××××年×月×日	×××公司 ××××年×月×日

第二种格式中的"事由"是申请书内容的摘要,如"为申请增加货源由"、"为申请加入中国共产主义青年团由"等。由于事由下面、正文之前没有写称呼语,所以在正文之后用"谨呈"二字引出申请书的指定阅读者,表示对有关单位或领导的尊重。这两种格式,第一种易于掌握,比较常用。

申请书的正文应该写明申请的事项和理由。申请事项要明确,申请理由要充分。一般一事一申请,不要在一份申请书中提出几个申请事项。如果是要求加入某一组织的申请书,还可以写自己的决心和请求组织考验、批准加入等内容。例如:

入党申请书

敬爱的党组织:

我自愿申请加入中国共产党。

中国共产党是中国工人阶级的先锋队,是中国各族人民利益的忠实代表,是中国社会主义事业的领导核心。当我满怀深情奋笔疾书,郑重地向党组织提出入党申请的时候,正值我们党的"十八大"顺利召开之际。此时此刻我心潮澎湃,思绪万千,耳边仿佛响起国歌那庄严宏大的雄伟旋律,眼前浮现出无数革命先烈为解放祖国、建设祖国抛头颅、洒热血的壮丽场面。回顾我国革命和建设历程的艰难险阻,瞻望我国社会主义建设的美好前景,我心里更加感到,我国革命和建设事业每一步胜利的取得，都是我党英明领导的结果。新的世纪，新的长征更离不开伟大、光荣、正确的中国共产党。我要努力学习和工作，争取早日成为党组织中的一员，为我国社会主义现代化建设事业贡献出自己的一切。……（略）

回顾自己的成长历程，我深切体会到，我每一点成绩的取得，都是老师和组织帮助教育的结果。我成长的每一个足迹，都凝聚着学校党、团组织的心血，过去如此，今后也是一样。我热切地希望学校领导和党组织严格要求我、耐心帮助我，使我在大学这广阔的学习和工作环境中不断进步，早日成熟。在过去的一年中，我感受到学校领导和老师的深情关切，领悟到大学生活的新颖、紧张和对我们学习生活的全新要求。我决心在学校期间，努力学习文化知识，拓宽知识结构，完成学业，向更高的知识高峰攀登；同时要努力学习马克思列宁主义、毛泽东思想、邓小平理论，学习党的基本知识和党的路线、方针、政策，加强世界观的改造；要积极参加学校组织的各种活动，完成领导和老师交给的任务；团结同学，联系群众，谦虚谨慎，以身作则，遵纪守法，克己奉公，时时处处用共产党员的标准严格要求自己，随时接受党组织对自己的考验。请党组织接受我的申请！

申请人：某某

××××年××月×日

【评析】这是一篇入党申请书，内容饱满、翔实，篇幅较长。格式准确，并写明了申请的动机、理由和情况。整篇文章层次清晰，叙述明了。

（二）求职信

求职信是向用人单位自荐以谋取工作的专用书信。

求职信的内容可能不同，但格式与一般书信相同，包括标题、称呼、问候语、正文、结尾以及附件等六部分。

求职信一般前面会加标题（有时也可以不加标题），通常由问题名称组成，即在第一行中间写上“求职信”三个字。

写作中要注意称呼得当，注意礼貌。使用敬语时，忌用“亲爱的”、“我最尊敬的”等过分亲昵的称呼。

问候语是对收信人礼貌的表示。求职信的收信人很单一，所以只要强调礼节性，写上“您好”等词语即可。

求职信的正文部分应说明求职原因及自己求职的有利条件。

写作求职信要不卑不亢地“推销”自己。在自荐时最好先研究一下用人单位的情况和自己的条件，针对用人单位的需求来介绍自己的有利条件。自我介绍时，应该具体介绍学历、资历和专长。专长的介绍要得当。比如用人单位需要录用一名会计，就不必介绍自己善于交际、能歌善舞之类，要根据用人单位的需求扬己之长、避己之短。当然，自我介绍时一定要实事求是，绝不能弄虚作假。

求职信应该写得言简意赅，字迹端正，这样能给用人单位以精明练达、办事认真的印象。写信的具体时间：在署名的下一行写上写信的日期，写完后距右边线1—2格为宜。一般书信只写月和日，求职信最好把年月日写完整。

信末还应注明联系地址和电话号码，以便对方答复。

个人简历、学历证书、资格证书、获奖证书等材料的复印件应作为求职信的附件一并寄给用人单位。例如：

求职信

尊敬的领导：

您好！

我叫××，是××师范学院汉语言文学专业应届本科毕业生。值此择业之际，我怀着一颗赤诚的心和对教育工作的执著追求，真诚地向您推荐自己。

大学四年里，我时刻按照“宽专业、厚基础、强能力、高素质”的标准去锻炼及发展自我。学习上，我刻苦努力，圆满完成了学校开设的语言文学、教育学等课程，每科成绩都达到优良以上，可以说对从事教育工作所必须掌握的相关知识有了相当程度的理解和掌握。并且在一个多月的教育实习工作中因表现出色获得了学校最高级别“双优”实习成绩，相信有能力胜任中学语文的教育工作。

“万丈高楼平地起”，所以我对于师范生“三字一话”的基本技能尤为重视。通过努力，我顺利通过了全国普通话等级考试，并以优异的成绩获得一级乙等证书；平时坚持勤练书法，钢笔字、粉笔字尤佳。课余，我广泛涉猎各领域与本专业相关的知识，不断扩充知识面。大学期间，我还以优异的成绩通过了国家英语四六级考试、国家计算机水平考试，且能娴熟操作 Word 等办公软件，网络检索信息的能力也较强。

我还一直担任学生干部，曾当过三年班长和社团部门负责人，有较强的班级管理能力、活动组织策划能力和人际交往能力。同时积极参加各种公共文体社会实践活动，在文艺和体育方面较有特长。因品学兼优，被评为校“三好学生”、“优秀团员”。

此外，大学四年生活还培养了我吃苦耐劳、勤奋务实的品格。课余我积极进行体育锻炼，所以身体素质良好。由于各方面的出色表现，我被党组织接纳并成为一名中共党员，所以具备了较强的组织纪律性和一定的政治敏感性。

我若有幸被贵校录用，将一如既往，本着“奉献自己，服务学校”的原则，不遗余力，勤奋学习，努力完成学校委派的各项任务。

期盼早日收到您的佳音！

愿成为贵校一员的人：××
××××年×月

附：

一、个人简历

姓名：××　　　　　　　　性别：男

出生年月：××××年2月　　毕业院校：××师范学院

健康状况：健康　　　　　　专业：汉语言文学

通信地址：××省×市×路　　邮政编码：××××××

联系电话：————

电子邮件：××××@sina.com

二、成绩单

三、证书复印件

【评析】这是一份即将走向社会的应届大学生的求职信。全信首先强调自身素质与应聘岗位要求的一致性，接着对自己的专业技能、特长作了全面而扼要的介绍，符合求职信写作的格式。介绍自己的情况时，注意在段落中使用主题句，便于别人从中捕捉到关键信息，了解到他的特长。这份求职信，简洁明快，洋溢着自信，也充满了对未来职业的美好憧憬与期盼。

求职信

尊敬的各位领导、各位老板、各位朋友：

新年好！

我是个遭受毁容的学生，湖南湘潭人，是华中科技大学机械学院一名即将毕业的硕士研究生，工业设计专业。秋季招聘会期间我非常努力地面试了多家公司，而且大多通过了前面几轮笔试和面试，但是最终只得到回去等消息的结果。我知道，是容貌不好被拒绝。

9岁时的意外被害，致使我面部受伤。2004年高考就因为容貌问题被长沙某大学退档拒之门外。历尽千辛万苦复读，最终以更加优异的成绩考上了更好的华中科技大学，还修了建筑学双学位，本科加权84.7分，以第二名资格被保送研究生，全额奖学金，硕士加权86.7分，专业成绩一直排名前列，担任学生会干部，积极参加各项活动，还创建创意工作室，获得国家奖学金、校"三好"、校"优干"、校"品德模范"等大大小小各种奖项和荣誉，我努力让自己变得优秀，从而获得大家的认可，希望通过后天的努力让自己能有一方自己的天空，没想到现在，又是因为同样的问题被一次次拒之门外。

现在回首往事，回想这一路走来的坎坷，一次次手术的痛苦，我觉得老天这样苦我心智……是为了降大任于我也。我希望有一天等我有所成就了可以写本励志型的自传，诉说我这不平淡的人生。我还要去帮助那些身体有障碍的少年儿童，帮他们走出阴影，重新去发现和认识这个世界的美。我要用亲身经历告诉他们，他们会过得比正常人更加幸福。命运虽然和我们开了个不小的玩笑，但是我们不能和自己的命运开玩笑。我们要清楚知道自己的路不好走，因此一定要付出比常人更多的汗水。不要怜悯，我们希望用自强自信来赢得尊重，积极乐观每一天。

我很喜欢摄影，身边认识的、不认识的朋友都喜欢让我给他们拍照，我也很乐意认识新的朋友。点击下面链接可以看到我拍的照片 http://www.moko.cc/YPDstudio，希望我的摄影和设计能给更多的朋友带来快乐。喜欢户外运动以及球类活动，身高 181cm，体重 75kg，打中锋位置获得篮球联赛团体冠军 2 次，身体非常健康。我觉得自己只是面貌比别人差点而已，其他方面一点不落后。

我能熟练使用 Photoshop、Coreldraw、Rhino、3DMAX、AutoCAD 等设计软件，做过产品、UI、Web、Icon 等设计课题以及实践。此外，还会制作视频以及动画。希望从事产品设计、视觉设计、交互设计、摄影或者其他与设计相关的工作。相信通过很短时间的适应和学习，我能很好地胜任贵公司的工作。我现在只是希望求得一份稳定的工作，在工作岗位上做出一番成绩。

最后，希望各位领导、老板、朋友给我发展的机会。衷心感谢帮助我的好心人，感谢您的阅读，衷心期待您的回复，希望我能有幸为公司的发展添砖加瓦。祝身体健康，一切顺意。

袁勇

2012 年 1 月 29 日

（选自《写作》2012 年 7 月刊）

【评析】

用文字改变自己的命运

——一封饱浸辛酸泪水求职信的评析

李小林

大学生、研究生求职难，身有残疾缺陷的大学生、研究生求职更难。2012 年新年刚过，即将毕业于华中科技大学机械学院的硕士研究生袁勇，在新浪博客上发表《毁容学子的求职信》，信中述说了自己因遭毁容高考录取受挫、求职屡屡被拒的经历。笔者读后掩卷沉思，既对袁勇的不幸遭遇深表同情，对以貌取人等各种不公平社会弊端感到痛心疾首，更被袁勇乐观自信的心态、顽强进击的精神所折服！这是一封饱浸辛酸泪水的求职信，是向世俗偏见发出的控诉书，更是袁勇与命运作不屈抗争的宣战书。在此，笔者试图从求职信写作的角度，对之进行解读与评析。与一般求职信相比，这封特殊的求职信引人注目，感人肺腑，在以下几个方面颇具特色：

一、知己知彼，诉求准确

求职信的写作首先要确定诉求点，做到定位准确。所谓诉求点，指的是向求职对象进行自我展示的着力点。如何向求职对象展示自我，如何获得对方的好感和赏识？这是求职成败的关键。作为一个身有缺陷的求职者，怎样才能增强自己的推销力，在众多求职者的激烈角逐中脱颖而出，难度之大可以想见。这就更需要求职者确定好求职的诉求点，考虑应向对方展示什么，怎么展示，做到定位准确。

求职诉求点的确定，必须建立在知己知彼的基础之上。既要有自知之明，对自我的优势劣势有清醒的认识，也要对职场在人才素质能力的要求方面有明晰的感知，这样才能据此确定求职的诉求点。对此，袁勇深谙其中之道。一方面，他十分清楚自己求职的优势和劣势："我觉得自己只是面貌比别人差点而已，其他方面一点不落后"；另一方面，他也十分了解职场最需要什么样的素质，老板最赏识什么样的人才。针对职场看重的是人才的内在素质而非以貌取人，求职信中他着力突出的是自己智商、情商和逆商上的优势。智商方面，突出展示自己作为优秀学子、研究生中的佼佼者，学业拔尖，多才多艺；情商方面（即非智力因素），突出展示自己追求卓越的成就需要、反哺社会的价值观和幸福观；逆商方面（即挫折耐受力），突出展示自己面对困境厄运淡定从容的乐观心态，坚忍不拔、顽强进击的意志品质。这样的诉求定位具有极强的针对性和推销力，因此打动了许多业界精英，纷纷向他递来欢迎加盟的橄榄枝。

二、把准基调，引发共鸣

求职信的写作还有个定调的问题。定调既不可太高，亦不可太低。调门太高，牛气冲天，狂妄自大，令人反感；调门太低，缺乏自信，底气不足，难获赏识。特别是对一个身有残疾缺陷的求职者来说，如何把准求职的基调更显重要。命运多舛，老天不公，特殊的身份，坎坷的经历使袁勇的求职带上了悲凉辛酸的色彩，但他深知，如果只是怨天尤人，满纸牢骚，乞求可怜，那即使赚得人们的同情，也不会赢得用人单位的赏识。据此，他这样把握自己求职的基调：身处逆境，既要通过述说升学求职遭受的种种不公平待遇以引起人们的同情，抨击以貌取人的时弊；但更要向世人展示自己面对厄运积极乐观的心态、自信自强的精神，与命运作不屈的抗争，不断提升自己生命的境界，去赢得人们的尊重和用人单位的赏识。这一基调流溢于求职信的字里行间，像根红线，贯穿全篇。

三、扬长补短，化短为长

"金无足赤，人无完人"。每个求职者都有一定的弱点和短处，更何况身有残疾的求职者。袁勇求职之所以屡屡被拒，皆因"容貌不好"。如何对待自己容貌的缺陷，这成为袁勇求职时不得不面对的难题。求职信中，袁勇并没有回避自己"容貌不好”的缺陷和短处，而是这样张扬自己的优势和长处：“我努力让自己变得优秀，从而获得大家的认可，希望通过后天的努力让自己能有一方自己的天空”，“现在回首往事，回想这一路走来的坎坷，一次次手术的痛苦，我觉得老天这样苦我心智……是为了降大任于我也。我希望有一天等我有所成就了可以写本励志型的自传，诉说我这不平淡的人生。我还要去帮助那些身体有障碍的少年儿童，帮他们走出阴影，重新去发现和认识这个世界的美。我要用亲身经历告诉他们，他们会过得比正常人更加幸福。”这就将厄运磨难看作是对自己的磨砺和锻造，以外貌缺陷所受的不公作为反衬，突出展示自己优秀的内在素质，从而达到扬长补短、化短为长的目的。

四、打破常规，另辟蹊径

与一般求职信向用人单位定向投寄的形式不同，袁勇这封求职信采用在网络媒体新浪博客公开发表的形式。按常规的求职形式，袁勇因外貌缺陷而屡屡受挫，特殊的身份、坎坷的求职经历，使他萌生打破常规、另辟蹊径的念头，而新兴的媒体工具则为他采用博客的求职形式提供了极大的便利。与常规的求职形式相比，博客求职形式有其特有的优势：一是更能吸引眼球，引人关注；二是网络媒体受众面广，可借助其传播的广泛性造势，扩大社会影响；三是博客具有强烈的个人色彩，便于抒写个人情志，因之更易引发受众的共鸣。也许采用博客求职的形式只是个特例，但这样的求职形式显然十分切合袁勇特殊的身份和处境，因此收到极佳的效果。在短短的两天时间内，阅读人次高达 97 921 人。据媒体追踪报道，袁勇的博文很快引起了关注，许多网友自发替袁勇找工作出谋划策，还有网友在微博上开辟“助毁容硕士找工作”的专题讨论，转发袁勇的励志故事和求职困境，希望他能被更多的“伯乐”相中。袁勇的求职也很快得到业界的回应，不少企业老板被小伙子自强不息的精神所感动，愿意为他提供与所学设计专业相关的工作岗位。笔者为袁勇感到高兴，更为他走好今后的人生之路而深深祝福！

（选自《写作》(上旬刊)2012 年第 Z3 期）

(三)请柬

请柬又叫请帖，是为请客而发出的邀请信，属于普通的应用文体。请柬有其特殊格式，一般由标题、称呼、正文、敬语和落款等几部分组成。

1. 关于标题

单页纸的请柬，在顶端第一行写上“请柬”二字，字体较正文稍大。如果请柬是折页纸，则在封面印上或写明“请柬”二字，一般封面还需做些艺术加工，如用图案装饰，字体用美术体，并可用套红或烫金等，以示醒目、庄重和美观。

2. 关于称谓

在第二行顶格写清被邀请单位名称或个人姓名(如用双折或三折请柬，则在封内第一行顶格写清被邀请单位名称或个人姓名)。个人姓名后要注明职务、职称或先生、女士等称谓。称谓后面用冒号。按照中国的文化习俗,讳去名字只称姓氏及“先生”、“老师”,表示尊敬;讳去姓氏,只写名字及“先生”、“同志”等,表示亲切;姓名全称并加“先生”、“女士”等表示正式。

3.关于正文

另起一行空两格写正文。要写明活动的内容、时间、地点及其他应知事项。

4.关于敬语

正文最后一般以“敬请光临指导”、“敬请莅临”等作结。如用“此致敬礼”、“恭祝金安”等作结,则另起行空两格“此致”,再另起行顶格写“敬礼”等词。

5.关于落款和日期

在结尾处右下方写明邀请单位或个人姓名,然后另起一行,在邀请单位或个人姓名的下方写明发请柬的日期。若是单位所发请柬,有时需加盖公章。

6.例文

请　柬

××老师:

××09(1)班定于××××年4月18日晚6时在综合楼四楼报告厅举行基本功汇演。敬请光临。

××09(1)班

××××年4月16日

(四)启事

启事是机关单位、社会团体、企事业单位或公民个人公开申明某事,希望有关人员参与或者协助办理而使用的一种应用文体。启事这种文体的种类很多,使用范围也越来越广泛,已由原来仅限于寻人、寻物、招领等启事,发展到征婚、招贤、招聘、征集等几十种类型,涉及生活的各个方面。下面就仅介绍最常用的招领启事和寻物启事。

(1)拾到东西后,希望迅速找到失主,归还原物,就可以写招领启事。要写清拾到物品的名称、时间、地点,向谁认领。为防冒领,物品的特征不要全写出来。例如:

招领启事

本人6月7日中午在食堂捡到一只钱包,内有人民币若干、银行卡两张、购物卡四张,请失主到英语10(3)班的班主任刘老师处认领。

××

××××年6月8日

(2)东西丢失后,希望得到大家的帮助,把失物找回来,可写寻物启事。要写清丢失物品的名称、特征和丢失的时间、地点，并写明交给谁或交到什么地方。例如：

寻物启事

3 月 23 日晚 8:00 左右，在操场上遗失一只白色女皮包，内有两本书 、一只钱包及其他物品，请拾到者与失主联系，失主深表谢意。联系电话：130××××××××。

寻物人：李××

××××年 3 月 24 日

（五）介绍词

向他人叙说被介绍人情况的言辞便是介绍词。它由招呼语（“亲爱的×××”等）、介绍语（正文即主体部分，对被介绍人的基本情况及根据目的、场合作恰当介绍）、结束语（“以热烈的掌声欢迎×××讲话”）等三部分组成。能依据场合实际，抓住重点来编拟，是介绍词写作的最好方法。例如：

“五四”青年节静海中学校友高明同学回母校演讲。高明，男，1985 年 5 月 1 日生于干部家庭。父亲，46 岁，中共党员，大学毕业，机关工作人员；母亲，45 岁，大专毕业，小学教师。高明 2004 年毕业于希望中学，现为福建大学外语学院一年级学生；身高 175 厘米，国字脸，小眼；从小喜文学，爱好书法、体育等；小学时就获得校“优秀班干部”称号和“故事大王”比赛一等奖。为了这次回母校演讲，他阅读了《演讲与口才》、《大众幽默》等刊物，写了一大本读书笔记，精心准备了演讲稿——放飞青春。静海中学团委书记向学生这样介绍了他：

同学们，非常荣幸，我们请到来自福建大学外语学院的高明校友。高明师哥确实“高明”，小学时就获得过“故事大王”比赛一等奖。这次回母校演讲，他做了精心准备。让我们以热烈的掌声欢迎师哥“放飞青春”的精彩演讲吧！

【评析】这份介绍词格式正确完整，语言得体幽默，巧妙地把被介绍人的名字和能力融会在一起，且较好地起到了活跃气氛的作用。

写作训练

1. 请根据你的情况和条件，写一份加入某志愿者组织的申请。

2. 学生会招聘宣传干事，请根据自己的特长，试写一封求职信。

3. 请为本班家长会设计一份给家长们的请柬，并拟写一份介绍班主任出场讲话的介绍词。

拓展阅读

1. 任俊峰《应用文写作技巧与语言表达技巧提升思考》，选自《汉字文化》，2018年第9期。

2. 张兰、沙聪颖主编《应用文写作教程》，清华大学出版社2016年版。

3. 刘学兰编《卓越教师培养计划系列教材 应用文写作与例文剖析》，暨南大学出版社2018年版。

第四节 演讲稿写作

理论概说

一、演讲稿的含义及作用

演讲稿是人们在工作和社会生活中经常使用的一种文体。它可以用来交流思想、感情，表达主张、见解；也可以用来介绍自己的学习、工作情况和经验等。演讲稿具有宣传、鼓动、教育和欣赏等作用，它可以把演讲者的观点、主张与思想感情传达给听众以及读者，使他们信服并在思想感情上产生共鸣。

二、演讲稿的特点

演讲稿一般具有针对性、可讲性和鼓动性等特点。

三、演讲稿的结构

演讲稿一般由开头、主体、结尾三部分组成，与普通文章的构成要素是一样的。但由于演讲是具有时间性和空间性的活动，所以使得演讲稿还具备了自身特点，对开头和结尾都有特定的要求。

（一）开头要吸引听众、拉近距离

精彩的开始是成功的一半。开场白在演讲稿的结构中处于显要的地位，作用重大。瑞士作家温克勒曾把开场白的任务归纳为两种：一是建立说者与听者的同感；二是打开场面，引入正题。的确，好的演讲稿开头应该用最简洁的语言、最经济的时间，把听众的注意力和兴奋点吸引过来，这样，才能达到引人入胜的效果。

1. 开场白的一般技巧

(1)楔子。用几句坦诚的话同听众建立个人间的关系，获得听众的好感和信任。

(2)衔接。把自己即将论及的问题，用一件事、一个比喻、一个提问等衔接起来。也可以先讲个人经历或者轶事传闻，再过渡转引到自己的演讲内容上来。

(3)激发。演讲者可以通过提一些问题，将听众的注意力转到自己要表述的事情上来。

(4)触题。一开始就告诉听众自己将要讲些什么。世界上许多著名的政治领袖、作家和领导人一般都采取这样的方式开始演讲。

2. 演讲稿的开头有多种方法

(1)开门见山，直奔主题。

(2)情况说明，介绍缘由。这种开头可以迅速缩短与听众的距离，使听众急于了解下文。

(3)提出问题，引起关注。演讲者通常采用设问的形式，在提问之后或演讲过程中进行自我解答。

除了以上三种，还有释题式、警策式、悬念式、双关式、幽默式、抒情式等开头方法。

(二)主体要条理清晰，层次分明

这是演讲稿的主干部分，要注意处理好层次、节奏和衔接等几个问题。

1. 层次

层次是演讲稿思想内容的展现顺序，呈现演讲者思路的展开步骤，也反映演讲者对客观事物的认识过程。由于演讲是一项具有时间性和空间性的活动，听众对演讲内容层次的感知无法借助于视觉，只能依赖演讲者语言中的有声标识，比如“首先”、“其次”、“然后”等语词可以帮助听众较好的感受层次。演讲者还可以用一些结构大致相同的设问来引领自己的观点，使得结构上环环相扣、层层深入，让听众对于演讲层次获得更为清晰的理解和把握。

2. 节奏

节奏是指演讲内容在结构安排上表现出的张弛起伏。一般来说，演讲内容的变换实现演讲的节奏。比如在一个主题思想所统领的内容中，适当地穿插诗文、幽默、轶事等，从而使听众的注意力既保持高度集中而又不因此而产生兴奋性抑制。优秀的演讲稿无不善用此法。总之，插入的内容应该为演讲主题服务，而节奏的频率也应该根据听众的心理特征及场合适当调节。

3. 衔接

衔接是指把演讲中的各个内容层次联结起来，使之浑然一体，达到整合。由于演讲需要不断变换内容来调整节奏，容易造成结构上的凌乱和松散，所以需要运用衔接的手段，将各个部分的内容有机整合在一起。常用的方法便是运用过渡段或过渡句。

（三）结尾要简洁有力，余音绕梁

结尾是演讲内容的自然收束。简洁有力、高质量的结尾，不仅能够使听众精神振奋，还能留下空间让听众回味无穷；而松散拖沓、枯燥不堪的结尾只会让人感到厌倦，经验告诉我们：听完一场毫无意义的演讲，我们不仅没有记住一个字，反而连车停在哪里都忘记了。美国作家约翰·沃尔夫认为，好的演讲结尾应是在高潮时戛然而止。这种提法不无道理。在演讲处于高潮，听众大脑皮层高度兴奋之时，注意力和情绪都达到最佳状态，而此时结束演讲，那么保留在听众大脑中的最后印象就特别深刻。

演讲稿的结尾没有固定的格式，可以是对全文的精要小结，也可以鼓动号召的话结尾，或者用名人名言收束。总之，既要使主题得到升华，又要让听众有意犹未尽之感。

例文评析

悄悄走出“一般化”

陈漫雪

朋友很久没聚，见面自然要问“最近怎么样？”“嗯，怎么说呢？活得一般化。”

“一般化”，多让人提不起劲的词，却成了这年头街上到处飞的说法。——天气一般化——生活一般化——爱得一般化——工作一般化，总之不少人感觉一切都一般化。

今天天晴，太阳热烈地照着；或者天阴，蒙蒙雨诗一般多情地下着；也可能在郊外的途中突遇暴雨，没穿雨衣，那么索性把鞋袜也脱掉拎在手中，挽起裤腿，深一脚浅一脚走在泥路上，看黄黄的稀泥浆从脚趾缝里溢出，感受着大自然的亲切。怎么说天气一般化？

午后你手搭凉蓬走在烈日下，忽然发现那幢旧楼的墙缝里长出一棵小榆树苗，根须拚命向有墙土、积水的地方伸去，顽强而勇敢地向上长着。怎么能说生活一般化？

在车间劳累一天的妻子回到家里，很快脱下油腻的工作服，换上线条明快的连衣裙，又罩上围裙，厨房里响起“噼里啪啦”的炒菜声。忙得不亦乐乎的妻子偷闲拿着锅铲跑出来，给蹲在地板上边刷那件女工作服边背着英语单词的丈夫一个吻。

怎么能说爱得一般化？

工作扯皮，效率不高，你跑资料室查数据熬了几个通宵写的“合理调整生产结构的报告”躺在主任抽屉里睡大觉，憋了一肚子怀才不遇的窝囊气。可重要的是你一直在努力着，大家也都努力着改变现况。怎么能说工作一般化？

也许你不具备组建环宇公司的宏才大略。也许你不能问津国家“三八”红旗手奖。也许你空怀满腹才学却不被重用。也许你昨天已办了离休手续，不忍回忆发号施令的过去。

可是，试试看，你总可以做点什么使情绪不再消极的事情。送你女朋友一件出乎意料的小礼物。把年轻的丈夫的手绢熨得平平展展，叠好放进他的上衣口袋。在公共汽车上给你的陌生邻座一个友好的微笑。把你的转产报告再修改一遍，润色得更具说服力。腋下挟着门球杆悄悄爬上楼，把一份任职经验总结放在那张曾签发过无数红头文件的办公桌上。

你感觉到了吗？从这一瞬间你变得积极起来。也许周围的人会因你的改变而发生潜移默化的改变。说不定还会像滚雪球一样，越来越多的人都自觉不自觉地变得积极。那个时候，整个社会便会在人们的积极中不露声色地坚定前行的步子。

（选自忆平主编《她心境：女人一生最应珍视的110种心情》，
中国广播电视出版社2007年版）

【评析】这篇简短的演讲稿，似乎略显陈旧，但恰恰是其中描绘的细节展现了上个世纪末人们生产生活的特点，具有时代的印记，容易引起当时听众的共鸣。同时，文章的语言自然活泼，上口入耳，也是值得我们学习和借鉴的。

坚持与放下

王　石

同学们好，像这样和同学们交流还是第一次，因为站在前面什么都没有，从表演上来讲这叫作当众孤独。但是刚才主持人那热情洋溢的介绍和同学们热烈的反应，好像让我也年轻了两岁，我想到了比你们还年轻的时候，那个时光大约是四十五年前了，我那时候才十几岁，和你们一样想着未来该做什么。

…………

我没有严格的人生计划要当一个企业家，甚至当年的我对于做商人这件事是非常讨厌的。我只是希望改变一种新的生活方式，我就这样去了。我既不喜欢做企业，也不喜欢做生意，我曾公开说我不喜欢房地产，以至于现在万科的CEO郁亮私下跟我说：“董事长，你不喜欢就不喜欢，但是你不要公开说，你公开说不喜欢，我们怎么教育团队要喜欢、要热爱这个行业？”我说好，我不说了。

但是今天我站到这里，我要告诉同学们，我非常喜欢房地产，非常喜欢房地产行业,因为它牵涉到城市建设、城市规划,造福于消费者、造福于人民,我后知后觉地突然发现,我正在从事着一个我梦寐以求都求不到的职业,我由衷地喜欢上了我原来根本不喜欢的工作。

同学们,我这里想说的是,你不要急于大学一毕业,就马上要找到一个如何发财、如何终身相伴的职业,不要着急,当你不确定的时候,你就把你所在的工作做好,所在的你不愿意的行业做好。可能工资不随你的心,可能待遇不随你的心,可能所处的环境、那些人员不随你的心,但是你要拥有一颗平静的心。人生下来所谓的自由选择,它本身就是不自由的,不自由过程当中,你仍然要把它做好,当作人生的一个经历、一个积累,经历本身就是一种财富。

…………

我的身体不是很强壮。同学们可能就纳闷了,说怎么可能,你的身体不强壮怎么登上珠峰的?我说正因为我登上了珠峰,我的身体才强壮了起来,我通过尝试一个山头、一个山头的克服,这个过程使得我的心理承受能力比原来更强,使我的体力也变成越来越强壮,而不是因为我拥有强壮的体魄我才去登山。事实上,我有偏头疼,一疼四五天,五官有中耳炎、视网膜炎、鼻窦炎、咽炎。我感到最恐惧的是1995年,我突然感到我的左腿剧疼,医生非常清楚地说:"你腰椎间有一个血管瘤,你必须马上减少行动,最好是坐轮椅,否则你可能随时瘫痪。"我当时脑袋一懵,我怎么也没有想到我44岁的时候,正是年富力强的时候,医生宣布我可能瘫痪。所以我想,无论如何,在瘫痪之前,我要去一趟西藏,要去一趟珠穆朗玛峰。

2003年我去了西藏,记得在登顶下撤的途中,在8 800的位置上,天气非常不好,阴天、刮风、下雪,我特别想坐下来,但我受过的登山训练告诉我,我不能坐下来,我要是坐下来,我就起不来了。那一刻,能不能活着回来都不清楚,但那时就有一个愿望:如果我能活着回去,我绝不再返回喜马拉雅山,如果再返回来,我就是王八蛋!我诅咒自己。可安全回来之后,那个诅咒也忘了。

我到山脚下和医生谈的时候,医生说你遇到的就是濒临死亡的感觉。登到8 000米以上的山峰时,只有两种废弃物是没人理的,一种是空氧气瓶,再一个就是遇难者的尸体,你免不了会看到遇难者的表情,没有痛苦,没有狰狞,没有死亡之前的挣扎,都很安详,好像进入天堂一样。当然了,即使进入天堂很美妙,你愿意进入吗?我相信还是不愿意进入的。所以哪怕受折磨,受苦难,你还是愿意留在这个世界上。我们知道我们会死,但在死亡之前,你希望什么呢,你希望做你想做的事情。

我曾说,我一生要三次登顶珠峰,2003年是第一次,2010年是第二次,我想我差不多在我70岁的时候,也就是2021年的时候,我要再登一次顶。但当我到哈佛之后,我才意识到,哈佛是我的第三次珠峰,和这两次珠峰完全不同的是,这座山峰没有物理高度。很多人问我，说登珠峰难不难，我说当然难，比想象的还要难。第一个学期特别累，要记太多单词，失眠，想睡也睡不着，做作业做到2点钟，8点钟起来，我曾经几次想打退堂鼓。

我想跟同学们说什么呢？人生当中一定要保持一种自我的不满足，保持着一种好奇心，保持着你对未来的某种期许，坚持就非常重要，胜利往往在再努力一下的坚持之中。我想我和很多人最大的不同，不在于我比他们聪明，也不在于我比他们更运气，很重要一点，就是我有这样一个认准的目标，坚持下去。

刚才讲"坚持"了，现在我想讲讲"放下"。我想说的放下，第一是放下金钱，第二是放下权力，第三是放下虚荣。

…………

同学们，我想用下边的一段感悟来结束我的谈话。很多同学非常羡慕我们80年代的一代人，我现在想起来，我也很羡慕，因为80年代当时不觉得，事后越想越觉得那是一个黄金时代。可能你们会感叹现在这个世界、这个时代，全球的不确定，中国未来的不确定，你们很感叹，没有机会了。现在讲拼爹，我相信在座能这样交流的，拼爹的不多，都是拼自己。但如何拼自己，怎么拼呢？我想说的是，如果什么都确定了，你要想出人头地，想有所作为，那是非常非常难的，正是因为这些不确定，才给了你们机会。我们认识的中国，我们大家都意识到它需要改，但往哪儿改，不大清楚，但是我们都清楚的是，我们希望改好，上下想法是一样的。

四年前，我在金沙江漂流，金沙江上水流湍急，到堰塞湖的时候，江水平静，流得非常非常缓慢，这时我就有时间看两边的景色。金沙江两边景色都是悬崖峭壁，这时你才发现，悬崖峭壁上是一股一股潺潺的流水，我突然醒悟到，这滔滔的江河就是一股一股无数的潺潺的细细的流水形成的，这一股股的流水，就是我们每一个人，每一个家庭，每一个企业，每一个单位，如果我们每一股细小的力量，都做我们应该做的事情，我们汇成的江河，就将汇成我们对未来的期望。

（根据中央电视台《开讲啦》2012年9月8日节目实录节选）

【评析】这是万科企业的创始人王石在电视节目上的一次演讲。内容较长，但层次清晰，条理分明。首先，开头具有现场感，拉近跟听众的距离。所展开的话题也是时下年轻人比较关心的热点问题，容易跟学生们产生共鸣。其次，在事例的选择上，演讲者注意到了讲述切身体会，这样更能打动人，避免了教条地宣讲，也满足了听众对他个人的兴趣。再有，演讲能紧紧围绕题目，先说坚持再说放下，逻辑严密又具有辩证性，对当下大学生的学习和生活具有指导意义。还有，在每说一个观点的时候，能够运用一系列生动典型的事例作为论证材料，做到有理有据并在结尾处发出号召，使主题得到升华。整个演讲自然流畅，语言生动，主题鲜明，引起了听众的热烈反响。

幸福的哲学

周国平

我讲的题目是《幸福的哲学》。

我一辈子幸福感最强烈的时候，是什么时候？主要是两段时光。一段是谈恋爱的时候。

我在上初中的时候，就暗恋一个女生，她坐在我后面三四排的样子。上课的时候我就老是回头去看她，后来慢慢地我就想让她知道我在看她，老去盯着她看，她也知道了。只要我回头看她，她就脸红了。我现在还记得她的样子，圆脸，经常穿一件绿色的衣服，那时候脑子里面老是在打腹稿，写情书，怎么样给她写情书。初三的时候，她坐在我旁边，那时候我就特别幸福。

然后我十七岁进了北京大学，那个真正是进入了青春期了。有一天我突然发现，世界上有这么多漂亮的姑娘，顿时觉得这个世界美好极了，人生美好极了。那个时候我写了很多很多诗，都是爱情诗，但是没有对象的。或者说看见一个可爱的女孩，就来写一首，其实我不认识她。她盯我一眼，我心跳半天，回去写一首诗。

爱情确实是人生幸福的，一个非常重要的内容。两个人相爱，不管爱了多久，可能后来分手了，但是你们在一起相爱的那段时间，都是美好的。如果说最后分手了，你们不要互相埋怨，都要感恩，感谢对方给了你一段美好的日子。现在很多人往往是怨，互相埋怨，我觉得没有必要。那有的人就说了，他说当然爱是美好的，但是他对我不是爱，他是骗了我。那我说，你也不要埋怨，你应该怎么样？你应该蔑视他，他不值得你爱，也不值得你怨。怨也是一种很重的感情，你要节省感情，不要浪费在他身上。

什么是爱？爱就是在人世间寻找一个最亲的亲人。一个好的婚姻能够经受住漫长岁月的考验，那就不但是美好的幸运的，而且是伟大的，这是人生的伟大成就，能够得到这么伟大成就的人是很少的。

这是一段时间。那么还有一段时光就是养孩子，自己当了父亲。有时候她妈妈看见我拿着奶瓶在那里给孩子喂奶，非常陶醉的样子，她就说："你不要以为你在给孩子喂奶，这个奶水就是从你身上出来的。"我当时就回了她一句："我说我真的感觉我整个变成了一个大奶瓶了。"但是毕竟不一样，她是真正用自己的身体在那里给孩子哺乳，我看得真是羡慕得不得了。

其实人生中的幸福，那些最本质的幸福是很简单、很平凡的。我们总是想去到远处寻找幸福，你可以去创造不平凡的事业，可以去创造卓越，去创造辉煌。但是，如果说你事业上非常风光，可是你的家庭生活一团糟，你根本没有时间跟自己的家人在一起，我觉得你的人生是有重大缺陷的。

无论你多么忙，都要和自己的家人一起吃晚饭，餐桌上一定要有笑声欢语，这个比有车有房有钱重要得多。一个人钱再多，他的车、他的房再豪华，如果没有这些，我说他是很可怜的，他在这个世界上是个孤魂野鬼。所以这是我讲的第一个观点，要珍惜平凡的生活。

你要享受生命，享受生命单纯的快乐。你要享受你的智力，享受老天给人的这些得天独厚的禀赋，这是做人的幸福。

我认为最重要的智力品质是什么？一个就是好奇心，对事物、对世界、对知识充满了兴趣。其实我在我女儿身上就看得很清楚，她小时候好奇心非常强烈。我的女儿啾啾，她四岁五岁的时候，她问她妈妈，她说："妈妈，云的上面是什么？"妈妈说："云的上面是星星。"她问："星星的上面是什么？"妈妈说："星星的上面还是星星吧。"她说："我问的是最后的最后是什么？"妈妈说："没有最后吧。"她奇怪了，她回过头来就问我，她说："爸爸，这怎么会呢？"她指指我们家的天花板，她的意思说天也应该有个天花板吧？也应该有个最后吧？这个问的是什么问题？就是世界在空间上是有限还是无限的。

她又问她妈妈，她说："妈妈，有一个问题你肯定回答不了。"妈妈说："什么问题？"她说："你告诉我世界的一辈子有多长？"这是世界在时间上有限和无限的问题。她又问，她说："妈妈，世界上第一个人是从哪儿来的？"妈妈说："中国神话里面说是女娲造的。"她马上问："女娲是谁造的？"对生命、对人类的起源追根究底，这是典型的哲学性的追问。

那么又过了几天，她问我一个问题，她说："爸爸，在世界的另一个地方，会不会还有另一个我？"我一听这个问题，我汗毛竖起来了。我说："可能吧，说不定你还会遇到她呢。"她马上非常生气地打断我，她说："不会的。"然后转过头去跟她妈妈说："妈妈，有一天当你老了的时候。"实际上她是委婉地说，当你死了的时候。她说："当你老了的时候，在世界的另一个地方，又会生存一个人来，那个人长得跟你完全不一样，但她就是你。"老天，她讲的是轮回，我的汗毛又竖起来了。

真的，孩子真不能小看，你们小时候一定也想过这种问题，提过这个问题，可能当时家长叫你不要胡思乱想。这哪是胡思乱想，这是最重要的问题，最根本的问题，想把人生的大问题弄清楚，要不生活得不踏实。有这种感觉的人，你就是有哲学天分的，看来我的女儿是有哲学天分的。但是自从进了小学以后，这样的问题就越来越少了，问的都是作业怎么做的问题了，一个哲学家就这样被扼杀了。

那么我们怎么样让孩子的聪明保持下来？教育到底要达到什么目的？现在的教育，它的目标太狭隘了，太可怜了。

英国有个哲学家叫怀特海,他说过一句话,他说什么是教育?教育就是等你把你在课堂上学的东西都忘记了,把你为考试而背诵的东西都忘记了,那剩下的东西就是教育。

所以,我经常也跟家长们谈,今天在座的可能也有家长。做家长的应该怎么办?一条就是为素质教育加分,家庭里面最重要的教育就是熏陶。家长自己是一个爱生活的人,爱读书,爱思考问题,然后经常和孩子交流,在这样一个环境里面,孩子自然而然就会往那个方向发展,他的素质就会提高。

还有一点就是给应试教育减负,我的女儿啾啾,因为她在小学的时候基本上在班上都是第一第二,然后到了初中,排名就往下了一点,基本上是第四第五吧。我就说第四第五非常好,比第一第二好多了。我说:"你就保持这个,很好,爸爸非常满意。"然后有一次期末考试,不小心考了一个全年级第一,我就批评她了,我说:"你怎么考的?我们不是已经约定好了吗?你怎么就考了个第一,下不为例。"我是不想让她因为考了第一,然后就有压力了,以后还要争这个第一。

其实所有的家长都是爱孩子的,但是我觉得有些家长爱的方法不对,从幼儿园、小学、中学、大学直至以后那个工作,恨不得给他全部都安排好,他以为他这样做,就给了孩子一个美好的未来。我告诉你才不是呢!孩子的未来绝对不掌握在你的手里面,掌握在谁的手里面?掌握在孩子自己的手里。你要把孩子培养出一个好的素质、好的心态,让他既能自己去追求幸福、创造幸福,又能承受人生必不可免的苦难,这样你的教育就成功了。

这个时代我们谈幸福谈的很多,但是为什么感到自己幸福的人其实不多?你没有弄清楚人生什么东西是最重要的最宝贵的,往往把那些次要的不太宝贵的东西看得太重要了,把你的全部力量都使在那里,结果呢?得不到,你痛苦;得到了,你也并不幸福。

老天给了我们每个人一条命一颗心,把这条命照看好,把这颗心安顿好,人生就是圆满的,就是幸福的,我讲完了。

(根据中央电视台《开讲啦》2014 年 7 月 7 日节目实录节选)

【评析】这则演讲稿根据我国著名学者、作家周国平先生的电视演讲实录而来。题目的选择既贴近时代又符合演讲者的哲学家身份。对幸福的向往和追求一直也是人类生活永恒的主题,怎样在简短的时间内阐明观点呢?周国平先生选择了两个具有代表性的事物:一是爱情,二是父女亲情。通过讲述亲身体验来拉近跟听众的距离,从而产生共鸣。尤其是讲述伴随女儿的成长,他在获得为人父的感动之余,越发感慨当今教育对孩子的影响时,充分体现了学者的人文情怀。由小家的幸福呼吁大家对幸福的珍视,做到以小见大,深入浅出,自然打动人心。

写作训练

请以“中国梦 我的梦”为题，写一篇演讲稿。

拓展阅读

1. 臧宝飞《演讲与口才　22堂自我训练课》，中国国际广播出版社2018年版。

2. 姚辉《演讲逻辑思维》，中央民族大学出版社2018年版。

3. 化保力《微演讲：自媒体时代，我们如何玩转微演讲》，广东人民出版社2018年版。

4. 晓印、肖琼娜《演讲与口才的逻辑：明星讲师是这样炼成的》，人民邮电出版社2016年版。

主要参考书目

1. 粥左罗.学会写作　自我进阶的高效方法.人民邮电出版社,2019.

2. 叶黎明.写作教学内容新论.上海教育出版社,2012.

3. 岳海翔,舒雪冬编著.公文写作范例大全:格式、要点、规范与技巧第2版.清华大学出版社,2018.

4. 叶开.中学作文教学参考资料写作课. 广西师范大学出版社,2018.

5. 张伯存,顾玮主编.基础写作.吉林人民出版社,2017.

6. 郑燕芳主编.当代传媒基础写作.中国广播影视出版社,2017.

7. 杨文丰编著.现代应用文书写作(第五版).中国人民大学出版社,2017.

8. 夏丏尊,叶圣陶.七十二堂写作课.开明出版社,2017.

9. 杜福磊.中国写作学理论研究与发展.中央编译出版社,2004.

10. 马正平主编.高等基础写作训练教程(第2版).中国人民大学出版社,2016.

11. 林明进.培养自然而然的写作力(基础篇).中国文联出版社,2015.

12. 董锋.简明写作教程——基础写作原创案例教学法.大连理工大学出版社,2014.